政府部门间合作的行动逻辑

机制、动机与策略

刘新萍·著

复旦大学出版社

目 录

第一章 绪论 … 1
第一节 部门间合作为何重要 … 1
一、部门间的"柏林墙"制约复杂公共问题的治理 … 1
二、为什么要进行这项研究 … 5
第二节 什么叫部门间合作 … 6
一、冲突与合作 … 6
二、部门间合作 … 9
三、相关概念辨析 … 13
第三节 研究综述 … 19
一、关于行政协调的研究 … 20
二、关于部门间合作的动因研究 … 23
三、关于部门间合作的方式研究 … 26
四、小结 … 30
第四节 本书的理论基础与研究设计 … 31
一、理论基础及适用性 … 31
二、分析框架 … 41
三、研究设计与研究方法 … 43
四、本书的结构安排 … 48
五、本书可能的创新之处 … 49

第二章 部门间合作机制的历史演进与类型 ………… 51
第一节 部门间关系的历史演进 …………………… 51
一、新中国成立初期的归口管理制度(1949—1954 年)
………………………………………………… 52
二、部门间关系的结构调整期(1955—1965 年) …… 55
三、跨越十年的失序期(1966—1980 年) …………… 56
四、改革开放后的探索发展期(1981—2007 年) …… 58
五、大部制改革以来的整合协同期(2008 年至今) …… 61
六、小结 ……………………………………………… 64
第二节 部门间合作的组织路径 …………………… 68
一、建立部门间合作机制 …………………………… 68
二、议事协调机制 …………………………………… 69
三、联席会议制度 …………………………………… 95
四、专委会制度 ……………………………………… 98
五、首席信息官制度:一种特殊的协同形式 ……… 101
六、部门间合作组织路径的困境与突破 …………… 103
第三节 部门间合作的技术路径 …………………… 111
一、物理空间合并与业务流程再造催生部门间合作
………………………………………………… 112
二、基于数字政府平台的部门间合作 ……………… 120

第三章 部门间合作的制度空间与影响因素 ………… 126
第一节 部门间合作的制度规则 …………………… 126
一、正式规则、非正式规则与潜规则 ……………… 127
二、条块关系与政府部门间合作 …………………… 131
三、垂直管理与政府部门间合作 …………………… 134
第二节 部门间合作的影响因素与作用机理 ……… 135

一、部门间合作受哪些因素影响？ ………………… 135
　　二、各因素作用机理的解释模型："格式塔"战略匹配
　　　　框架 ……………………………………………… 147
　　三、部门间合作为什么能够实现？ ………………… 148
　　四、中国语境下部门间合作的核心要素分析 ……… 160
　　五、部门间合作机制影响因素分析的启示 ………… 172

第四章　部门间合作的行为动机 ……………………… 175
　第一节　部门间合作中的资源交换、利益均衡与责任
　　　　　共担 ……………………………………………… 175
　　一、部门间互动与合作 ……………………………… 175
　　二、互动基础：资源交换、利益均衡与责任共担 … 176
　　三、对部门间互动过程的认识误区 ………………… 177
　第二节　资源交换域中的部门间合作 …………………… 178
　　一、资源获取：部门融入合作的出发点 …………… 178
　　二、部门资源禀赋 …………………………………… 180
　　三、资源交换与合作过程 …………………………… 187
　　四、小结 ……………………………………………… 189
　第三节　利益均衡域中的部门间合作 …………………… 190
　　一、利益：组织间行动的原动力 …………………… 190
　　二、部门间的利益结构与冲突 ……………………… 193
　　三、合作过程中的利益博弈 ………………………… 199
　　四、利益均衡：部门间再合作的起点 ……………… 204
　　五、小结 ……………………………………………… 205

第五章　部门间合作的策略选择 ……………………… 208
　第一节　部门间合作的行动主体 ………………………… 209

一、行动主体 ·············· 209
　　二、个体:部门间合作的催化剂 ·············· 210
　　三、行政机构:部门间合作的细胞 ·············· 213
　　四、协调机制:部门间合作的桥梁 ·············· 219
　　五、小结 ·············· 220
　第二节　部门间合作的策略组合 ·············· 221
　　一、合作策略 ·············· 221
　　二、部门间合作的博弈支付矩阵 ·············· 222
　　三、策略组合模型 ·············· 223
　　四、策略组合与部门间关系 ·············· 228
　第三节　同一政府内部的部门间合作:以跨部门食品
　　　　　安全监管问题为例 ·············· 230
　　一、对食品安全监管体系的历史分析 ·············· 230
　　二、食品安全问题的产生:企业道德与政府监管的
　　　　缺失 ·············· 237
　　三、食品安全问题问责中的"囚徒困境" ·············· 239
　　四、食品安全监管体系的无缝隙改革 ·············· 241
　第四节　跨行政边界的部门间合作:以长三角大气污染
　　　　　防治中的合作为例 ·············· 243
　　一、跨行政边界的部门间合作的出发点 ·············· 243
　　二、案例介绍:长三角大气污染防治的部门间合作 ·············· 244
　　三、长三角大气污染防治的合作策略 ·············· 254
　　四、跨行政边界的部门间合作机制的问题与优化 ·············· 257

第六章　结论 ·············· 267
　第一节　部门间合作的逻辑 ·············· 267
　　一、部门间合作与冲突的渐进调适 ·············· 267

  二、合作秩序是合作机制的协调结果 …………… 268
  三、核心资源的占有、共享与交换过程 ………… 268
  四、部门间的利益均衡过程 ………………………… 270
  五、部门间合作是行动主体策略组合的结果 …… 270
 第二节 部门间合作机制的差异性与适用性 ………… 271
  一、中央与地方部门间合作的差异比较 ………… 271
  二、不同协调机制的适用范围存在差异 ………… 272
 第三节 政府部门间合作关系的优化与发展 ………… 275
  一、优化职能，划清界限 …………………………… 275
  二、部门间协调制度的建设 ………………………… 276
  三、职能整合带动机构整合 ………………………… 277
  四、合作文化的构建 ………………………………… 277
  五、部门间合作机制的创新 ………………………… 278

参考文献 ………………………………………………… 280

第一章 绪　　论

当前,在政府治理过程中存在的一些部门间各自为政、争功诿过或者存在的"三不管"现象令人痛心。由于部门间合作面临诸多困境和挑战,因而合作过程非常艰难。本书将着力讨论部门间合作的行动主体、制度空间、影响因素、合作过程及合作机制的构建,继而探析部门间合作的行动逻辑。

第一节　部门间合作为何重要

一、部门间的"柏林墙"制约复杂公共问题的治理

近年来,组织间关系日益复杂,政府面临的各项复杂的政策议题难以通过单一的政府、组织、机构或部门得以解决,需要通过政府间、政府部门间甚至政府与社会之间的合作才能有效解决各类问题。尤其是当各类公共危机事件发生时,由于单个政府部门因固定权责的设定而空间有限,难以使其效能最大化,故治理的效果也受限制,因而单纯地依靠单个政府部门很难实现有效治理。"靠命令与控制程序、刻板的工作限制以及内向的组织文化和经营模式维系起来的严格的官僚制度,尤其

不适应处理那些常常要超越组织界限的复杂问题",① 因此,为了提高公共服务与社会治理的效率和水平,公共管理者必须寻找跨越现有组织边界的工作方式,实现跨边界的整合与协同,最终提高公共部门的治理效能。这在学术界也被称为"跨域管理"(或"跨界管理",boundary-spanning management)。

当前,政府部门间关系呈现出三种现象。

一是"抢着管"。在实践活动中,凡是能够增加本部门利益的事务,各部门都会"抢着管",以扩大本部门职权。如2009年发生的"魔兽世界"审批事件,文化部与新闻出版总署都认为本部门拥有审批权而对方是越权管理,并且两部门行使职权的主要依据是相同的,均为2008年7月国务院办公厅印发的《"三定"规定》和2009年《中央编办对〈"三定"规定〉中有关动漫、网络游戏和文化市场综合执法的部分条文的解释》,这体现了部门间因权责不清所带来的争夺权力的现象。②

二是"都难管"。2004年,重庆发生10个部门管不住一个网吧的问题,作为牵头部门的文化稽查部门没有执法队伍,工商部门无权搜查居民区的"黑网吧",公安部门只负责网吧安全,多头监管体制使得对黑网吧的监管更加困难。③

三是"都不管"。如食品安全监管中,"不归我管"往往成

---

① [美]斯蒂芬·戈德史密斯:《网络化治理:公共部门的新形态》,孙迎春译,北京大学出版社2008年版,第6页。
② 叶方磊:《网络游戏许可权力之争的法律分析——以魔兽世界审批事件为视角》,《广西政法管理干部学院学报》2010年第5期,第94—98页。
③ 李永文、苟琛:《重庆:10个部门为何管不住一个网吧?》(2004年4月10日),新浪网,https://www.chinacourt.org/article/detail/2004/04/id/111727.shtml,最后浏览日期:2020年7月30日。

为各部门的典型借口，使做好食品安全监管难上加难。①

部门间关系呈现的这三大困境，源于或者是对权力的争夺，或者事件复杂难于管理，或者是对恶性事件不愿管理，因此，需要承担责任时，各部门之间相互推诿，而涉及利益或权力时却争相获取，这些充分体现了当前政府部门间合作机制不健全、部门职能不清等带来的问题。此外，上述对于黑网吧的治理、食品安全问题的监管等呈现出的政府部门"九龙治水"体制，也体现了监管过程的"碎片化"困境。为应对这种"碎片化"困境，国务院多次进行机构改革。然而，改革的结果并不能完全消除部门间的缝隙。从根本上说，部门间仍然存在"柏林墙""抢篮球""踢皮球"等现象。

从总体上说，部门间合作是复杂的。部门间分工体系由现有的技术条件和需完成的工作所决定，合理的分工是有效治理的前提。自亚当·斯密以来，许多西方经济学家一直认为分工有利于提高效率。马克思等也认为，社会分工必然要求国家机关的分工。② 为解决日益复杂的社会问题，政府内部建立起许多对应的职能部门，即俗称的"结构—功能"分化，但这进一步导致了"利益部门化"及部门本位主义等问题，往往在各部门之间形成一道道无形的"柏林墙"。③ 分工带来的边界导致各部门基于利益和责任互相扯皮。在遇到问题时，各部门普遍采取"和稀泥"的办法，并没有从根本上解决问题。部门职能

---

① 朱玉知：《跨部门合作机制：大部门体制的必要补充》，《行政与法》2011年第10期，第13—16页。
② 施雪华、孙发锋：《政府"大部制"面面观》，《中国行政管理》2008年第3期，第29—32页。
③ [美]拉塞尔·M. 林登：《无缝隙政府》，汪大海、吴群芳等译，中国人民大学出版社2002年版，第5页。

设置上的"缺位""越位"现象严重,对职能部门来说,他们缺乏考虑共同利益的动机,最终导致部门利益至上。

2008年大部制改革的推行,似乎为解决部门间合作带来了希望。然而,大部制改革并未实现部门间的良好协调。大部制改革,是指在政府的部门设置中,将那些职能相近、业务范围趋同的事项相对集中,由一个部门统一管理,最大限度地避免政府职能交叉、政出多门、多头管理。[①] 但是,在实际运作中,大部门对内设各业务部门间的协调作用非常有限。

部门间合作机制的构建,一直是学界所关注的焦点之一。部门间合作机制越高效,行政效率就越高。若部门间合作机制不健全,相互之间扯皮推诿、互相牵制,则不仅会导致部门主义,还有可能导致不顾整体利益,这样政府总体效率也受影响。有人研究关于协调的组织和不协调的组织的相互比较,其结果见表1-1所示。因此,要实现总体效率的提升,需要建立有效的合作机制,实现各部门的协力共进。

表1-1 协调的组织与不协调的组织的比较

协调的组织	不协调的组织
1. 每个部门的工作都与其他部门步调一致	1. 各部门只顾自己,不了解、也不想了解其他部门的意见和要求
2. 各部门内部各单位对各自在完成共同任务方面所必须承担的工作任务和相互之间应提供的协助,都有精确的了解	2. 各部门所关心的只是使自己的权责置于公文、命令和通告的保护下
3. 各部门及所属各组成部分的计划要经常地随情况变动而调整	3. 各部门不顾组织的整体利益,缺乏创新精神

资料来源 陈振明、孟华主编:《公共组织理论》,上海人民出版社2006年版,第173页。

---

① 周志忍:《大部制:难以承受之重》,《理论参考》2008年第5期,第40—41页。

第一章 绪　论

中共十九届四中全会报告提出要"以推进国家机构职能优化协同高效为着力点""健全部门协调配合机制""优化政府组织机构""推进机构、职能、权限、程序、责任法定化，使政府机构设置更加科学、职能更加优化、权责更加协同"。这对提高政府部门间的协同水平提出了明确要求。部门间合作也成为当今提高政府效能、提升政府治理体系与治理能力现代化水平的重要参考。因此，从行动主体、制度空间、影响因素、合作过程及合作机制的构建等方面，进行部门间合作的行动逻辑的探讨，对优化政府部门间合作具有重要意义。

二、为什么要进行这项研究

当前，政府已经开始了跨边界合作的创新实践，包括政府与私人部门或社会组织之间的伙伴关系、政府间合作机制的构建、政府跨部门的整合与协同等方式。这些合作有的是某一种公共服务提供中政府部门内、政府间或者政府与社会组织之间的整合，也有的是基于客户的整体需求而提供的整合化的公共服务。当前，在理论研究中，政府与私人部门之间的伙伴关系、政府间关系的研究已经得到了较多重视，而政府部门间合作的研究还相对缺乏。

本书即在此背景下，试图探讨政府部门间合作的逻辑。政府部门间合作是如何实现的，其内在的行动逻辑如何，这构成了本书研究的核心问题。针对这一问题，本书将从组织间合作的相关理论出发，探讨政府部门间的合作是在何种制度空间下，通过构建何种合作机制，怎样互动，选择何种策略，最终搭建政府部门间的合作框架。

从理论上说，本书内容在一定程度上丰富了合作治理理论的研究。先前合作治理的研究主要涉及政府与市场以及政府与

第三部门的合作关系，本书所述将是合作治理在政府内部运用的尝试。此外，本书在分析中还将综合运用资源依赖理论、整体性治理理论、无缝隙政府理论及博弈理论，尤其是其中博弈理论的运用，对探讨部门间合作中的策略选择是一项尝试。博弈论作为经济学的标准分析工具之一，充分考虑了行动中个体或单个组织的作用，因此将博弈理论引入政府部门间合作的讨论中，将对政府行为分析的理论基础起一定补充作用。

部门间合作是行政组织系统的润滑剂、黏合剂和生长点，有助于保持行政组织的活力，高效地实现行政组织的目标。政府各部门之间的有效合作，可以促进各部门协调一致，提高行政效率；同时，还将减少部门间的冲突，避免行政资源分散，优化政府资源的有效配置，促进政府部门间权力的整合，从而降低行政成本。尤其在大部制改革之后，部门间合作机制的研究更具现实意义。一方面，改革后的大部门内部的各机构之间的合作与协调难度仍然很大，仍需要建立有力的部门间合作与协调的机制；另一方面，部门再大，总会有个边界，大部制改革后，各大部门之间的协调配合机制也愈显重要，部门间合作配合机制的建立对于增强大部制改革后部门间的凝聚力及降低行政成本，具有重要意义。

第二节　什么叫部门间合作

一、冲突与合作

冲突与合作是一对相对的概念，甚至可以相互转化。美国著名心理学家穆扎费尔·谢里夫（Muzafer Sherif）为了探究社会团体中产生偏见的根源，曾设计出经典的罗伯斯山洞（Robbers Cave）实验。在这个实验中，被试者是 21 位分别来自不同家庭的 11 岁小男孩，他们被随机分为两组，首先进行一系列的竞赛游戏。在竞争过程中，双方之间的冲突与偏见被一步步加深，从相互取外号，相互咒骂，直到拒绝在同一房间里共餐。之后，实验者安排两个小组共同参与了一些活动，试图让它们建立友好关系，但效果并不明显。于是实验者转变策略，告知孩子们有人蓄意袭击了他们的供水系统，让双方合力扫除障碍。接下来的几天里，孩子们又"意外地"遭遇了诸如凑钱看电影等更多的类似问题。在合作过程中，双方渐渐产生好感。这一实验中，冲突的根源在于两个组织内部结构和需求的不同，而合作则是基于双方拥有了共同的目的和共同利益。

冲突是指人们之间存在的分歧与争执，是一种无法避免的事实。正因为冲突的不可避免的特征，在部门间运动式的冲突与合作的关系中，正视部门间的冲突、化冲突为合作并为各部门所用就显得尤为重要。关于冲突的概念，斯蒂芬·罗宾斯认为冲突是"一种潜在的或公开的确定性行为"，是"一种过程，在这个过程中，一方努力去抵消另一方封锁行为，这种行为将妨碍他达到目标或损害他的利益"。① 冲突是"对不一致或者至少是对表面上不一致的目标的追求，以致一方获得利益必须以牺牲另一方的利益为代价"。② 只要有不一致的行动出现，就时刻存在冲突的可能。虽然冲突理论流派众多，但是都具有

---

① ［美］斯蒂芬·罗宾斯：《组织行为学》，郑晓明译，机械工业出版社 2000 年版，第 251 页。
② 陈维政、余凯成、黄培伦：《组织行为学》，高等教育出版社 2004 年版，第 286 页。

三个相互关联的理论假设：第一个假设是人都追求各自的利益；第二个假设是冲突因获取权力而产生；第三个假设是文化和价值观影响冲突。①

尽管如此，冲突也有其价值，如 2005 年的诺贝尔经济学奖获得者托马斯·谢林就指出冲突的产生具有合理性，谢林把冲突看成是一种追求胜利的策略性的理性行为，并将其称为"冲突的战略"。② 根据冲突的内容不同，可以把冲突简单地分为以下几种类型。③

（1）工作冲突：当人群和部门之间在工作上相互依赖或密切相关而出现职责分歧和工作矛盾时，就可能产生冲突；

（2）目标冲突：当员工、部门和组织所希望获得的终极状态互不相容时，就会产生目标冲突；

（3）利益冲突：组织和部门在分配资源、奖酬和福利时可能出现分配不公平或人们认为不公平的情况，这时极易产生利益冲突。另外，当组织资源有限而不能同时兼顾所有员工或部门时，也容易形成冲突；

（4）权力冲突：当组织出现机构调整、职位空缺或权责不明时，就可能产生权力冲突；

（5）认知冲突：当主体的认知（建议、意见和想法等）与他人或组织的认知产生矛盾时，会产生认知冲突；

（6）情感冲突：当主体在情感或情绪上无法与他人或组织相一致时，会产生情感冲突。

---

① 陈维政、余凯成、黄培伦：《组织行为学》，高等教育出版社 2004 年版，第 286 页。
② ［美］托马斯·谢林：《冲突的战略》，王永雄译，华夏出版社 2006 年版。
③ 陈维政、余凯成、黄培伦：《组织行为学》，高等教育出版社 2004 年版，第 291—292 页。

行为科学家庞地（L. R. Pondy）也指出，冲突是一个动态的过程，其全过程要经历五个阶段，即潜伏期、认知期、行为意向、行为、结果，如图1-1所示。

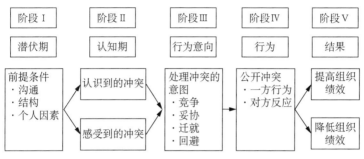

图 1-1 动态的冲突过程

资料来源：陈维政、余凯成、黄培伦：《组织行为学》，高等教育出版社2004年版，第296页。

组织内部产生的冲突往往是多种因素共同作用的结果，如合作机制内的各行动者在价值观念、角色期望、行动风格及个性特征上存在差异；在沟通过程中的误解、低信任度、组织间失败的互动史、信息不对称；在利益分配上的预期差异、利益结构的矛盾或冲突、分配规则的失正等都会带来组织间的冲突。

二、部门间合作

合作是人类社会实践中的普遍行为，在每个时代，人类的共同生活都会造就一种合作精神。[①] 人类必须在合作中进行自身秩序的建构，才能促使社会持续朝着有利于人类生存、发展

---

① 张康之：《走向合作治理的历史进程》，《湖南社会科学》2006年第4期，第31—36页。

和繁荣的方向前进。① 合作也用来描述不同机构间关系的某种性质。组织间的相互关联或相互依存是政策环境的一个特点,这种政策环境是合作的基础。② 合作实践非常广泛,其范围从企业组织间的战略同盟和合资公司,到各种利益相关者之间的低制度化的、以解决共同关心的问题为目的的合作。③

什么是合作？合作意味着自愿融入一个组织间关系,并在这个关系中阐明参与者的责任和利益。④ 合作同时又意味着分工协作,要求参与合作的所有行动者都要各尽其能,运用自己的权力及行动能力,将各种能够动用的资源和能力整合在一起,以达成共同的利益目标,⑤ 并且合作需建立在互惠的基础上。张康之认为广义的合作应该指称人类群体活动的三种状态,即互助、协作和合作,其中互助是合作的低级形态,协作是较为高级的合作形态,包含着明显的工具理性的内容；狭义的合作是合作的高级形态,包含着工具理性的内容而又实现了对工具理性的超越,是人类较为高级的实践理性的现实表现。⑥

---

① 谢新水:《公共理性发展：从一元、多元到合作理性》,《江苏大学学报（社会科学版）》2010 年第 12 期,第 18—24 页。
② Ernest R. Alexander, *How Organizations Act Together: Interorganizational Coordination in Theory and Practice*, New York: Gordon and Breach, 1995.
③ Fran Ackermann, L. Franco, Brent Gallupe, et al. "GSS for Multi-Organizational Collaboration: Reflections on Process and Content", *Group Decision and Negotiation*, 2005, 14 (4), p.307.
④ Carolyn J. Hill and Laurence E. Lynn, "Producing Human Services: Why Do Agencies Collaborate?", *Public Management Review*, 2003, 5 (1), pp.63-81.
⑤ [法] 埃哈尔·费埃德伯格:《权力与规则——组织行动的动力》,张月等译,上海人民出版社 2008 年版,译者序：13。
⑥ 张康之:《论合作》,《南京大学学报》(哲学·人文科学·社会科学版) 2007 年第 5 期,第 114—125 页。

第一章 绪　论

　　根据参与合作的主体不同，可以将合作分为三种类型："公-公"合作（public-public collaboration），主要包括政府内部不同机构或部门之间达成的横向协议或纵向合作协议，或政府与政府之间的合作联盟；"公-私"合作（public-private collaboration），主要是政府机构与私人部门之间的合作，也即当前合作治理的主要研究内容，主要的合作形式包括公司伙伴关系（public-private partnerships）、外包（outsourcing）、分包（subcontracting）、私人融资计划（private finance initiative，即 PFI）① 等；"公-非营利组织"合作（public-nonprofit collaboration），是指在某些特定的公共服务领域，比如教育、卫生、养老、环境保护等领域，非营利组织通过某些途径成为在社区层次上递送公共服务的机构。

　　在有关组织研究的文献中，也有其他术语具有合作的含义，比如组织间关系、机构间协调、网络治理、部门间合作、组织战略联盟等。许多学者已经对这些名词进行了界定，但却尚未达成共识。② 尽管在研究中，合作经常与伙伴关系（partnership）和网络（network）混合使用，但是实际上这三者之间却存有差异。合作侧重于不同的组织，凭借联合行动、分享资源和共同决策，一起从事某项活动的过程，并且共

---

① PFI，private finance initiative，是指政府购买服务的私人融资计划模式，英文原意为"私人融资活动"，在我国被译为"民间主动融资"，是英国政府于1992年提出的具有英国特色的 PPP 运作方式。PFI 是对 BOT 项目融资的优化，指政府部门根据社会对基础设施的需求，提出需要建设的项目，通过招投标，由获得特许权的私营部门进行公共基础设施项目的建设与运营，并在特许期结束时将所经营的项目完好、无债务地归还政府，而私营部门则从政府部门或接受服务方收取费用以回收成本的项目融资方式。
② Ernest R. Alexander, *How Organizations Act Together: Interorganizational Coordination in Theory and Practice*, New York: Gordon and Breach, 1995.

享最终产品和服务的所有权。① 伙伴关系是一种组织的结构，而网络是一种治理的方式；② 其中伙伴关系比网络更为正式、长期和稳固，其合作对象彼此间的约束力也比较强。③ 尽管这些名词的内涵各不相同，但他们有一项共同特征，即跨越组织边界。

关于部门间合作的含义，尤金·巴达赫指出，任何两个或两个以上机构间的联合行动，目的在于通过共同合作可以提升公共价值，这即称为部门间合作。④ 部门间合作分为纵向合作和横向合作两个维度，而本书所研究的部门间合作，是指政府横向部门间的合作，即跨行政组织或部门边界来解决公共问题的合作。从本质上说，政府横向部门合作是行政协调的高级状态。由于部门间既没有行政隶属关系，也不存在层级差别，即不存在控制与服从的等级命令链关系，在这种特定背景下，平等的政府部门间为了本部门的利益既有可能相互合作，也有可能漠视问题甚至发生矛盾冲突。在部门间合作的过程中，各部门期望通过合作机制的设立实现部门间的合力，达到双方共赢的目的。

---

① Rusells M. Linden, *Working across Boundaries: Making Collaboration Work in Government and Non-Government Organizations*, San Francisco: Jossey-Bass, 2002.
② Vivien Lowndes and Chris Skelcher, "The Dynamics of Multi-Organizational Partnerships: An Analysis of Changing Modes of Governance", *Public Administration*, 1998, 76, pp.313-333.
③ John M. Kamensky (eds), *Networks and Partnerships: Collaborating to Achieve Results No One Can Achieve Alone*, New York: Rowman & Littlefield, 2004, pp.11-12.
④ [美] 尤金·巴达赫：《跨部门合作：管理巧匠的理论与实践》，周志忍、张弦等译，北京大学出版社 2011 年版。

三、相关概念辨析

为了讲清楚合作的概念,本书试图界定相关术语,如协作、协调和整合,并通过概念比较来区别其内涵。尽管这些术语在日常用语中比较接近甚至被混淆使用,但在不同学者的研究使用中却略有不同。

(一) 协作与协调

协作(cooperation)是一个很常见的概念。协作、合作(collaboration)和"协调"(coordination)① 常常被认为是同义词。马克思在解释"协作"的概念时就用了"协调"这一词汇,他指出"许多人在同一生产过程中,或在不同的但相互联系的生产过程中有计划地协调工作,这种劳动形式叫协作",② 恩格斯在《反杜林论》中也指出:"许多人协作,许多力量融合为一个总的力量,用马克思的话来说,就造成'新的力量',这种力量和它的一个个力量的总和有本质的差别。"③

有观点认为,协作是对合作的更为实践化的解释,因为协作这个概念更多体现了工作关系的本质,而合作则更为笼统。因此,有学者指出,协作是指"一种用来解决问题的有目的的关系",④ "是一种深思熟虑的关系,而非自治组织中个人目标

---

① 对 collaboration、cooperation 和 coordination 的翻译,学界存在争议。本书将 collaboration 译为合作,cooperation 译成协作,而 coordination 译成协调。
② 《马克思恩格斯全集》(第二十三卷),人民出版社 1972 年版,第 362 页。
③ 恩格斯:《反杜林论》,人民出版社 1970 年版,第 124 页。
④ [美] 罗伯特·阿格拉诺夫等:《协作性公共管理:地方政府新战略》,李玲玲、鄞益奋译,北京大学出版社 2007 年版,第 4 页。

的共同实现"，① 是两个或多个组织共享资源、共担责任的联合行动。②

协调（coordination）是公共部门所面临的最古老的问题之一。协调概念的出现也较早，在古典管理理论中，法约尔提出的"管理五要素"中，协调就与计划、组织、指挥和控制并列。③ 美国行政学家卢瑟·古利克提出的管理七职能（POSDCORB）中，协调也与计划、组织、人事、指挥、报告、预算一起并列为管理的七大职能之一。协调是"控制个人或机构的活动与决定，使大家能够步调一致地追求已经确定的共同的目标或目的"。④ 因此，协调是一种平衡性的活动，促进组织内外各要素协调一致发挥作用，达到组织的目的。

尽管协调是一个常识性术语，但学界中对协调的定义多种多样，从自愿调整到系统控制呈现出不同的趋向。协调，既可以定义为资源交换和协作，⑤ 也可以定义为一个过程，是"两个或两个以上的组织借此创造并使用现有的决策规则，在共同

---

① David L. Rogers, David A. Whetten, and Associates, *Interorganizational Coordination: Theory, Research, and Implementation*, Ames, IA: Iowa State University Press, 1982, p.13.
② 秦长江：《协作性公共管理：国外公共行政理论的新发展》，《上海行政学院学报》，2020 年第 1 期，第 103—109 页。
③ ［法］亨利·法约尔：《工业管理与一般管理》，迟力耕译，机械工业出版社 2007 年版，第 44—110 页。
④ 王书君、颜玉英：《浅议英国中央行政部门的行政协调机制》，《行政与法》，1995 年第 2 期，第 38—39 页。
⑤ David L. Rogers, David A. Whetten, and Associates, *Interorganizational Coordination: Theory, Research, and Implementation*, Ames, IA: Iowa State University Press, 1982, p.12.

的任务环境下，集体处理问题的过程"。① 从本质上说，协调是指"为了有效实现组织目标和提高组织的整体效能，对组织内外各单位和成员的工作活动和人际关系进行协商、调节，化解矛盾，使之权责清晰、相互配合、相互适应的行为"。② 一旦政府充分分化为不同的组织提供不同的服务，或者以不同的方式提供相同的服务之后，那么协调便开始成为一个实现组织绩效的必备措施。

对协调最具包容性的一种定义是，协调是协同并调节各种行为的行为，这种行为将其他组织的行为包容其中，同时表现为组织对环境的自发的相互调节；而最狭隘的定义是，组织间的协调就是控制组织的决策，从而协调他们的行为并取得互利的结果。③ 对公共部门的协调，其范围从组织独立决策作为一种在组织项目中最低层次的协调（在这种情况下，几乎不存在协调），到相互合作的高层次的协调，这几乎体现在公共部门的所有领域中。

关于协调与协作的区别，戴维·罗杰斯（David L. Rogers）和戴维·惠腾（David A. Whetten）用下列标准来进行区分，包括规则和形式、强调目标和活动、纵向和横向联系的暗示、是否涉及个人资源、对自治权的威胁，如表1-2所示。④

---

① David L. Rogers, David A. Whetten, and Associates, *Interorganizational Coordination: Theory, Research, and Implementation*, Ames, IA: Iowa State University Press, 1982, p.12.
② 陈振明、孟华：《公共组织理论》，上海人民出版社2006年版，第170页。
③ Ernest R. Alexander, *How Organizations Act Together: Interorganizational Coordination in Theory and Practice*, New York: Gordon and Breach, 1995.
④ David L. Rogers, David A. Whetten, and Associates, *Interorganizational Coordination: Theory, Research, and Implementation*, Ames, IA: Iowa State University Press, 1982, p.13.

表 1-2　协作与协调的比较

区分标准	协作	协调
1. 规则和形式	没有正式的规则	正式的规则*
2. 强调目标和活动	个人或组织目标和活动	联合目标和活动
3. 纵向和横向联系的暗示	无，只有公共领域共识**	纵向和横向联系
4. 涉及个人资源	较少——低层成员	涉及更多资源——高层成员
5. 对自治权的威胁	较少威胁	对自治威胁较大

*指协调可以是非正式的；[1] **领域指一系列参与者由于共同的问题或利益而联合起来，这就打破了传统组织边界。[2]

资料来源：David L. Rogers, David A. Whetten, and Associates, "*Interorganizational Coordination: Theory, Research, and Implementation*", Ames, IA: Iowa State University Press, 1982, p.13; Gerhard F. Kuska, "*Collaboration toward a More Integrated National Ocean Policy: Assessment of Several U. S. Federal Interagency Coordination Groups*", Thesis for Doctor of Philosophy in Marine Studies, University of Delaware, 2005。

（二）合作与整合

与合作相关的另一个重要术语是整合（integration）。整合是指"部门之间合作情形的质量，这种合作需要在环境需求下的共同努力而实现"。[3] 为了厘清不同形式的整合之间的关系，可以将整合划分为两个主要的维度，即纵向整合和横向整

---

[1] Richard H. Hall, John P. Clark, Peggy C. Giordano, et al, "Patterns of Interorganizational Relationships", *Administrative Science Quarterly*, 1977, 22 (3), pp.457-474.

[2] Barbara Gray, "Conditions Facilitating Interorganizational Collaboration", *Human Relations*, 1985, 38 (10), pp.911-936.

[3] Paul R. Lawrence and Jay W. Lorsch, *Organization and Environment: Managing Differentiation and Integration*, Boston MA: Harvard University Press, 1967, p.11.

合,"纵向整合发生在同一等级体制下的不同层级的组织单位之间;而横向整合发生在同一层级或地位相同的不同组织或组织机构之间"。[1]

(三) 概念辨析

关于合作和其他各术语之间的差异,约翰·M. 布赖森(John M. Bryson) 和芭芭拉·C. 克罗斯比(Barbara C. Crosby)做了一个比较,将跨部门合作定义为两个或两个以上的部门愿意共享信息、信誉与资源的良好意图及活动,以及能够共同实现那些一个部门单独无法实现的目标的能力。[2] 根据这些共享的元素,如表1-3所示,可以区分合作与协作、协调的关系。从表1-3中可以看出,协作是最低层次的组织间共享,是信息、意愿与意图的共享,而协调则需要进行活动和资源的共享;合作是较高的共享机制,涉及组织间权力或行动能力的共享,而合并(merger)则是整合,是一种完全的共享机制。

此外,比利亚纳·奇钦·塞恩(Biliana Cicin-Sain)和罗伯特·W. 克内克特(Robert W. Knecht)将这种差异融入一个连续的"光谱"来加以解释,或称之为"政策整合的连续体",即从缺少整合的碎片化状态到更多整合的合并状态。[3] 格哈

---

[1] Runo Axelsson and Susanna Bihari Axelsson, "Integration and Collaboration in Public Health: A Conceptual Framework", *The International Journal of Health Planning and Management*, 2006, 21 (1), pp.75-88.

[2] John M. Bryson and Barbara C. Crosby, "Failing into Cross-Sector Collaboration Successfully", In Lisa Blomgren Bingham and Rosemary O'Leary eds. *"Big Ideas in Collaborative Public Management"*, New York: M. E. Sharpe, 2008, pp.55-78.

[3] Biliana Cicin-Sain and Robert W. Knecht. *Integrated Coastal and Ocean Management: Concepts and Practices*, Washington, D. C.: Island Press, 1998.

德·库斯卡（Gerhard F. Kuska）采用了塞恩和克内克特的框架，在此基础上将协作也加入到该"光谱"中①（见图 1-2）。

表 1-3 组织共享的连续性

共享什么	共享机制			
权威				合并或整合
权力或行动能力			合作	
活动和资源		协调		
信息、良好的意愿和意图（如没有冲突）	协作			
无	无			

资料来源：John M. Bryson, Barbara C. Crosby, "Failing into Cross-Sector Collaboration Successfully", in Lisa Blomgren Bingham and Rosemary O'Leary eds., *Big Ideas in Collaborative Public Management*, New York: M. E. Sharpe, 2008, pp.55-78。

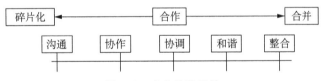

图 1-2 合作的连贯性

资料来源：Biliana Cicin-Sain and Robert W. Knecht, *Integrated Coastal and Ocean Management: Concepts and Practices*, Washington, D. C.: Island Press, 1998.; Gerhard F. Kuska, *Collaboration toward a More Integrated National Ocean Policy: Assessment of Several U. S. Federal Interagency Coordination Groups*, Thesis for Doctor of Philosophy in Marine Studies, University of Delaware, 2005。

---

① Gerhard F. Kuska, "*Collaboration toward a More Integrated National Ocean Policy: Assessment of Several U. S. Federal Interagency Coordination Groups*", Thesis for Doctor of Philosophy in Marine Studies, University of Delaware, 2005.

从整体上看，布赖森和克罗斯比对整合的定义相当于"合并"。与协调相比，整合意味着更高层级的跨部门合作，只要存在相互加强的目标和手段就避免了不同部门间的冲突。当然还有一种观点认为部门间整合等同于部门间合作，如迈克尔·宋（Michael Song）和马克·E. 帕里（Mark E. Parry）将整合看作是部门间合作的高品质状态。[①]

本书采纳布赖森和克罗斯比的观点，认为整合、协调和合作存在差异，整合是较高级别的部门间合作，而协调、协作、沟通等均是合作的重要组成部分。政府部门间通过合作、协调或整合等方式在不同程度上共享权力、数据或资源，提高行政能力，共同制定和执行公共政策，从而解决普遍存在的棘手的公共问题。

第三节 研究综述

当前关于地方政府间竞争与合作以及中央与地方政府间利益关系的研究著述颇丰，相较而言，对部门间合作关系的著述相对较少。事实上，政府部门间关系的研究离不开对政府间关系、"条条"关系、"条块"关系的研究。综合当前关于部门间关系的研究，主要包括部门间合作的概念、合作动因、合作方式、影响因素等方面。

---

① Michael Song and Mark E. Parry, "How the Japanese Manage the R&D-marketing Interface", *Research-Technology Management*, 1993, 36（4），pp.32-39.

一、关于行政协调的研究

(一) 国内学者关于行政协调的研究

早期部门间的合作机制主要体现为"行政协调",我国学者对行政协调及协调机制的研究起步较晚,关于部门间协调的研究,根据知网检索数据,最早可以追溯到 1990 年,是邝伟桥、傅惠祥、吴小毅的《从化推行初级卫生保健部门间协调的规定》一文,发表于《中国农村卫生事业管理》1990 年第 8 期。2008 年大部制改革之后,学界对行政协调的研究热度显著增加。

尽管相关研究层出不穷,但是关于行政协调概念的界定仍存在一定分歧。徐超华指出,行政协调是某一层级的政府部门之间在组织层面上的横向协调,不涉及政府与外部环境之间的协调,也不涉及政府部门人员之间的人际关系的协调。[①] 夏书章认为,行政协调是指"行政管理过程中的协调,是行政主体为达到一定的行政目标而引导行政组织、部门、人员之间建立良好的协作与配合关系,以实现共同目标的行为"。[②]

由此可见,在中国语境下,行政协调是指行政主体凭借行政权力在制定或执行公共政策的过程中所进行的组织间协同的过程,是整个政府行政协调系统(包括政府外行政协调和政府内行政协调)的重要组成部分,并特指行政管理过程中促进行政系统内外各种关系保持平衡的协调。

---

① 徐超华:《政府部门间协调机制问题研究》,《四川教育学院学报》2009 年第 11 期,第 54—57 页。
② 夏书章:《行政管理学》,中山大学出版社 1998 年版,第 305—306 页。

关于部门间合作机制的研究，主要集中于对部门间合作机制建设的必要性的研究，张翔认为"大部门体系"改革的深度推进需要从体制改革转向机制调整。① 施雪华从部门内整合的视角指出，新部门建立的时候，或重组合并部门的时候，应先建立相应的内部协调沟通机制。② 周志忍从部际协调的角度提出，在高度复杂化的社会中，政府部门职权界定的明确化日益困难，因此，"部门间的协调配合机制"才是问题的关键。③ 也有学者研究部门间合作的解决机制，如胡象明、陈晓正提出的"大司局"的概念，探索了经由部门内治理结构的优化来解决业务协调、职能整合和司局融合等三个命题的破解之道。④

从总体上说，当前国内关于部门间合作的研究，主要还停留在对行政协调的研究方面，强调在特定政策领域中，政府内部不同部门间的协作与互动，并且，多数协作都以行政协调的方式得到实现。

（二）西方学者对组织间协作的研究

西方学者早期关于部门间合作机制的研究主要体现在对组织间协作的研究上，而关于组织间关系的研究可以追溯到"古典管理理论"时期，组织管理学家法约尔就提出协调与

---

① 张翔：《从体制改革到机制调整："大部门体制"深度推进的应然逻辑》，《上海行政学院学报》2012年第2期，第61—68页。
② 施雪华：《中央政府内部行政协调的理论和方法》，《政治学研究》1997年第2期，第67—73页。
③ 周志忍：《大部制：难以承受之重》，《理论参考》2008年第5期，第40—41页。
④ 胡象明、陈晓正：《"大司局"视野下大部制改革内部运行机制探微》，《南京社会科学》2011年第5期，第68—72页。

计划、组织、指挥、控制等共同构成了管理的五要素。① 西方学者关于组织间协作的相关研究较多，如网络研究、网络化治理、组织间合作等都是组织间关系研究的重要议题，其中网络研究主要侧重于对组织间"关系"的研究，不以组织作为分析单位，而是分析组织间的互动关系，以及组织间关系对社会的影响；网络化治理则强调组织群体的行动方式与逻辑，组织间关系不单单基于传统权威的影响，而且有内在的经营模式；组织间合作重点强调组织间的某种特定关系，即合作关系，探讨组织间合作的主要形式，组织间合作的原因、影响因素等。

西方学界关于组织间关系的研究起步较早。1961 年，索尔·莱文（Sol Levine）和保罗·E. 怀特（Paul E. White）在《行政科学季刊》（*Administrative Science Quarterly*）上发表了《交换作为组织间关系研究的概念框架》一文以来，西方学者对于组织间关系的研究一直没有停止过。尤其是过去的 30 多年来，组织理论学家及行政学家更加重视这一研究议题。

从研究的学科背景看，这些研究多数来自公共管理学科，但是也不乏组织行为学、公共政策学、社会心理学等学科，对组织间协调的研究呈现出多学科交叉的特征。在理论基础上，国外学者多采用资源依赖理论、无缝隙政府理论、网络治理与整体性政府理论等，其研究内容多数聚焦于组织间关系的类型及影响因素的研究，分析单位从对组织或组织群的研究到对网络的研究。

---

① ［法］亨利·法约尔：《工业管理与一般管理》，迟力耕译，机械工业出版社 2007 年版，第 44—110 页。

二、关于部门间合作的动因研究

正如上文提到的，部门间合作已经成为公共领域常见的老问题。尽管学者们从不同的角度分析了合作的动因，但从整体上看，合作的需求主要来自政府部门间的相互依赖。欧内斯特·R. 亚历山大（Ernest R. Alexander）在回顾了与合作有关的现有理论后发现，交换理论、权变理论和组织生态学，以及交易成本理论为"为什么要合作"提供了答案。交换理论假设资源交换推动了组织的合作行为，他认为组织为了生存而共同努力。权变理论着眼于单一的组织对环境的适应，而组织生态学则强调组织如何融入他们特定的生态环境。传统交易成本理论认为，基于有限理性、信息成本和机会主义，组织行为受到最小化交易成本要求的限制。[1]

亚历山大并没有强调任何传统理论中的某一个具体理论，而是坚持认为每一个理论都适用于合作的不同类型。在这项研究中，交换理论更多地解释了自愿行为，权变理论则更好地阐释了正式合作制度的安排，而交易成本理论从另一个角度侧重合作的制度化形式，这在结构上也是合作的最正式的形式。卡罗琳·J. 希尔（Carolyn J. Hill）和劳伦斯·E. 林恩（Laurence E. Lynn）用理性选择理论来解释参与者注重生产战略以实现现有的目标。他们并不强调一个理论比其他理论更有效，而是指出在分析合作时，存在"交易和互补"。[2]

当组织试图适应环境，或最大限度实现组织的目标时，合

---

[1] Ernest R. Alexander, *How Organizations Act Together: Interorganizational Coordination in Theory and Practice*, New York: Gordon and Breach, 1995.
[2] Carolyn J. Hill and Laurence E. Lynn, "Producing Human Services: Why Do Agencies Collaborate?", *Public Management Review*, 2003, 5 (1), pp.63-81.

作就产生了。这也是大多数社会政策制定者的或隐含或明确的目标,① 以提高服务提供的有效性和效率。② 对政治主张领域的合作的研究主要集中在联盟的形成和集体行动的努力上。③ 合作可能是一种重要的政府治理和管理公共项目的手段。薇薇安·朗兹（Vivien Lowndes）和克里斯·斯凯彻（Chris Skelcher）认为,有四个因素推动政府部门一起工作,包括资源依赖、新的正统的伙伴关系的出现、"棘手问题"的复杂性和非妥协性,以及开放的地方政策的制定过程。④ 珍妮特·A. 魏斯（Janet A. Weiss）则认为合作的原因可能由经济收益、共享的职业价值观、政治优势、问题解决、减少不确定性和法律规定等构成。⑤

此外,当前合作的首要决定因素可能在于社会变革的速度和质量。社会层面的变革、越来越多棘手的问题没有解决方案而只有暂时的且不完美的决议、可接受的政策工具种类的改变等,引导公共部门为了更好地治理而携手合作。⑥

---

① Richard H. Hall, John P. Clark, Peggy C. Giordano, et al, "Patterns of Interorganizational Relationships", *Administrative Science Quarterly*, 1977, 22 (3), pp.457-474.
② Eugene Bardach, *Getting Agencies to Work Together: The Practice and Theory of Managerial Craftsmanship*, Washing D.C.: Brookings Institution Press, 1998.
③ Joseph Galaskiewicz, "Interorganizational Relations", *Annual Review of Sociology*, 1985, 11, pp.281-304.
④ Vivien Lowndes and Chris Skelcher, "The Dynamics of Multi-organizational Partnerships: An Analysis of Changing Modes of Governance", *Public Administration*, 1998, 76, pp.313-333.
⑤ Janet A. Weiss, "Pathways to Cooperation Among Public Agencies", *Journal of Policy Analysis and Management*, 1987, 7 (1), pp.94-117.
⑥ Robert Agranoff and Michael McGuire, "Big Questions in Public Network Management Research", *Journal of Public Administration Research and Theory: J-PART*, 2001, 11 (3), pp.295-326.

第一章 绪 论

因此,组织和其他组织合作以应对相互依存关系带来的挑战的同时,形成了组织共同的环境,以管理不确定的环境和满足他们对资源的需求。① 但他们依靠来自之前的联盟网络的信息来决定和谁合作。他们提出,为了降低信息搜索成本,减少与战略联盟相关的机会主义的风险,组织间往往倾向于创造稳定、良好的关系,这种关系以信任以及与特定合作伙伴间的丰富的信息交换为特征。②

在过去 20 年中,角色的日益专门化和专业化导致了越来越多的功能分化以及组织的结构分化。然而,随着分化的加剧,组织间也越来越需要整合,否则将会导致不同组织间的责任的碎片化。此外,不同部门的参与以及合作的意愿也扩大了合作的范围,如图 1-3 所示。

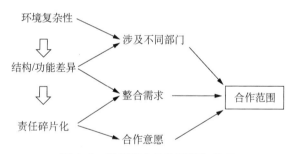

图 1-3 组织间合作的因素和关系

资料来源:Runo Axelsson and Susanna Bihari Axelsson. "Integration and Collaboration in Public Health: A Conceptual Framework", *The International Journal of Health Planning and Management*,2006,21(1),pp.75-88。

---

① Ranjay Gulati and Martin Gargiulo,"Where Do Interorganizational Networks Come From?", *American Journal of Sociology*,1999,104(5),pp.1439-1493.
② Ibid.

也有学者从现代组织的特征来阐释组织间合作的重要性，保罗·威廉姆斯（Paul Williams）指出，经典的官僚组织理论可能根本不符合当前组织的需求，他对现代与后现代的组织形式进行了比较，① 如表 1-4 所示，指出后现代的组织形式应当是组织间的合作、互依与协商，并应创新组织间合作的机制。

表 1-4 现代与后现代的组织形式

	现代	后现代
领域	组织内的	组织间的
隐喻	机械的	系统
政府形式	行政	治理
组织形式	官僚的	网络化、合作、伙伴
概念化	分工；任务与功能	互依性
决策架构	层级与规则	协商与共识
能力	以技能为基础的专业能力	相关能力
对策	最佳的	实验、创新、反思

资料来源：Paul Williams, "The Competent Boundary Spanner", *Public Administration*, 2002, 80 (1), p.105。

三、关于部门间合作的方式研究

由于参与合作的组织的管理风格、文化和运作模式的不同，组织间合作可以采取的形式多种多样，同时也会面临不同

---

① Paul Williams, "The Competent Boundary Spanner", *Public Administration*, 2002, 80 (1), pp.103-124.

的问题。① 从影响组织间关系的各个要素看，部门间合作可以分为三类，即行政合作、策略整合及社会关系的整合。② 理查德·H. 霍尔（Richard H. Hall）等人认为组织间关系的不同形式，取决于他们是法律规定的，抑或是建立在正式协议基础上的，还是自愿的，并进一步研究了组织间合作的程度。③ 网络和其他合作方式在合作绩效目标的明确定义上也有差别。④ 萨利·科尔曼·塞尔登（Sally Coleman Selden）、杰西卡·E. 索娃（Jessica E. Sowa）和乔迪·桑福德特（Jodi Sandfort）发现，一些合作集中在系统性变化，比如致力于改变现有的结构、创造新的联系以及减少服务碎片化；其他集中在服务变化，比如增加顾客对服务的获取渠道，或者提供更具整合性的服务。⑤ 因此，合作会有不同的目标和结果，无论在政策领域之间还是在政策领域内部，对合作的结果或后果的评估都变得特别困难。⑥ 安德鲁·格雷

---

① Fran Ackermann, L. Franco, Brent Gallupe, et al. "GSS for Multi-Organizational Collaboration: Reflections on Process and Content", *Group Decision and Negotiation*, 2005, 14 (4), p.307.
② Larson, A, "Network Dyads in Entrepreneurial Settings: A Study of the Governance of Exchange Relationships", *Administrative Science Quarterly*, 1992 (37), pp.76-104.
③ Richard H. Hall, John P. Clark, Peggy C. Giordano, et al, "Patterns of Interorganizational Relationships", *Administrative Science Quarterly*, 1977, 22 (3), pp.457-474.
④ JoaquíN Herranz, "Network Performance and Coordination: A Theoretical Review and Framework", *Public Performance & Management Review*, 2010, 33 (3), pp.311-341.
⑤ Sally Coleman Selden, Jessica E. Sowa, and Jodi Sandfort. "The Impact of Nonprofit Collaboration in Early Child Care and Education on Management and Program Outcomes", *Public Administration Review*, 2006, 66 (3), pp.412-425.
⑥ Ibid.

(Andrew Gray) 等人也提到,"许多合作的目的不仅仅是为了提高经济、效率和成效,也是为了提高民主的质量和合法性、社会学习能力、适应能力和发展能力,(促进) 政治一体化和国家建设,以及共同的目标和信任。"①

坎迪斯·琼斯(Candace Jones)、威廉·S. 赫斯特利(William S. Hesterly)和斯蒂芬·P. 博尔加蒂(Stephen P. Borgatti)综合了交易成本经济学和社会网络理论指出,网络治理模式是一种对资产专用性、需求不确定性、任务复杂性和频率等交换条件的回应。他们进一步认为,当所有这些条件得到满足时,在同步适应、协调和保障交流的基础上,网络治理模式相对于等级结构的优势就能体现出来。②

关于组织间协调的机制与方法,明茨伯格指出,组织协调工作的基本方法大致可分为五种机制,即相互调节、直接监督、工作流程标准化(当工作内容明确或程序化时,工作流程可以实现标准化)、工作输出标准化、员工技能标准化。五种组织间的协调机制会随着工作任务的复杂性而按层次转变。③ 总之,根据环境复杂程度的不同,为特定问题所选择的合作形式就存在不同,合作的程度也有差异。不管选择什么样的合作,各组织所考虑的因素都是相似的,但是各因素的权重

---

① Andrew Gray, Bill Jenkins, Frans Leeuw, and John Mayne, *Collaboration in Public Services: The Challenge for Evaluation*, New Brunswick, N. J.: Transaction Publishers, 2003, p.237.
② Candace Jones, William S. Hesterly, and Stephen P. Borgatti, "A General Theory of Network Governance: Exchange Conditions and Social Mechanisms", *The Academy of Management Review*, 1997, 22 (4), pp.911-945.
③ [加] 亨利·明茨伯格:《卓有成效的组织》(珍藏版),魏青江译,中国人民大学出版社 2012 年版,第 7—12 页。

会存在差别。

　　同时，根据不同的标准，可以将行政协调分为不同类型。从对象看，行政协调可以分为对事的协调与对人的协调。对事的协调即谋求各行政组织或个人在事务处理上得到合理适当的匹配；对人的协调是指如何通过行政主体的活动，实现组织间的人际良好沟通。从内容看，行政协调可以分为观念性协调和利益性协调，这样区分的原因主要是在行政执行的过程中，各行政主体的知识水平、能力结构、价值观念等存在区别，对同一事件的认知程度存在差异，因此需要统一步调，一致行动；而利益性协调主要是平衡各行政主体之间的利益需求，使局部利益服从整体利益。从方式看，行政协调可以分为合作式协调和折中式协调，在行政活动的过程中，多数政府行为都会引起多部门的连锁反应，需要政府部门间的齐抓共管、共同合作，从而形成了各部门有机地合作式协调；而折中式协调主要是针对解决复杂棘手的问题时部门间所存在的推诿扯皮或"踢皮球"现象，这需要各部门妥协让步而形成的协调形式。而从形式看，由于组织间协调的内容非常广泛，根据不同的协调内容所采取的协调形式也存在差异，当前公共部门所采用的主要的协调方式还可以分为会议式协调、命令式协调、合作式协调、折中式协调、克制式协调以及冷处理式协调等多种方式，如表1-5所示。[①]

[①] 陈振明、孟华：《公共组织理论》，上海人民出版社2006年版，第175—176页。

表 1-5　不同协调方式之间的比较

协调方式	主要形式	实现方式	优缺点
会议式协调	座谈会、讨论会、汇报会	检查矛盾产生原因，通过商讨沟通解决矛盾	开拓思维，集思广益
命令式协调	命令或指示	借助管理职权	便于进行统一管理和指挥，但过分强调整体利益而忽视个体利益
合作式协调	各种形式的沟通	真实信息的传递	兼顾对方利益，精诚合作
折中式协调	命令或协商	争执双方均作出让步，通过让步获得都能接受的解决方案	双方思想和行动得到统一
克制式协调	命令	矛盾双方为满足对方利益牺牲自己的利益	实现的难度很大
冷处理式协调	—	暂且把事情搁置起来，矛盾缓和后再处理	适用于在双方矛盾或冲突容易激化的情况下使用

资料来源：根据陈振明、孟华的《公共组织理论》（上海人民出版社 2006 年版）第 175—176 页内容整理而成。

四、小结

从以上对国内外研究文献的回顾来看，国外学术界已经对组织间关系、组织间合作等有较多研究。相较而言，国内学者在中国语境下针对部门间合作的系统研究还比较少，只是在某些议题中有所涉及，对部门间合作的研究还没有形成一个具有普遍适用性的理论分析框架，对当前普遍存在的政府跨部门的合作行为的解释能力也比较欠缺。

第一章 绪　　论

第四节　本书的理论基础与研究设计

一、理论基础及适用性

组织间合作的经典理论主要致力于解释合作的过程与行为。当前学界在解释组织间合作过程中主要用到的理论包括资源依赖理论、整体性治理理论、无缝隙政府理论、协同理论、博弈理论等。本书的理论基础包括资源依赖理论、整体性治理理论、无缝隙政府理论和博弈理论。

(一) 资源依赖理论

资源依赖理论萌芽于20世纪40年代，最早由理查德·M.爱默生（Richard M. Emerson）提出，在20世纪70年代开始广泛应用到组织关系的研究中，如杰弗里·普费弗（Jeffrey Pfeffer）与萨兰奇克（Gerald Salancik）1978年出版《组织的外部控制》一书。埃莫森指出，社会关系需要互相依赖而得以维系，一个组织需要依靠利用其他组织控制的资源才能有效达到预期目标。[1] 资源依赖理论的基本假设在于组织为了生存需要获取自己不能生产的资源，而与环境之间的互动是获取资源的方式。

根据资源依赖理论的分析，虽然从总体上说，各部门珍视自主权并力图避免合作，但如果该部门对其他部门的资源有所依赖，那么该部门就会产生合作的意愿。组织间的资源依赖关

---

[1] Richard M. Emerson, "Power Dependence Relations", *American Sociological Review*, 1962 (49), pp.31-40.

系也进一步导致了其他组织对某一特定组织的控制，而组织间的依赖关系是相互的，可以分为竞争性相依与共生性相依两种类型。其中，竞争性相依主要是指组织之间在同一市场中运行时为竞争稀缺资源而存在的依赖关系；而共生性相依主要是指组织与组织之间有共同的利益或目标，或者组织间存在连续依赖关系，即一个组织的产出是另一个组织的投入。

由于没有任何一个政府组织拥有充分的权威、资源和知识去影响政策的制定和实施，因此，行政组织之间资源的依赖自古以来就不是一个新鲜的话题。资源依赖理论强调组织间的相互联结。许多西方学者运用资源依赖理论来分析部门间合作，如尤金·巴达赫用资源依赖、网络理论的概念与经验发现来阐释部门间合作的能力。① 肯尼斯·本森（J. Kenneth Benson）也将组织网络作为整体来考虑，探索组织群体内的结构，并指出组织间表面的关系最终由其深层的资源分配和占有模式决定。②

（二）整体性治理理论

佩里·希克斯（Perri6）等人提出了整体性治理一词，旨在提高公共问题的解决效能，特别是针对"棘手问题"的解决策略。整体性治理并不是一个新鲜的东西，政府机构之间的合作、协同和整合，不管它被叫作"协同性的、整体性的还是整合的或协调的，所有这些一直都是被政府组织看作

---

① ［美］尤金·巴达赫：《跨部门合作：管理"巧匠"的理论与实践》，周志忍、张弦等译，北京大学出版社2011年版，第17—21页。
② J. Kenneth Benson："A Framework for Policy Analysis", In D. Rogers & D. Whittedn, eds., *Interorganisational Co-ordination*. Ames, Iowa: Iowa State University Press, 1982, pp.147-176.

第一章 绪　　论

是要追求的目标"。① 整体性治理的对立面并不是专业而是割裂，这种功能割裂产生了以下严重问题：个别部门只关注其优先性，其他部门则面临收拾残局的困扰；部门之间的政策目标是相左的，即便政策目标是同一个，它们的干预措施也可能是相互抵触的；资源重复浪费，服务目标严重冲突；部门之间沟通不良，干预措施的先后安排不得当；部门各自为政，无法缓解民众需求；服务资源分散，服务可及性不能令人满意；解决棘手问题见树不见林，导致服务提供或干预措施成效打折。② 希克斯进一步指出，这种割裂治理的根源，若非源自治理策略的非预期结果，也是由于治理系统内部行动者的自利角色造成的，前者典型的例子如若干策略性决定（如绩效管理）衍生的后果；后者例子如为确保专业领域的决策自主性而导致的专业垄断，即自利行为。③

整体性治理理论强调分散化、竞争及激励，强调政府内部机构及部门的整体性运作，主张管理从分散走向集中，从部分走向整体，从破碎走向整合。在希克斯的整体性治理理论中，协调指的是确立有关合作和整体运作、合作的信息系统、结果之间的对话、计划过程以及决策的想法，而整合则是指通过整合的方式来提供公共服务，确立共同的组织结构和合并在一起的专业实践来执行、贯彻这些想法。④

---

① Perri6, Diana Leat, Kimberly Seltzer, and Gerry Stoker, *Towards Holistic Governance: The New Reform Agenda*, Londo: Palgrave Macmillan, 2002, p.9.
② Ibid., pp.34-39.
③ Ibid., pp.39-43.
④ 竺乾威：《从新公共管理到整体性治理》，《中国行政管理》2008年第10期，第52—58页。

整体性治理的一个重要概念是整合，但与整合又有区别。与整体性治理相对应的是整体性政府（或整体政府、整合政府，the whole of government），既包括中央部门不同政策领域之间的横向合作，也包括地方政府在服务提供中的协作。① 整体政府是一个大概念，相关的词汇包括网络化治理、协同政府、水平化管理、跨部门协作等。②

希克斯强调，整体性治理可以通过三个层面取得一贯性：首先是将不同层次的治理或同一层次的治理进行整合，如政府内部不同部门之间的整合或者不同层级的政府之间的整合；其次是在功能内部进行协调，如2008年的国务院机构改革将交通部、中国民用航空总局的职责、建设部的指导城市客运的职责整合，成立交通运输部，承担涉及综合运输体系的规划协调工作；最后，整合可以是公共部门内部的，也可以与志愿组织、私人公司共同进行。③ 根据目标和手段的关系，希克斯区分了五种不同的政府，即渐进型政府、贵族式政府、整体性政府、碎片化政府和协同型政府，如图1-4所示。④

---

① 孙迎春：《国外政府跨部门合作机制的探索与研究》，《中国行政管理》2010年第10期，第102—105页。
② 周志忍：《整体政府与跨部门协同——公共管理经典与前沿译丛首发系列序》，《中国行政管理》2008年第9期，第127—128页。
③ 竺乾威：《公共行政理论》，复旦大学出版社2008年版，第456—457页。
④ Perri6, Diana Leat, Kimberly Seltzer, and Gerry Stoker, *Towards Holistic Governance: The New Reform Agenda*, London: Palgrave Macmillan, 2002, p.31.

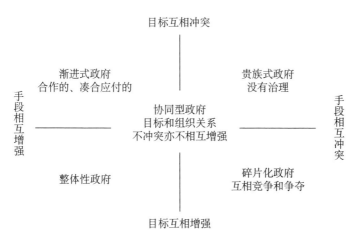

图 1-4　基于目标和手段关系的政府分类

资料来源：Perri6，Diana Leat，Kimberly Seltzer, and Gerry Stoker，*Towards Holistic Governance: The New Reform Agenda*，London：Palgrave Macmillan，2002，p.31；竺乾威：《从新公共管理到整体性治理》，《中国行政管理》2008 年第 10 期，第 52—58 页。

(三) 无缝隙政府理论

1990 年，通用电气公司前总裁杰克·韦尔奇创造了"无界限组织"这一概念，让通用电气成为一个没有界限的公司，并且撤销了阻碍内部信息纵、横向沟通的每一个部门，推翻了树立在客户之间的高耸"围墙"。无界限组织是现代信息通信技术发展的结果，其力图寻求打破传统组织指挥链带来的限制，通过建立跨层级、跨职能部门的小组，来打破组织层级上或横向结构上的界限。同时，无界限组织还强调可以通过战略联盟的建设来消除组织与环境之间的界限。

无缝隙政府是建立在无界限组织上的概念，强调政府内部也要打破部门边界，整合各部门资源，通过单一界面提高信息与服务提供的效率。① 无缝隙组织的重要特征是几乎没有划分界限，去掉部门分割和专门分工，拆毁隔绝和分裂等多重壁垒，代之以小规模的多专多能的小组处理公共问题。② 无缝隙组织使存在于组织内部和组织之间的壁垒变成了网络；顾客的等候时间大大缩短；强调要以通才来取代专才；无缝隙组织以跨职能团队代替目前公务员仅在一个职能领域内服务的孤立组织。

无缝隙政府"以结果为导向，强调积极的工作目标、具体的结果与产出，强调实际结果和绩效并重"。③ 无缝隙政府强调对政府部门流程的再造，围绕过程和结果，在提供整合式服务运作方式上，改变了以往按照职能和部门来运作的方式，打破了部门、层级以及职能的边界，解决了跨部门协同与整合问题。④

无缝隙政府反映了从生产者社会向顾客社会的转变，它以满足顾客无缝隙的需要为目标，以顾客、竞争和结果为导向，是一种面向未来的公共机构自我改革的模式，一种为顾客提供无缝隙的公共产品和公共服务的方式。无缝隙政府对政府和顾客来说是双赢。⑤

---

① 付耀华：《"无缝隙政府"理论视角下我国服务型政府的构建》，《云南行政学院学报》2011年第3期，第111—113页。
② [美]拉塞尔·M.林登：《无缝隙政府》，汪大海译，中国人民大学出版社2002年版，第52页。
③ 赵石强：《西方整体政府理论与无缝隙政府理论之比较》，《长春工程学院学报（社会科学版）》2011年第2期，第54—56页。
④ 竺乾威：《公共服务的流程再造：从"无缝隙政府"到"网格化管理"》，《公共行政评论》2012年第2期，第1—21页。
⑤ 汪大海：《顾客社会与无缝隙政府》，《中国行政管理》2002年第3期，第36—38页。

(四) 博弈理论

费埃德伯格引入"游戏"一词,将有组织的集体行动定义为"游戏"。在游戏中,组织成员在决策上彼此高度依赖对方,"各行动者不能恣意妄为,而必须遵守游戏的规则,遵守他们之间彼此的约定,遵从经他们相互间协商、谈判而达成的成文契约抑或是不明言的潜在的规则。"① 对于参加游戏的各游戏者而言,他们加入游戏是因为他们认为有利可图。为了让彼此间的游戏持续进行,各游戏者都会遵从约定的获胜战略,维系游戏的正常运行,以从中满足自我利益。由于不同的公共部门之间有一定的共享的价值、规范与利益,因此他们的活动存在互动;另外,每个行为体都有自己的特殊利益,因而他们的互动中又不可避免地存在冲突。于是,组织间的合作就成了一种"游戏"(game),组织间合作的过程就变成了博弈过程。

博弈是博弈参与人基于各自动机而相互作用的状态,博弈理论的发展使其不断成为研究行为互动的有效工具,博弈论一改传统微观经济学研究把社会行为主体非人格化的模式,把决策主体的行为置放在一个存在相互影响的外部经济的环境里,从社会主体行为的相机选择中研究决策的均衡问题。②

随着博弈理论的发展,博弈分析法逐渐成为研究政府过程、政策制定的重要分析方法,比如在政策分析方面,美国的政策学者尤金·巴达赫构建了政策博弈模型,政策执行是一种"赛局",这一赛局包括政策执行人员、利害关系、策略与技

---

① [法]埃哈尔·费埃德伯格:《权力与规则——组织行动的动力》,张月等译,上海人民出版社 2008 年版,译者序第 16 页。
② 胡瑞仲:《和谐社会建设中管理显规则与潜规则的冲突与耦合》,知识产权出版社 2008 年版,第 75 页。

术、竞争者的资源、公平竞赛的规则、竞赛者之间信息沟通的状况与所得结果的不稳定程度。① 运用博弈理论分析政策执行的结果显示,政策执行的效果取决于各种"赛局"要素,尤其是参与各方"策略"选择的综合作用。

利用博弈理论展开分析主要是指运用博弈理论的思想和方法对部门间合作各要素间关系进行抽象概括。一个最简单的博弈模型要包括参与者、行为空间、支付函数和策略几个方面,参与者是博弈活动的参与主体;行为空间是指参与者采取行动的选择集合,如都可以选择背叛,也可以选择合谋;支付函数是指在给定对方采取某种行动情况下,我方采取每种行动的收益;策略是指针对对方的每一种行动所选择的行动策略。

(五) 理论比较及适用性

关于以上各种理论的比较,海伦·C. 沙利文(Helen C. Sullivan)和克里斯·斯凯彻(Chris Skelcher)从探讨合作的产生、发展,并对影响合作的效能因素进行分析入手,将以往研究组织间合作的理论进一步区分为乐观派、悲观派和现实主义派。在一般常见的交换理论、资源依赖理论、政策网络理论以及新制度论外,又加入了合作理论、体制理论以及演化理论等相对鲜见的多元理论,分别强调了权力分享、提升统治能力、学习等核心概念的重要性。这些理论也进一步对组织间合作的相关问题及特定理论的使用情况进行了非常清晰的总结,如表1-6所示。②

---

① [美] 尤金·巴达赫:《跨部门合作:管理巧匠的理论与实践》,周志忍、张弦等译,北京大学出版社2011年版。
② Helen C. Sullivan and Chris Skelcher, *Working Across Boundaries: Collaboration in Public Services*, London: Palgrave MacMillan, 2002, p.36.

表 1-6　组织间合作的理论与途径

问题	乐观派	悲观派	现实主义派
为什么会产生合作？	达成共同愿景：合作赋能理论及体制理论 资源最大化：交换理论	维持或强化地位：资源依赖理论	回应新环境：演化理论
发展何种形式的合作？为什么？	多元关系：合作赋能理论 联盟：体制理论	组织间网络：资源依赖理论	义务的、促进的与系统的网络：演化理论 政策网络是中层或治理工具：政策网络理论
哪些因素影响合作？	（个人因素）结网技能与能力、信任：合作赋能理论 领导力：体制理论	（组织因素）文化、官僚制、专业主义：资源依赖理论	（制度性因素）个人与组织因素的中介作用：新制度论

资料来源：Helen C. Sullivan and Chris Skelcher, *Working Across Boundaries: Collaboration in Public Services*, London: Palgrave MacMillan, 2002, p.36。

本书认为，以上关于组织间合作的理论所探究的组织的出发点存在差异，总体上可以分为三个层次，即组织自适应说（组织生存说）、组织与其他组织的互动（组织互动说）、组织间整合（组织再造说）。其中组织自适应说强调组织对环境的适应，体现了一种较为被动的与环境的切合；而组织互动说强调组织因自身禀赋的差别，与其他组织主动产生的互动；组织再造说则超越了组织自身的界限，更加强调组织间的整合而不仅仅是合作。

1. 组织自适应说

组织自适应说指应对外界环境的变化组织所作出的适应，或者可以称为"组织生存说"，这是诸如相依与冲突理论以及组织生态学、权变理论关注的重点。这种理论流派认为组织之所以参与到无尽的合作、竞争或冲突中,实际上是在为争取组织自身的利益而采取行动,或者是企图使组织生存下来,或者使其达到利益最大化。因此,为应对变化的环境,组织会不断调整自己的策略,正如权变理论提到的,组织的成败与组织对环境的适应性具有高度相关性。

组织生态学关注组织群,并从其与环境契合度的角度来阐释组织的兴衰,即组织如何根据特定的环境进行自适应,这些组织群为适应环境发展会产生诸如"共生关系"(symbiotic relationships)等组织间关系。

2. 组织互动说

组织互动说强调组织间关系的发展是各组织之间相互互动的产物,在以上各种理论中,诸如理性选择理论、交易成本理论、博弈理论、资源依赖理论都是基于组织间互动的角度进行阐述的。这些理论都一致认为组织是理性的,会进行有利于本组织或个人的选择,这种功利主义的视角,从一定意义上阐释了组织间会存在竞争,甚至产生冲突,但是组织间的互动使得组织间关系得以发展,或展开竞争型合作,或进行合作型竞争,从中各组织获得个体利益最大化。

由于各组织本身禀赋有别,组织间在互动时所处的位置也会存在差异,或者平等自愿,抑或消极被动,因此可将组织互动说分为平等自愿型和消极被动型。前者的典型特征是组织间是平等的,可以平等地对话协商,任何一方都可以随时自愿退出,这种组织间的互动关系相对脆弱,如理性选择理论、交易成本理论及博弈理论所强调的;而后者的典型特点是组织一方比较强势,另外一方相对较弱,这种情况会产生两种结果:一种结果是如博弈理论所说的"智猪博弈",即弱势组织的"搭便车"行为;另一种结果是弱势部门的"胁迫合作",这也是资源交换理论与博弈理论分析的重点之一。

根据资源依赖理论，当资源相对稀缺时，各组织就必须通过相互间的合作实现资源的获取，即在资源有限的环境中，通过组织间的竞争、依赖或控制关系来实现组织间的互动，进而实现各自组织的目的。

3. 组织再造说

涉及组织再造说的理论主要包括组织间合作理论、无缝隙政府理论和整体性政府理论，这些理论的基本假设是组织间可以通过相互间关系的转变，降低组织间的交易成本。这三种理论对组织间关系的探析角度存在差异，这一点从之前阐释的合作、协调与整合三者的关系已经得到证明。

组织间合作的过程从根本上说是组织流程的再造继而带来的组织间根本关系的转变。合作理论、无缝隙政府理论与整体性政府理论均从组织流程再造的角度开展了对转变组织间关系的探讨。例如，中国食品安全监管机构的发展就体现出这一特征，从组织间的合作，到统一协调机制的建立，再到最后食品安全大部制的设立，本质上也体现了组织再造的过程。

二、分析框架

基于以上理论，本书对政府部门间合作逻辑的分析主要采用制度分析的方法。首先，整体分析部门间关系的历史演进与主要类型，探讨部门间关系的制度空间与影响因素，结合案例阐述各影响因素的具体表现，总结中国语境下影响部门间合作的核心要素；继而探讨部门间的行为动机及各行动主体在互动中的策略选择。具体的分析框架从制度空间、机制构建、行为动机和策略组合四个层面展开，如图1-5所示。

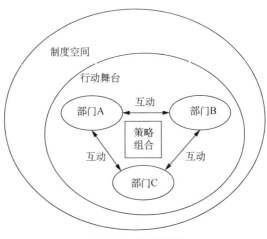

图 1-5 分析框架

第一,制度空间。对部门间合作的制度空间进行探析是本书进行的宏观层面分析,包括部门间关系的历史演进,从机构改革的角度探讨部门间关系的发展;同时,还包括在部门间合作过程中,各行动主体所共同遵守的制约合作行为的外在制度规则,这是各行动主体的行动空间。对政府部门间合作来讲,既有的组织架构、任务属性、组织间的信任关系等均可能造成部门间合作形态的差异。同时,外在制约因素的不同,也会使部门间合作的行为主体的互动过程及策略选择存在差异。

第二,机制构建。合作机制的构建是本书进行部门间关系分析的中观维度,合作机制是各部门实现合作的行动舞台。为了实现部门间的良好协调与合作,各部门通过设立领导小组、联席会议制度或者其他形式实现部门间合作,合作机制的成效是当前部门间合作是否有效的关键变量。

第三,行为动机。对部门间合作中各行动主体的行为动机的探讨是本书进行的微观层面分析,即从资源交换与利益均衡的角度探讨各部门合作的原因。对政府部门间合作而言,各行动主体旨在通过合作过程维护本部门利益,利益是各行动主体参与合作的原动力。各行动主体因其资源禀赋存在差异,资源交换与共享成为互动行为的主要表现,利益均衡是部门间博弈的结果。

第四,策略组合。策略组合是指跨部门行动过程中的各参与人在既定的行动空间中,选择何种对策的过程,即在复杂社会环境中,各行动主体根据事态发展所采取的相机行动方案。部门间合作作为一种博弈过程,该过程的行动主体既包括个体,也包括组织。各行动主体的属性及行动特征直接影响部门间合作或不合作策略的选择,并且会进一步影响组织间合作的效率。在部门间互动中,各部门既可能合作,也可能产生冲突。

三、研究设计与研究方法

(一) 研究设计

本书研究内容的前提假设是跨层级的政府部门间的合作存在共性,多数以命令和权威作为主导,而政府横向部门间的合作存在差异,因此,本书所探讨的政府部门间合作指的是政府横向同级部门间的合作。本书的分析单位为部门间合作中的"部门",既包括中央政府的各部门,也包括地方政府的各部门。根据各部门所在的政府层级差别,可以将政府部门间合作分为中央政府部门间合作、同一地方政府内的部门间合作以及不同地方政府之间的部门间合作。

受数据采集难度的限制,本书针对不同层面的分析所采用的实证数据及研究方法存在差异。首先,对中央政府的部门间合作,本书主要以对议事协调机构及食品安全监管体制的改革作为案例,探讨部门间合作机制的运作逻辑和协调能力,及优化食品安全监管所可能采取的"无缝隙监管"策略,这两个案例的分析所采用的方法是二手数据法,二手数据来源于国务院公报、新闻报道、政府门户网站等。其次,本书对地方政府部门间合作的研究主要采用案例分析法,针对同一政府内部的部门间合作,本书选取了 M 市行政服务中心的建设作为案例,主要探讨部门间合作的影响因素及这些因素在实践中的表现。最后,针对不同政府的相同业务部门之间的合作,本书选取长三角地区大气污染防治项目作为案例,探讨部门间合作过程中的策略组合。

鉴于中央和地方政府职能的差异,其合作机制的作用也存在差别,本书将在文章最后的结论中讨论央地政府部门间合作的差异,及各种合作机制运用的差异性。整体研究设计如图 1-6 所示。

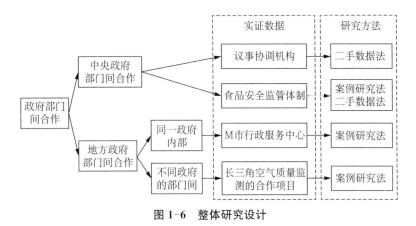

图 1-6　整体研究设计

(二) 研究方法

当前对中国部门间合作的研究缺乏严谨的定性研究与案例比较研究，因此，本书将重点采用案例分析法进行分析。案例研究是对某一分析单位的深入研究，① 是针对单一个体在某种情况下的特殊事件，系统广泛收集有关材料并进行细致研究的过程。案例分析能够"丰富公共行政理论文献，并加强理论和实践的联系，而这种联系是此领域赖以生存的基础"。② 由于当前对政府部门间合作的实证研究还相对较少，因此，选择典型案例进行分析，有助于形成对政府部门间合作逻辑的深度剖析。

案例研究主要用来回答怎么办和为什么等问题。③ 本书对政府部门间合作的影响因素和过程的分析主要基于以 M 市行政服务中心的建设为案例展开，通过对 M 市个案的探索性研究，分析中国语境下部门间合作的影响因素及作用机制。在"策略选择"一章中，本书对同一政府内部门间的合作选取了食品安全监管机构的改革作为案例；对不同政府部门间的合作，本书选取了长三角大气污染防治的部门间合作作为案例。

(三) 数据采集

1. 一手数据采集

个案研究对数据的要求较高，本书针对不同的案例分别采

---

① John Gerring, "What is a Case Study", *The American Political Science Review*, 2004, 98 (2), pp.341-354.
② Mary Timney Bailey, "Do Physicists Use Case Studies? Thoughts on Public Administration Research", *Public Administration Review*, 1992, 52 (1), pp.47-54.
③ Robert K. Yin, *Case Study Research: Design and Methods*, Newbury Park, CA: Sage, 1994.

取了实地参观、半结构化的深度访谈、随机访谈、小组讨论会等方法采集个案研究的一手数据。

首先,实地参观。在对 M 市行政服务中心和长三角大气污染防治案例的调研中,实地参观主要是参观行政服务中心的办事大厅以及省标准化推广办公室。在长三角大气污染防治案例中,主要是参观长三角空气质量监测网站及空气质量监测数据的分析及预报现场。查阅的政策资料包括 M 市行政服务中心的标准化服务体系汇编、M 市各单位的标准化手册、行政服务中心的管理架构、历年工作报告等。

其次,半结构化的深度访谈。由于对合作影响因素的研究是探索性的,因此,在采访过程中只有一个粗线条的提纲,然后根据被采访者在采访中提到的内容进行灵活处理。访谈对象的选取是获取准确有效数据的关键。本书中涉及的两个采访案例,M 市行政服务中心的采访对象比较明确,各窗口的领导、窗口工作人员,及 M 市与行政服务中心有关的现任或历任市级领导、行政服务中心的历任或现任领导均为本案例的采访对象。在 M 市行政服务中心的深度访谈对象包括 M 市委、市政府的领导,如市委常委、市纪委书记,市委常委、副市长,市优化办公室主任,市行政服务中心主要领导及工作人员,部分进驻中心的单位领导及工作人员,以及省政府部门工作人员。访谈的主要内容包括行政服务中心的发展情况和过程、主要成果、信息共享与整合、部门特色、具体工作等,如表 1-7 所示。

在长三角大气污染防治案例中,访谈对象的选择主要通过立意抽样和滚雪球法。最初访谈对象的确定是通过与项目负责人访谈决定的,其后的访谈对象则或者因在访谈中被其他人所提到而确定,或者由其他访谈对象推荐。对长三角大气污染防治跨部门合作的访谈也是采取半结构化的访谈方式，主要采访了三省一市的环境监测中心的工作人员、环保部门的领导等，涉及的问题主要包括长三角大气污染防治合作机制的设立动机、发展的历史、合作过程、遇到的问题及未来的走向等（见表 1-8）。

表 1-7 访谈对象及内容

访谈方式	访谈对象	访谈内容
深度访谈	1. 市委、市政府领导：市委常委、市纪委书记，市委常委、副市长等 2. 行政服务中心领导及工作人员：行政服务中心主任、书记，行政服务中心原主要负责人，一般工作人员等	行政服务中心的建设及发展情况 取得的主要成果 主要的外部有利因素和制约因素 主要的内部优势和不足 信息整合与共享
	3. 各委、办、局领导及工作人员：工商局、民政局、发改局、房地产管理局、地震局、规划局、卫生局、建设局、监察局、优化办、国土资源局、劳动局等部门的主要领导及工作人员等 4. 省政府部门工作人员：D 省质量技术监督局标准化处工作人员	管理架构 标准化体系的制定及完善 各部门的特色 下一步的发展方向
随机访谈	1. 行政服务中心窗口人员：卫生局、工商局、建设局、公安局等部门的窗口人员 2. 服务对象	行政服务中心的日常管理 中心与各部门间的协调 部门间的协调 员工个人的晋升途径 工作压力 服务对象满意度

表 1-8　长三角空气质量监测项目的访谈问题

问题视角	主要问题
合作原因	1. 合作的各自动机是什么？各有何诉求？ 2. 国家在长三角区域大气污染防治合作机制建立和运行过程中起到什么作用？
合作的发展进程	1. 合作是如何开展的？遇到了什么契机？ 2. 合作的效果如何？遇到什么问题？ 3. 为什么会遇到这些问题？ 4. 这些问题最终是如何解决的？
合作的持续性	1. 合作方式可持续吗？ 2. 合作方式为什么能取得成功？

2. 二手数据采集

二手数据是本书的一大数据来源。为了对某一协调机构整体变迁情况及行动能力进行总体分析，本书采用了二手数据法，例如在对议事协调机构的研究上，由于议事协调机构多数没有实体办公机构，即使找到某一机构，具体采访的难度也很大。另外，数量庞大的议事协调机构，其工作的方式也存在差异，很难找出一个能代表所有议事协调机构的机构。因此，对议事协调机构的分析，本书通过对国务院公报、政府门户网站、前人研究成果、新闻媒体报道等材料中关于议事协调机构内容的分析和总结，据此从总体上分析了议事协调机构作为一种典型的合作机制，在其具体行动过程中的行动逻辑与协调能力。

四、本书的结构安排

本书主要从部门间的合作关系入手，从制度空间、合作机制、互动过程及策略选择四个维度来分析政府横向部门间的合作关系。既有对行动主体、制度规则与行动空间的静态分析，也有对互动过程及其策略选择的动态分析。全书展开的基本逻辑是：在何种环境中（制度空间），通过什么样的机构或方式（合作机制），经过何种过程（互动过程），行动主体通过怎样的策略选择（策略组合），形成了部门间合作的行动方案，如图 1-7 所示。

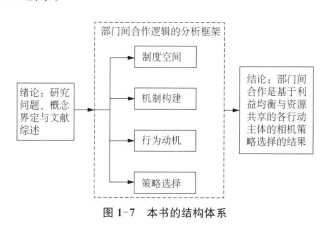

图 1-7　本书的结构体系

五、本书可能的创新之处

关于部门间关系的著述已经较多，本书的创新点在于综合运用组织间合作的多种理论对政府部门间合作关系进行分析。其中，充分考虑了行动中个体或单个组织作用的博弈理论也是研究政府部门间合作的重要理论，本书引入博弈理论作为理论基础之一进行分析，对探讨政府部门间合作是一种新尝试。在研究方法上，本书基于案例分析法，运用理论探讨与实践分析相结合的方式对政府部门间合作进行了探索性分析。

本书的分析层次既有关于中央政府层面的分析，也有关于地方政府内部和地方政府之间的相同业务部门之间合作的分析，并对中央、地方政府的部门间合作进行了比较，对部门间合作机制的适用性进行了总结。

在分析框架的构建上,本书从宏观、中观、微观三个层面建构了部门间合作的四个分析维度,即制度空间、机制构建、行为动机和策略选择。其中既有静态的对行动主体、制度规则与行动空间的分析,也有动态的对行为动机、互动过程及策略选择的分析。

部门间合作机制的构建是学界和实际工作部门一直在探索且尚未根本解决的难题,因此本书的不足之处也非常明显。当前我国学者对政府部门间合作的研究尚比较欠缺,本书更多的是在进行理论探讨,所选取的案例也多是为理论分析所服务。因此,本书理论分析的结果仍需要大量的实践材料予以证实(或证伪)。但由于一手经验数据收集的困难,本书尚没有将理论分析的结论放到特定的政策领域中进行实践考证。此外,本书分析并归纳了部门间合作的影响要素,但本书缺乏对各个要素的影响权重的考察,这也是未来这方面研究需要继续深化的方向。

第二章 部门间合作机制的历史演进与类型

合作机制是促进部门间有效配合的重要推动力。部门间合作的实现既可以通过组织路径,如通过议事协调机构、部际联席会议、行政服务中心、大部门体制等机构或制度的设置来实现;也可以借助信息技术的发展进行解决。本章首先回顾了部门间关系的历史演进过程,继而将部门间合作机制的建设分为组织路径和技术路径两种方式,并分别对两种方式进行深入剖析。

第一节 部门间关系的历史演进

部门间关系是指同一层级的政府机构之间的联系,研究部门间关系需要把政府当作一个整体来考察,而不是从政府内部的单个机构来研究;是从政府的角度来观察个体,而不是就个体论个体。理顺部门间关系有助于减少协调消耗,提高行政运行的产出。[①] 此外,部门间多竞争、少合作,甚至只竞争、不合作,这种情况也已影响到公共问题的解决。本节以中央政府为例,首先回顾了政府部门间关系的历史演进,探讨了中央政

---

① 薛刚凌:《行政体制改革研究》,北京大学出版社2006年版,第219页。

府部门间关系的发展，总结部门间合作的演变历程。

一、新中国成立初期的归口管理制度(1949—1954年)

1949年9月，中国人民政治协商会议第一届全体会议讨论通过了《中央人民政府组织法》，随后设立了国家政务的最高执行机关即中央人民政府政务院，政务院下设4个委员会（包括政治法律、财政经济、文化教育和人民监察委员会），以及31个工作部门来管理国家行政工作。其中，委员会是政务院和其下属部门之间的中间层次，实现了对下属部门的归口管理，确立了"政府管理中的归口管理制度"。[①] 委员会的主要任务是指导与协调所辖部、署、会、行、院等部门的工作。

1950年中央人民政府委员会第九次会议决定成立中央人民政府人事部，撤销了原政务院人事局和中央人民政府内务部干部司，以及政务院原财政经济、文化教育和政治法律三个委员会内部的人事机构，统一政府部门的人事政策，使人事工作协调有序。1951年，中央人民政府人事部的内设机构调整为一厅三局。

1952年8月，中央人民政府委员会举行第十七次会议，通过了《关于调整中央人民政府机构的决定》，撤销了中央人民政府情报总署、中央人民政府新闻总署和贸易部，成立商业部、对外贸易部、粮食部、地质部、建筑工程部、第一机械工业部、第二机械工业部。11月，增设中央人民计划委员会，隶属于中央政府委员会，地位与政务院平行。国家计委成立后，原由政务院财政经济委员会领导的重工业部、第一机械工业部等13个部划归其领导。国家计划委员会的设置影响了政

---

① 谢庆奎等：《中国政府体制分析》，中国广播电视出版社1995年版，第218页。

务院对下属部门的统一领导与协调。到 1953 年底，政务院的工作部门增加至 42 个，包括 37 个部委，4 个委员会和 1 个秘书厅。1954 年国家计委改为国务院组成部门，即中华人民共和国国家计划委员会。

1954 年国务院取代政务院，成为中华人民共和国的最高行政机关，是宪法规定的中华人民共和国中央政府，其主要职责是组织领导经济建设。① 实际上，在政务院初设的 30 个单位中，有 16 个属于经济部门，这就决定了国务院建立初期的职能定位。国务院成立后，将原政务院的政治法律、财政经济、文化教育三个委员会撤销，取而代之的是国务院的政法、文教、重工业、轻工业、外贸、交通、农林、对私改造共 8 个办公室，主要职责也在于协助总理管理并协调所属各部门的工作。这些办公室既有按顺序号排列的名称，也有根据其具体的管理内容而命名的名称，如表 2-1 所示。② 至 1954 年底，国务院部门机构总数增加至 57 个，包括 35 个部委、13 个直属机构、8 个办公机构和 1 个秘书厅。

表 2-1　国务院各办公室简表 (1954—1958 年)

名称	分管部门	主任
第一（政法）办公室	内务部、公安部、司法部、监察部、民族事务委员会	罗瑞卿（公安部部长）
第二（文教）办公室	文化部、高等教育部、教育部、卫生部、体育运动委员会、新华通讯社、广播事业局、中国文字改革委员会、对外文化联络局	林枫

---

① 赵紫阳：《关于国务院机构改革问题的报告》，《人民日报》1982 年 2 月 24 日。
② 王敬松：《中华人民共和国政府与政治（1949.10—1992）》，中共中央党校出版社 1995 年版，第 81 页。

（续表）

名称	分管部门	主任
第三（重工业）办公室	工业部、第一机械工业部、第二机械工业部、国家建设委员会、燃料工业部、地质部	薄一波（建委主任）
第四（轻工业）办公室	轻工业部、纺织工业部、中央手工业管理局、地方工业部、劳动部	贾拓夫（轻工业部部长）
第五（外贸）办公室	财政部、商业部、对外贸易部、中国人民银行、粮食部、供销合作总社	李先念（副总理兼财政部部长）
第六（交通）办公室	铁道部、邮电部、交通部、中国民用航空局	王首道
第七（农林）办公室	农业部、水利部、林业部、中央气象局	邓子恢（副总理）
第八（国家资本主义）办公室	负责掌管对资本主义工商业进行社会主义改造工作，并负责掌管中央工商行政管理局的工作	李维汉（中共中央统战部部长），后改由国务院副总理陈毅兼任

资料来源　王敬松：《中华人民共和国政府与政治（1949.10—1992）》，中共中央党校出版社 1995 年版，第 81 页。

由以上分析可以看出，无论是国务院 4 个委员会的设置还是 8 个办公室的设立，都体现了此时的国务院实际上是三级机构，即国务院、委员会或国务院办公室和部、委、直属机构等。其中，国务院委员会或办公室的职能主要是协助总理掌管并协调国务院下设各部门的工作，"归口管理制度"也由此形成。这一制度不仅是中国行政管理实践中的重要经验，对后来的机构设置也有重要影响。行政事务的精细化提高了政府职能部门的专业化程度，专业化的部门设置导致了在实际行政事务的处理中，更加需要业务性质相近的职能部门之间的协调配合。而归口管理制度正是实现了对职能相似、工作业务相近的部门的归口管理，便于对各部门工作的领导与协调，因而在实践中提高了运营效率，实现了部门间协同有序的运行。

二、部门间关系的结构调整期（1955—1965年）

伴随经济建设的大规模展开，政府的行政管理工作也逐渐增多，中央政府在此基础上又增设或分设了许多部门。1955年，为适应新中国工业建设的需要，原来的燃料工业部被一分为三：煤炭工业部、电力工业部、石油工业部；并决定设立第三机械工业部。1956年，中央政府将下设的国务院的财经部门进行了调整，决定撤销中华人民共和国重工业部和燃料工业部、中华人民共和国第三机械工业部、中华人民共和国地方工业部；设立国家经济委员会和国家技术委员会。经过调整，国务院在经济管理方面的部门机构更多，分工更细。到1956年底，国务院的单部委机构达到48个，另外还有直属机构24个，办公机构8个和秘书厅1个，总共81个部门，形成了新中国成立以来中央政府机构设置的第一个高峰。分工精细且规模庞大的政府部门中，各部门机构之间的职能交叉现象也普遍存在，导致了一些部门之间因权责不明、管理权限不清而相互推诿，部门间关系陷入困境。

1956年下半年，中央提出了《关于改进国家行政体制的决议（草案）》，开始了国务院第二次较大规模的体制改革和机构改革。1958年，中央撤销及合并了国家建设委员会等10多个单位，经过调整，国务院部委减少8个，直属机构减少5个，同时设外事办公室，具体负责外交外事工作（其也是同时设立的中共中央外交领导小组的具体办事机构)。为解决职责不明等问题,国务院政府机构开始重新调整,除了裁撤合并部门之外,1959年,国务院对工作部门又作了进一步的调整和合并,将工业(重工业、轻工业)和交通方面的三个办公室合并为工业交通办公室,国务院的八大办公室合并为包括政法、文教、财贸、农林、工业交通和外事在内的六个办公室。经过调整和合并,国务院机构数量减少至60个,其中部委39个、直属机构14个、办公室6个和秘书厅1个,比1956年减少了21个。

1960年到1965年开始了新中国成立后的第三次较大规模的机构改革,国务院撤销了政法办公室,并在国务院各部门内成立政治部,设立了与国务院六大办公室相对应的政治部,并与国务院办公室合署办公。1961年,从工业交通办公室中分出国防工业办公室;1963年成立了内务办公室,并在第三机械工业部的基础上分设了第四、五、六机械工业部。1964年,从教育部中分设出高等教育部。1965年增设了第七、八机械工业部,以及第一、二轻工业部。

这些办公室简称"办",其管辖范围或系统多简称"口",在具体实践中起到了协调、综合和对部分问题的决策作用,同时,国务院各办公室的设立、变动或撤销不需全国人大会议或其常委会会议通过,① 所以这个时期国务院各办公室及工作部门的设立不断反复,也影响了部门间关系的持续性。

三、跨越十年的失序期(1966—1980年)

1966年"文革"开始后,国家行政管理工作陷入混乱,

---

① 王敬松:《中华人民共和国政府与政治》,中共中央党校出版社1995年版,第83页。

国务院各办公室、部、委都受到了外部和机关内部的冲击，陷入了瘫痪状态。1967年1月开始，短短一年时间内，从中央到地方各级机关的党政大权都被造反派夺取，成立军管会和革命委员会，形成了"大组套小组、上下一般粗"的行政组织体系。① 为此，1970年国务院开始下放权力，对各部门进行精简裁并，国务院办公室全部撤销。自此，作为中间领导层次、分管一个方面工作、在各部门间进行协调的归口管理制度消失，国务院三级组织结构被两级体制所取代。1970年，国家经济委员会被撤销，并入国家计划委员会。经裁并，国务院工作部门锐减至32个，达到了新中国成立以来中央政府机构数量的最低点，其中部委26个、直属机构5个和办公机构1个，但国务院实际领导的只有外交部、国家计委等19个部门，其他13个部门分别划归"中央文革小组"和军队领导。由于本次机构改革方案的不合理，导致了各部门共同应对业务工作的难度进一步加大。

1971年开始，周恩来主持中央日常工作，着手进行经济整顿，将之前一些划出去的部门重新收归国务院领导，恢复增设了一些机构，如恢复国防工业办公室，统一领导与协调国防工业相关部门。到1973年底，国务院有42个工作部门。1975年邓小平主持工作后，他对国务院政府机构也进行了较大调整，对工业交通、商业、农业及文化教育领域进行了整顿，将国务院部门调整为52个，含部委29个、直属机构19个、办公机构4个。

1976年10月，"文化大革命"结束。1977年，中央开始

---

① 夏海：《政府的自我革命——中国政府机构改革研究》，中国法制出版社2004年版，第28页。

对政府管理体制进行调整，陆续恢复了一些以前被撤并的政府部门，增设一些新的机构，以加强对铁路、邮电、民航等部门的集中统一领导。1979年，国务院在农业部、农垦部、农业机械部等部门之上，成立农业委员会，负责农业相关部门之间以及农业部门与其他部门之间工作的协调配合。1980年国务院成立了机械工业委员会和国家能源委员会。其中，机械工业委员会统一领导和归口管理机械工业管理部门；能源委员会负责协调能源相关部门的法规制定与计划实施工作。1977年到1981年间，国务院恢复和增设了48个部门或机构，到1981年年底，国务院机构数量增加至100个，是1949年以来机构数量的最高峰，其中，部委52个，直属机构43个，办公机构5个。工作机构数量的剧增导致了机构臃肿、人浮于事的状况，给部门间工作带来了更多的矛盾与冲突。此时，国务院已经开始对部门间合作给予关注，比如在国务院与政府部门之间设立协调性的委员会，但是由于这些委员会的实际协调效果有限，导致部门间关系更加复杂，协调更加困难。

四、改革开放后的探索发展期（1981—2007年）

1980年8月，邓小平在中央政治局扩大会议上指出，现在"机构臃肿，人浮于事，办事拖拉，不讲效率，不负责任，不守信用，公文旅行，互相推诿，以至官气十足……都已达到了令人无法容忍的地步"。[1] 1981年的政府工作报告决定，新一轮政府机构改革将对国务院各部门进行裁减或合并，并将尽量精简人员。1982年的机构改革是改革开放以来的第一次机构改革，其对负责农业、文化等领域的部门进行合并，撤销了

---

[1] 《邓小平文选》（第二卷），人民出版社1994年版，第327页。

农业委员会等协调性机构,合并之后的农业和文化部门的管理较好地改善了部门间关系。这次改革还将国务院的办公机构改为办事机构,从协助总理"掌管"某些部门改为"办理"专门性的事务。经过改革,国务院工作部门总量精简为61个,其中部委43个、直属机构15个、办事机构2个和办公厅1个。

但是,随着改革开放工作的推进,国务院政府机构又一度出现膨胀。到1987年,国务院工作部门总数达到72个,其中部委45个、直属机构22个、办事机构4个和办公厅1个。1987年,党的十三大明确提出了政府机构改革的任务,将职能转变作为机构改革的关键,彻底改变部门间存在的"职责交叉、工作扯皮、协调困难"①的问题。

1988年国务院进行了改革开放以来的第二次大规模机构改革,与以往的改革不同,这次改革并不是简单的合并裁剪,而是将理顺关系作为重点。1988年的机构改革,撤销了原来因职能交叉而相互扯皮的国家计划委员会和国家经济建设委员会,组建新的国家计划委员会;组建能源部,理顺能源工业相关部门之间的关系;设立了"国家局",将一部分直属机构由部委归口管理。经过这次改革,国务院部委机构由45个减少为41个,直属机构由22个调整为19个,办事机构5个和办公厅1个。1988年机构改革的主要特点在于将机构改革与经济体制改革相结合,但是这次改革的成果也没有得到巩固,国务院机构数量曾再度膨胀,部门职能交叉现象严重,导致出现较多推诿扯皮现象。

1993年的机构改革是在1992年党的十四大确立的建设社

---

① 任晓:《中国行政改革》,浙江人民出版社1998年版,第204—205页。

会主义市场经济体制的背景下展开的,十四大指出,要下决心进行行政管理体制和机构改革,切实做到转变职能、理顺关系、精兵简政、提高效率。这次改革将行政管理体制改革与经济体制改革和市场经济建立相联系,核心目的在于适应市场经济建设的需要,将国务院机构分为五类,包括综合经济部门、专业经济部门、社会管理部门、直属机构和办事机构。从部门间关系的角度看,1993年的机构改革将原来由计划委员会一家主导部门间协调的模式改革为由计划委员会与财政部、中国人民银行共同负责经济调控的方式,并且将三个协调部门的权限进行了划分。经过改革,国务院机构总数为59个,包括40个部委、13个直属机构、5个办事机构和1个办公厅。

1998年,按照精简、统一、效能的原则,政府机构改革的目标被定位于建立办事高效、运转协调、行为规范的政府行政管理体系。这次改革中,国务院撤销了包括电力工业部在内的15个部委,新组建4个部委,更名3个部委,保留22个部委。此次改革后,国务院除办公厅外,部门总数减少为29个,另外设直属机构17个,办事机构6个。1998年的机构改革,将之前确立的宏观经济部门改为宏观调控部门,强化其在部门之间的协调能力。这次机构改革的重心在于按照权责一致的原则,明确各部门的职责分工,调整政府各个部门的职责权限,从一定程度上消除了原来的政出多门、多头管理、部门间推诿扯皮的现象。部门间关系进一步理顺。

1998年国务院机构改革后,中共中央的各部门和其他行政机关也陆续进行了改革,随后省、市、县、乡的改革也全面启动。2002年,党的十六大第一次把政府的职能定位于四项基本内容，即"经济调节、市场监管、社会管理和公共服务"。① 在此基础上，2003年的国务院机构改革的宗旨定位于转变政府职能，理顺政府部门的职能关系，尽量避免政府职能的交叉，从部门设置上减少部门间的夺权与推诿扯皮现象的发生。在这次改革中，原国家计划委员会改为国家发展和改革委员会，进行总体经济体制的改革；设立了国有资源监督管理委员会、中国银行业监督管理委员会，加强相关领域的监管和领导；同时，组建了商务部，推进了流通体制的改革，原来流通领域机构重叠、职能分散的现象得到改善。经过此次改革调整，国务院机构总数减少为54个，包括部委28个、直属机构18个、办事机构6个、直属特设机构1个、办公厅1个。

五、大部制改革以来的整合协同期（2008年至今）

中国共产党第十七次全国代表大会明确提出要"加大机构整合力度，探索实行职能有机统一的大部门体制，健全部门间协调配合机制"。② 2008年，十七届二中全会通过的中共中央《关于深化行政管理体制改革的意见》对未来的行政改革提出了新的要求，要求"合理界定政府部门职能，明确部门责任，确保权责一致"；③ 同时，要"理顺部门权责分工"，在涉及多

---

① 江泽民：《全面建设小康社会，开创中国特色社会主义事业新局面——在中国共产党第十六次全国代表大会上的报告》（2002年11月8日），《求是》2002年第22期，第3—19页。
② 胡锦涛：《高举中国特色社会主义伟大旗帜 为夺取全面建设小康社会新胜利而奋斗——在中国共产党第十七次全国代表大会上的报告》，《求是》2007年第21期，第3—22页。
③ 中共中央 国务院印发《关于深化行政管理体制改革的意见》的通知，中国政府网，http://www.gov.cn/gongbao/content/2008/content_946042.htm，最后浏览日期：2020年8月20日。

部门的事务管理中，明确牵头部门，分清主次责任。同时，该意见明确指出要"健全部门间协调配合机制"，对议事协调机构的设置也进行了规范。十七届二中全会对行政改革提出的要求也凸显了当前部门间协调机制不健全、尚未达到良好的协调效果，同时，议事协调机构还存在机构过多、机构乱设、运作不规范的现象。

基于此，2008年3月11日，十一届全国人大一次会议第四次会议上华建敏做了《关于国务院机构改革方案的说明》的报告，指出要"围绕转变政府职能和理顺部门职责关系，探索实行职能有机统一的大部门体制，合理配置宏观调控部门职能，加强能源环境管理机构，整合完善工业和信息化、交通运输行业管理体制，以改善民生为重点加强与整合社会管理和公共服务部门"。① 于是，我国大部制改革拉开了序幕。大部制改革要求职能相同或相近的、相互之间有联系的公共事务由一个部门管辖，从而减少部门之间职能交叉、多头管理的问题。大部制改革并不是简单地将机构进行重组或者部门合并，更主要的是体现科学合理的治理结构、有效的运行机制、有机的职能整合。② 经过此次改革，国务院部门进一步减少，共设置50个工作部门，其中部委27个、直属机构17个、办事机构4个、国务院直属特设机构1个、办公厅1个。

大部制改革不同于以往任何一次国务院的机构改革，因而在推行中对大部制改革能否改善部门间关系有人存有疑问。

---

① 华建敏：《关于国务院机构改革方案的说明——2008年3月11日在第十一届全国人民代表大会第一次会议上》，《中华人民共和国全国人民代表大会常务委员会公报》2008年3月31日。
② 张成福、杨兴坤：《大部制建设中的十大误区与问题》，《探索》2009年第3期，第60—63页。

2010年，国家"十二五"发展规划纲要，明确提出要转变政府职能，健全政府职责体系，优化结构、提高效能。在大部制改革的实践中，如果过分关注体制的改革，而非机制的调整，改革就有可能带来部际冲突内部化等问题。因此，部门间的协调问题仍然是大部制改革中的一大难点。为应对这一问题，需要健全部际协调机制，将机制调整作为"大部门体制"改革的战略重点，促进部际整合由"职能整合"转向"流程再造"，在推动政务公开的同时加强社会监督，积极建构部门间的"伙伴关系"。①

2013年国务院机构改革方案"重点围绕转变职能和理顺职责关系，稳步推进大部门体制改革，实行铁路政企分开，整合加强卫生和计划生育、食品药品、新闻出版和广播电影电视、海洋、能源管理机构"。② 此次改革后，除国务院办公厅外，国务院设置组成部门25个、直属特设机构1个、直属机构16个、办事机构4个、部委管理的国家局16个、直属事业单位13个。

2018年国务院机构改革方案着眼于转变政府职能，加强和完善政府经济调节、市场监管、社会管理、公共服务、生态环境保护职能，推进重点领域和关键环节的机构职能优化和调整。改革后，除国务院办公厅外，国务院设置组成部门26个、直属特设机构1个、直属机构10个、办事机构2个、直属事业单位9个③。

---

① 张翔：《从体制改革到机制调整："大部门体制"深度推进的应然逻辑》，《上海行政学院学报》2012年第2期，第61—68页。
② 《国务院机构改革和职能转变方案》，人民日报，2013年3月15日。
③ 国务院关于机构设置的通知（国发〔2018〕6号），http://www.gov.cn/zhengce/content/2018-03/24/content_5277121.htm.，最后浏览日期：2020年12月31日。

六、小结

从以上历年政府机构改革的实践可以看出，中央政府部门间关系实现了由委员会、协调性办公室进行协调的三级国务院管理模式，发展到由综合经济部门主导的协调方式，继而转向由宏观调控部门主导，其他部门配合的部门间合作的模式，最后转变为职能整合的大部门体制。

（一）分工细致的部门管理体制催生对部门间合作机制的探索

从以上对机构间关系的探索与改革的历史来看，政府在横向机构设置上是小部门结构，小部门不仅职责范围狭窄，资源整合能力也有限，一旦涉及范围稍广一点的业务，就需要其他部门的整合与协助。[1] 因此，部门结构分化是催生政府部门间合作的根源。表2-2显示了新中国成立以来中央政府机构数量的变化情况。从表中可以看出，为促进国民经济和产业的发展，我国政府机构从新中国成立之初就开始按照职能进行专业化分工，致使政府机构越来越零碎化，这种情况直到1998年的机构改革才发生改变。2013年的国务院机构改革中，中央政府机构规模数量达到最低点，但是实际上，中央政府机构还下设1个直属特设机构、16个直属机构、4个办事机构、16个部委管理的国家局以及13个直属事业单位，也就是说中央政府的机构数量仍然很庞大，分工细致的部门化管理的特征依旧较为明显。

---

[1] 周望：《议事协调机构改革的思考》，《中共浙江省委党校学报》2011年第4期，第18—23页。

分工精细化的部门管理体制导致部门职责范围较窄，资源整合的能力有限，在涉及稍微复杂的问题时，就需要寻求与其他部门的合作，进而导致了横向部门间的协调问题，出现了"九龙治水""政出多门"的不良局面。

表2-2 新中国成立以来国务院组成部门数量的变化情况

年份	机构数量（个）	年份	机构数量（个）
1949	35	1982	61
1953	42	1988	66
1956	81	1993	59
1958	68	1998	29
1959	60	2003	28
1965	79	2008	27
1970	32	2013	25
1975	52	2018	26
1981	100		

注：本表未统计"文革"期间中央机构的非正常变动。
资料来源：根据历次国务院机构改革方案，中央机构编制委员会办公室网站（http://www.scopsr.gov.cn）所述的相关部分整理而成。

（二）部门间关系的调整是历次机构改革的共同目标

为解决分工精细化的部门管理体制内部的协调问题，政府尝试多种协调的机制，如在部门之上设置规格较高的议事协调机构来处理部门间事务等。历次国务院的机构改革也呈现出国务院对部门间关系调整的关注与重视。无论侧重点在哪个方面，国务院机构改革中都非常重视部门间关系的优化与调整。从总体上说，国务院机构改革的目标实现了由"精简机构"向

"转变职能"再到"理顺关系"的过渡。

首先是精简机构,国务院从第一次精兵简政开始就已经考虑到对职责相近的机构要进行合并,同时解决部门间职能交叉的现象。1951年12月,政务院做出的《关于调整机构紧缩编制的决定(草案)》就明确规定要合并分工不清和性质相近的机构;1982年的《关于国务院机构改革问题的决议》要求改变部门之间分工不合理、权责不明的状况,也为部门间关系的发展奠定了基础。1998年机构改革的目标要求将机构改革的原则设立为"精简、统一、效能"的原则,要求调整部门间的职责权限,明确部门间的职能分工。部门间关系的调整成为1998年机构改革的重点。

其次是转变职能,1988年的政府机构改革第一次明确提出"以转变政府管理职能为关键……使政府对企业由直接管理为主逐步转到间接管理为主"。在此次机构改革中,按照新的职能对政府机构进行了调整,并且把业务相近或相同的部门予以合并,由一个部门来承担;[①] 1993年的机构改革则是在十四大上确立的建立社会主义市场经济的基础上展开的,要求通过政企分开来转变政府职能。

再次是理顺关系,八届人大一次会议上,国务院秘书长罗干第一次明确提出国务院机构改革要转变职能、理顺关系,这里所说的"关系",既包括中央与地方的关系,又包括政府各部门之间的关系。2003年国务院机构改革的指导思想是进一步转变政府职能,通过理顺部门间的职能分工来建立协调、高

[①] 宋平:《关于国务院机构改革方案的说明(1988年3月28日在第七届全国人民代表大会第一次会议上)》,国家行政学院编著:《中华人民共和国政府机构五十年(1949—1999)》,党史党建出版社2000年版,第484—485页。

效的行政管理体制;针对职责不明或交叉现象,规定通过一个部门负责或牵头的原则,来减少部门间的推诿。

最后是大部制改革,2008年,在国务院机构改革中开始探索实行职能有机统一的大部门体制。大部门体制综合体现了精简机构、转变职能、理顺关系的要义,旨在通过部门职能的调整理顺部门之间的权责关系,促进各部门协调有序高效的运作,实现了对部门间关系的转变。2013年的国务院机构改革,则强调在职能转变方面,"必须处理好政府与市场、政府与社会、中央与地方的关系,深化行政审批制度改革,减少微观事务管理,该取消的取消、该下放的下放、该整合的整合",同时要"减少部门职责交叉和分散,最大限度地整合分散在国务院不同部门相同或相似的职责,理顺部门职责关系"。① 2018年的国务院机构改革则强调"坚决破除制约使市场在资源配置中起决定性作用、更好发挥政府作用的体制机制弊端,围绕推动高质量发展,建设现代化经济体系,加强和完善政府经济调节、市场监管、社会管理、公共服务、生态环境保护职能""着力推进重点领域和关键环节的机构职能优化和调整,构建起职责明确、依法行政的政府治理体系,提高政府执行力,建设人民满意的服务型政府。"

从历年政府机构改革中可以看出,有关部门间关系的问题是政府机构改革的重点,并且中央政府就部门间关系的发展已经进行了一系列探索。从20世纪50年代合并机构,1982年解决分工不清问题,1988年转变职能,1993年理顺关系,到2008年以来的大部制改革,实际上都是对部门机构设置和部门间关系的探索过程。

---

① 《国务院机构改革和职能转变方案》,《人民日报》,2013年3月15日。

第二节　部门间合作的组织路径

公共问题的解决需要跨部门的共同合作与努力，鉴于部门化管理模式的诸多弊端，我国政府也开始了积极的部门间合作机制的探索，设置了诸如议事协调机构（领导小组）、部际联席会议、行政服务中心、大部门体制等不同层次的协调机构，在处理跨界问题上起到了一定的效果。本节拟从传统组织管理的角度出发探讨部门间合作机制的组织解决路径，即议事协调机构、联席会议制度等方式。

一、建立部门间合作机制

"机制"一词在《辞海》中的一种解释是"泛指一个工作系统的组织或部分之间相互作用的过程和方式"。机制是高效的自适应系统，是在外部条件发生变化后能够快速反应并及时自我调整的一个整体。部门间合作机制的建立旨在形成一个应对外部公共问题快速作出反应的平台。良好机制的构建离不开体制的建设和制度的完善，其中，行政组织中的体制也即组织职能、责任和权力的调整和配置，而制度则重在法律、法规以及组织内部的规章制度的完善。协调是非常复杂的，在不同的情形下会采用不同的方式，即不同的"协调机制"，尽管它们更主要的目的是进行控制和沟通。[1]

理解"合作机制"需要从两个方面着手，首先需要理解合

---

[1] ［加］亨利·明茨伯格：《卓有成效的组织》（珍藏版），魏青江译，中国人民大学出版社2007年版，第7页。

作机制内部各要素的关系,作为一个机制,其内部各个部分的存在是机制构建的前提;其次需要对合作机制的运作机制进行分析和理解,合作机制本身的含义在于以某种特定的运作方式把政府内部的各个部门和机构联系起来的过程。

部门间合作机制多数是在协调的基础上所采取的联合行动,是建立在部门间互动基础之上的合作。跨部门合作机制的构建,一方面需要通过部门间的协调互动对各部门的管辖范围及职责达成协议,确立相互间的边界;另一方面,可以考虑通过成立专门的协调委员会或事务处理委员会等方式进行协调。但无论采取何种方式,部门间合作机制都是针对公共问题而建立的,是对跨部门的公共事务进行管理的机制。

由于法治政府下的政府各部门职权是法律明确规定的,因此,各部门之间的合作机制应以法律的形式确定下来,规定各协调机制的职权范围、运作程序及监督等问题,保证协调机制的制度化、规范化、程序化,这样才能最大化地减少部门间推诿扯皮的现象发生,确保协调机制在法治的轨道上运行。[①]

二、议事协调机制

合作机制是部门间合作的桥梁,合作机制运行的效果直接影响部门间合作的效率。议事协调机制作为一种应用最广的协调机制,其设立在一定程度上实现了不同部门间的协调,是当前中国政府部门间合作的主要机制之一。本小节选取议事协调机构为例,探讨部门间合作机制的运作逻辑,并且对议事协调机构的协调能力进行分析,以反映当前部门间合作所存在的问

---

① 张忠军:《行政机关间的权限冲突及其解决途径》,《中国党政干部论坛》2007年第3期,第40—42页。

题。本小节的研究对象是国务院层面成立的议事协调机构，时间范围是 1993 年至 2008 年，综合分析了议事协调机构的变迁情况及变迁原因；同时为探讨议事协调机构的运作机制和协作能力，本书对 2008 年议事协调机构改革之前的 54 个议事协调机构的机构组成（组成部门、组成人员等）、运作方式（如开会频率）等进行了分析，探讨了议事协调机构的行动能力，以此来折射部门间合作的组织协调机制在政府公共管理活动中的作用。

(一) 议事协调机构的设立

1. 议事协调机构设立背景

1949 年后，国家层面建立了一些非常设机构，这些非常设机构是议事协调机构的前身，比如 1950 年成立了国家防汛抗旱总指挥部的前身——中央防汛总指挥部，1952 年成立了全国爱国卫生运动委员会的前身——防疫委员会等。改革开放后，中国进入了一个全新的发展时期，经济发展和社会进步使得各类新问题不断涌现，政府的行政管理职能得以进一步扩展。为应对这些新的挑战，实施政府行政管理的职能，政府在常设机构以外设立了许多非常设机构以辅助其各部门更好地开展工作，非常设机构数量因此急剧上升。在 1982 年国务院机构改革以前，国务院的非常设机构有 44 个，到 1992 年底，其数量已达到 85 个，而同期的国务院部、委、办以及直属机构的总数量只有 69 个。1993 年国务院进行了第三次大规模的机构改革，其中非常设机构从 85 个减为 26 个，[①] 同年，国务院

---

① 国务院办公厅，《国务院办公厅关于部分已撤销的国务院非常设机构其原工作移交有关部门承担问题的通知》，《贵州省人民政府公报》1993 年第 9 期。

发布《关于国务院议事协调机构和临时机构设置的通知》(国发〔1993〕27号)① 规定，将国务院的非常设机构改称为议事协调机构和临时机构。

议事协调机构的设立是为组织协调部门间工作而服务的。综合分析1993年以来四次国务院机构改革中涉及的议事协调机构，按照其工作任务的不同，可以将这些机构大致分为以下四类：第一类是为重大工程的协调或突发灾害的应对而设置的临时性机构，比如国务院三峡工程建设委员会、第29届奥林匹克运动会工作领导小组，以及国务院抗震救灾指挥部等，这类机构一般在工程或事项结束后撤销；第二类是为协调一般的社会、经济事务而设置的机构，如国务院妇女儿童工作委员会以及全国老龄工作委员会；第三类是为实施政治与社会的掌控而设置的机构，如全国打击走私领导小组和国家禁毒委员会；第四类是为文化传承与推广而设置的机构，如国家汉语国际推广领导小组、古籍整理出版规划小组以及国家清史纂修领导小组等。

2. 议事协调机构的概念演变

当前，诸如食品安全、环境治理、危机事件等复杂的社会问题频频出现，政府常设机构为实现有效的行政管理，往往需要设立一些非常设机构来辅助常设部门工作的开展。实际上，公共部门采用临时性组织管理并不新奇，所有的政府都曾设置过工作小组或各种临时性组织。② 彼得斯的政府未来的治理模

---

① 国务院：《关于国务院议事协调机构和临时机构设置的通知》(国发〔1993〕27号)(1993年4月19日)，中国政府网，http://www.gov.cn/zhengce/content/2016-04/12/content_5063306.htm，最后浏览日期：2020年12月24日。
② ［美］盖伊·彼得斯：《政府未来的治理模式》，吴爱明、夏宏图译，中国人民大学出版社2001年版，第92页。

式中的弹性化政府模式就主要探讨临时性组织和永久性组织的差别，以及临时性组织的管理意义。彼得斯认为政府未来的治理模式可以划分为四种类型：即市场式政府、参与式政府、弹性化政府和解制型政府。其中弹性化政府的主张认为，永久性和稳定性的组织会造成政府体制的僵化和政策的保持，因此可以采用临时性组织来消除永久性组织的弊病，用弹性的管制方法和设置弹性的组织将比固定而永久的组织更容易产生好的结果。①

国务院议事协调机构由非常设机构演变而来。1993年，国务院机构改革将非常设机构改名为议事协调机构和临时机构，由此，议事协调机构开始承担起重要的跨职能部门的业务工作以及处理临时突发性事务的组织协调任务。从一定意义上讲，这些议事协调机构的有效、合理的运行既可以减轻政府职能部门的沟通负担，也可最大限度地发挥政府机构的效能。

政府非常设机构的设置并不是偶然的，由于组织与环境之间存在一种相互适应的关系，为应对外界环境的变化，组织也会进行相应的调整。对于行政组织而言，其法定权责与职能是行政组织设置的基础，但是随着外界环境的变化，行政组织有时会面临一些超出其职能范围的事务，而常设机构的设置及变更有一定的滞后性与惰性。因此，为应对迅速变化的行政环境，处理短期存在的特殊事务，诸如议事协调机构等非常设机构的设置便成为必然。相对于常设机构的设置而言，议事协调机构在设置过程中的审批程序相对简单，可以在问题出现后，尤其是危机事件出现后作出快速反应，避免了常设机构存在的

---

① ［美］盖伊·彼得斯：《政府未来的治理模式》，吴爱明、夏宏图译，中国人民大学出版社2001年版，第11页。

机构僵化等问题。因此，作为非常设机构的议事协调机构成为应对政府外部环境变化、提升政府执政能力的最佳选择。①

议事协调机构的类型很多，包括领导小组、协调小组、工作小组、委员会、办公室、指挥部等多种。按照所担负的职责来分，这些机构可以分为组织人事、宣传文教、政治法律、财政经济、外事统战、党建党务六大门类。同时，根据机构存在时间长短的不同，可以分为"常设性小组"和"临时性小组"两类；根据工作任务性质和内容的不同，可以分为"党内小组"和"党政小组"两类；根据在纵向设置上是否"上下对口"，可以分为"同构型小组"和"异构型小组"两类。② 议事协调机构是否设办事机构，可以分四种情况处理：一是任务具有特殊性、需要单设精干的办事机构，如中央财经领导小组、中央机构编制委员会；二是职能相近的办事机构应合设，如中央社会治安综合治理委员会的办公机构与中央政法委的办事机构合署办公；三是按会议制形式活动的议事协调机构不设办事机构，但是可以设少量的秘书工作人员；四是具体任务由有关机构承担的，不设专门的办事机构。③

李侃如指出，领导小组是中国共产党实现和保证对其他机构领导的四种基本方法之一，他认为，"领导小组"在中国政治体制的最高领导人和负责形成信息并执行政策的主要机构之间搭起了一座桥梁，从根本上来说，领导小组负责确定政权在

---

① 刘新萍、王海峰、王洋洋：《议事协调机构和临时机构的变迁概况及原因分析——基于1993—2008年间的数据》，《中国行政管理》2010年第9期，第42—46页。
② 周望：《中国"小组机制"研究》，天津人民出版社2010年版，第29—59页。
③ 邹锡明：《中共中央机构沿革实录：1921.7—1997.9》，中国档案出版社1998年版，第160—161页。

党和政府中的组织方式。① 周望将这种以"领导小组"为内核形成的治理方式和手段称之为"小组机制"（The Small-Groups-Oriented Mechanism）。②

(二) 议事协调机构的历史变迁

1. 变迁趋势

国务院议事协调机构的变迁情况可以分为保留、改名、合并、撤销、新增、复设等多种复杂的形式，③ 而在数据统计中主要引用历次国务院机构改革的文件内容，部分文件也进行了相应的调整。例如对于合并的机构，其如沿用了其中某机构名称，则该机构算保留，而其余机构算撤销。从1993年至2008年，国务院共进行了四次大规模的机构改革，其中对国务院的议事协调机构的改革力度甚大。从图2-1可以看出，1993年以来的历次机构改革中所保留的议事协调机构的数量基本持平，但同时也撤销了相当数量的机构，这说明议事协调机构处于不断的成立和撤销之中，进一步分析可发现我国的议事协调机构的改革也经历着"精简—膨胀—再精简—再膨胀"的恶性循环。

2. 变迁特点

从1993年至2008年，国务院先后四次对议事协调机构进行改革的总体情况看，国务院议事协调机构与临时机构的变迁

---

① 李侃如:《治理中国：从革命到改革》，胡国成等译，中国社会科学出版社2010年版，第50页。
② 周望:《中国"小组机制"研究》，天津人民出版社2010年版，第203—206页。
③ 何艳玲:《中国国务院（政务院）机构变迁逻辑——基于1949—2007年间的数据分析》，《公共行政评论》2008年第1期，第132—155页。

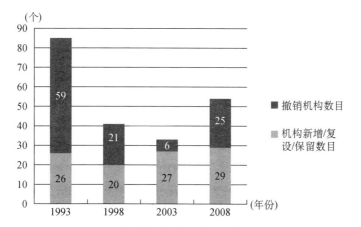

图 2-1 1993—2008 年四次国务院机构改革中议事协调机构的数量变化情况

资料来源：作者根据国务院相关文件（国发〔1993〕27 号①、国发〔1998〕7 号②、国发〔2003〕10 号③、国发〔2008〕13 号④）整理而成。

呈现出精简力度大、反弹严重、机构寿命短、机构设置反复变动的特点。

首先，每次改革对议事协调机构的精简力度虽大，但反弹严重。从上述图 2-1 的议事协调机构变化情况可以看出，1993 年以来的每次国务院机构改革，除 2003 年以外，议事协

---

① 国务院：《关于国务院议事协调机构和临时机构设置的通知》（国发〔1993〕27 号）（1993 年 4 月 19 日），中国政府网，http://www.gov.cn/zhengce/content/2016-04/12/content_5063306.htm，最后浏览日期：2020 年 12 月 24 日。

② 《国务院关于议事协调机构和临时机构设置的通知（国发〔1998〕7 号）》，《江西政报》1998 年第 10 期。

③ 国务院：《国务院关于议事协调机构和临时机构设置的通知（国发〔2003〕10 号）》（2003 年 03 月 21 日），中国政府网，http://www.gov.cn/zhengce/content/2005-08/13/content_8151.htm，最后浏览日期：2020 年 12 月 24 日。

④ 国务院：《国务院关于议事协调机构设置的通知（国发〔2008〕13 号）》（2008 年 03 月 21 日），中国政府网，http://www.gov.cn/zwgk/2008-04/24/content_953488.htm，最后浏览日期：2020 年 12 月 24 日。

调机构的撤销规模都较大,且改革后出现反弹现象。因此,每次改革后所保留的议事协调机构的数量基本持平。由此可见,由反弹增加的数目会在下一次机构改革中被再次撤销。为方便呈现议事协调机构的变迁情况,本书将运用机构撤销率和反弹率来分别显示议事协调机构的精简力度和反弹程度,撤销率为撤销的议事协调机构的数目占本次机构改革前议事协调机构总数的百分比,其公式为:

$$\text{撤销率} = \frac{\text{撤销的议事协调机构数目}}{\text{本次机构改革前的机构总数}} \times 100\%$$

而反弹率则为在两次议事协调机构改革之间反弹的机构数目占上次所保留的机构总数的百分比,其公式为:

$$\text{反弹率} = \left(\frac{\text{本次机构改革的机构总数} - \text{上次保留机构数目}}{} \right) \Big/ \frac{\text{上次保留机构数目}}{} \times 100\%$$

按照此公式,本书分析了自 1993 年以来四次国务院议事协调机构改革中的机构精简与反弹情况,如表 2-3 所示。从表中可以看出,在这四次机构改革中,国务院议事协调机构的撤销力度甚大,平均撤销率为 46.3%,也就是说每次机构改革平均撤销了二分之一左右数量的议事协调机构;同时从表中的反弹比例数据也可以看出反弹力度更大。1993 年的机构改革撤销了大量的议事协调机构,但在 1993 年至 1998 年间却又增加了许多新的机构,并且不难发现每两次机构改革之间都会增加许多新机构。按照前述公式计算得出,反弹比率的平均水平为 74.2%,并且反弹比率呈现上升的水平,由此可以推断出机构精简后,膨胀的张力很大。反弹比率显著大于撤销比率,这从另一个侧面也反映了在机构改革中虽精简力度很大,但膨胀力度甚至更大的现状。

表 2-3 1993—2008 年国务院机构改革中议事协调机构数量撤销与反弹比率

年份	1993	1998	2003	2008
机构新增/复设/保留数目（个）	26	20	27	29
撤销机构数目（个）	59	21	6	25
机构总数目（个）	85	41	33	54
撤销率（％）	69.4	51.2	18.2	46.3
反弹率（％）	—	57.7	65.0	100

资料来源：作者根据国务院相关文件（国发〔1993〕27号、国发〔1998〕7号、国发〔2003〕10号、国发〔2008〕13号）整理和计算而成。

其次，机构寿命短且灵活性大。议事协调机构和临时结构从时间上看，具有机构寿命短的特点。机构寿命在这里是指不同机构的存活周期。由于所有曾出现过的机构的具体成立月份很难收集，因此本书的研究将国务院机构寿命只算到年。尽管这样的处理稍显简单，但不会影响本书研究的基本结论。在机构寿命的计算中，各议事协调机构的起止年份均从国务院公报中获得。

从 1993 年至 2008 年的四次机构改革中存在着或存在过的机构共有 81 个，目前仍然存在的有 29 个，撤销了 52 个。由于数据搜索的局限性，其中 8 个机构（世贸组织和自贸区工作小组、国家汉语国际推广领导小组、国家无线电管理委员会、关税和贸易总协定谈判委员会、国务院对非洲经济贸易技术合作协调小组、国家机电产品进出口办公室、国务院淮河治理领导小组、国务院退伍军人和军队离休退休干部安置领导小组）没有收集到准确的数据，所以在这里，本书对剩余的 44 个机构的数据进行了分析，结果发现机构存在年限低于 5 年的占 70％，其中多数机构存在年限为 3—5 年，有相当数量的机构的存在年限还不到2年,如图2-2所示。从图中也可看出国务院议事协调机构的"寿命"普遍较短,但机构设置"寿命"短恰恰是机构灵活性较高的表现。

同时,从表2-3中可进一步看出,1993—1998年间,国务院设置了15个议事协调机构,而1998—2003年间设置机构13个,2003—2008年间设置机构27个。这些数据充分体现了议事协调机构的灵活性特点,其可对常设机构的惰性给予适当补充,也可随时应对新任务。

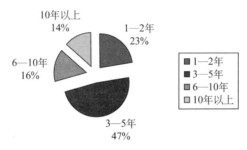

图2-2　国务院议事协调机构的"寿命"分布

数据来源：根据国务院文件（国发〔1993〕27号、国发〔1998〕7号、国发〔2003〕10号、国发〔2008〕13号）中的信息统计获得。

再次,与国务院机构改革具有同步性。从议事协调机构改革的变迁年份看,其同样也是国务院机构改革的年份,从表2-3中也可以看出,机构设置或撤销的主要年份发生在1993、1998、2003和2008年,而这些年份恰恰与国务院的机构改革同年。也就是说,议事协调机构是与国务院机构改革同步进行的。

最后,机构设置的反复性。如前所述,国务院议事协调机构具有寿命短和灵活性的特点,这进一步体现了机构的不稳定性特点。同时,已有的机构也存在反复变动的现象,如

2001年成立的国务院安全生产委员会，成立后在2003年的机构改革中被撤销，却又在同年年底得以重建，且在此次机构改革中再次调整了其组成人员；1996年1月成立的国家信息化领导小组，在1998年曾被撤销过，之后又于2001年重新组建，2003年再次调整其组成人员；而1990年12月成立的国务院纠正行业不正之风办公室，分别在1998、2003、2008年的机构改革中都被撤销却保留名义，但撤销之后却又分别再次运行。机构设置的不稳定性以及反复变动的特点对于议事协调机构作用的发挥构成了一定的负面影响。

3. 变迁原因

议事协调机构的设置有其必然性。组织体系与环境之间存在适应与被适应的关系，组织会顺应环境的变化而进行调整。由于行政组织的设置依据是行政组织的法定职能，因而其职能也会随环境变化而改变。相对于变化较为迅速的行政环境，政府常设机构的变革一般都有一定的滞后性与惰性，[①] 这一特点是产生非常设机构的直接原因。非常设机构的审批程序相对简单，因而在很大程度上既可以避免常设机构存在的僵化问题，又可以使政府保持对经济和社会环境变化的快速反应能力。因此，作为非常设机构的议事协调机构便成为应对外部环境变化的最佳选择。下面，本书将从整体上分析议事协调机构的变迁原因，同时进一步分析各类议事协调机构和临时机构的变迁情况。

1）整体视角

从总体上看，国务院的机构变迁与国家的经济发展和社会

[①] 冯胜强：《非常设机构的规范化管理》，《行政论坛》2004年第3期，第29—30页。

进步密切相关，也与国家当前的战略调整联系紧密。

首先，选择这四次机构改革中出现的议事协调机构作为研究对象并非偶然，通过分析这些机构发生变迁的主要年份便不难看出，议事协调机构的变迁是由机构改革来推进的。由于环境的不断变化，任何一个组织都有其特定的生命周期，机构的调整和改革也就在所难免。议事协调机构正是在这种大环境下实现了其本身的变迁。因而，可以说机构改革是议事协调机构变迁的直接推动力。

其次，国家战略调整及其政策变化推动了机构改革的进行，也是议事协调机构变迁的核心原因。从历次机构改革中可以看出国家战略调整的变化是机构改革的根本原因。[①] 自改革开放至 20 世纪末，国家层面的改革主要注重调整政府与市场的关系，例如 1992 年党的第十四次全国代表大会确立了建立社会主义市场经济的目标，而进入 21 世纪后，整个基调便慢慢转移到政府与社会关系的调整。政府战略的变化使得在机构改革中经济类的机构逐渐减少，而协调社会事务的机构却在不断增加，这与国家的战略调整是密切相关的。议事协调机构也正因此发生着变化，例如国务院物价委员会的建立和撤销就充分说明了这一点。

再次，1993 年至 2008 年的四次机构改革都是在党的全国代表大会之后发生的，且改革内容与大会的重点内容相适应，因而机构改革的重点也围绕着大会的重要会议精神来进行，而机构改革又是议事协调机构改革的直接推动力。因此，重要会议精神也会影响相应的议事协调机构的建立。例如 2003 年党

---

① 何艳玲：《中国国务院（政务院）机构变迁逻辑——基于 1949—2007 年间的数据分析》，《公共行政评论》2008 年第 1 期，第 132—155 页。

的十六届三中全会通过的《中共中央关于完善社会主义市场经济体制若干问题的决定》明确提出了科学发展观的重要思想。2007年党的第十七次全国代表大会提出科学发展观的核心是以人为本。此后的机构改革和议事协调机构的改革也进一步体现了科学发展与以人为本的内涵,经济建设型政府逐渐向公共服务型政府转变。

最后,政府各机构部门的职能变动影响议事协调机构的变迁。由于政府部门的直接协调是议事协调机构的重要职能之一,政府机构部门职能的改变与细致化也因此需要议事协调机构随之改变,所以议事协调机构需要随政府机构改革而调整其人员及部门。同时,随着机构改革的变迁,议事协调机构在人员、职能等安排上具有补充效应,可以缓冲机构改革带来的巨大冲击。

2)分类视角

如前所述,国务院议事协调机构的变迁情况可以分为保留、改名、合并、撤销、新增、复设等多种复杂形式,不同情况所对应的原因也有一定的差别。针对每种具体的变迁形式还有其特殊的原因,以下对于议事协调机构的变迁原因从总体上进行宏观分析。

首先,议事协调机构的成立(包括新增、复设等)原因。议事协调机构成立的具体原因有多种,大致可分为以下四类:第一类是由于一个工程或突发事件和灾害的发生而设立的,例如1981年12月国务院成立的古籍整理出版规划小组,就是因专门性的任务或工程而设立的;又如2008年5月12日,四川省汶川县发生了7.8级地震,造成严重的人员伤亡和财产损失,国家在第一时间成立了国务院抗震救灾指挥部负责抗震救灾工作。第二类是由于国际因素的促使而设立的,例如1952年国家为了反对美国的细菌战而成立了防疫委员会,后来改名为全国爱国卫生运动委员会；又如1989年中国政府为了响应联合国倡议而成立了中国国际减灾十年委员会，后改名为国家减灾委员会。第三类是由于长期问题的积累而成立的，例如1982年，作为我国毒品重灾区和反毒前沿的云南为适应同毒品犯罪做斗争的形势要求，加强对禁毒工作的领导，[1] 成立了省禁毒工作领导小组，由于毒情的日趋扩散蔓延，为加大全国打击毒品犯罪的力度，提高禁毒、防毒、拒毒、反毒的工作成效，1990年11月23日，国务院第72次常务会议决定成立国家禁毒委员会。第四类是为了加强某一方面的工作，而这一方面的工作又没有专门的正式部门来管理，于是为有利于开展这一工作，国务院便成立了由职务较高的领导人负责的临时机构，例如20世纪80年代初期由时任国务院总理兼任组长的国务院科技领导小组即为加强科技工作而成立的。[2] 这一类的机构本质上是由于领导人的意志而推动成立的。长期积累的问题并不必然导致议事协调机构的产生，但若这些问题被领导人重视，则情况会有所不同。比如江泽民曾于1990年4月29日在迟浩田同志关于边防工作报告中作批示："边防多头领导看来得解决，否则在政治、经济上都容易出问题。"根据时任总书记江泽民的指示，国务院、中央军委决定成立国家边防委员会（国发〔1991〕28号文）。

其次，议事协调机构的撤销原因。议事协调机构的撤销原因也多种多样，主要包含三类。第一类是随着工程的结束或者突发事件的处理完成，一些临时机构可能会随即撤销，例如

---

[1] 彦岚：《国际国内禁毒资料》，《观察与思考》2006年第12期，第25—30页。
[2] 王敬松：《中华人民共和国政府与政治（1949.10—1992）》，中共中央党校出版社1995年版，第92页。

2003年4月成立的全国防治非典型性肺炎指挥部就在2008年的机构改革中撤销了。第二类是有些机构因为新的更高级机构或组织的成立使其职能合并到新的组织之中，故原来的组织撤销。例如2001年申奥成功后，国家成立了第29届奥林匹克运动会工作领导小组，但随着第29届奥林匹克运动会组织委员会的成立，原来的第29届奥林匹克运动会工作领导小组被撤销，其职能由新的第29届奥林匹克运动会组织委员会承担。第三类则是由于整体战略的调整，如前所述，由于国家正在完成从计划经济体制向市场经济体制的转型，使得许多旧的干预市场经济的机构被撤销，例如国务院物价委员会。

最后，议事协调机构保留名义的原因。有一些机构在国务院机构改革中不断被保留名义，这类机构往往牵涉会不断重复出现的问题，保留机构的名义而不是直接撤销的目的是便于待重大事件再次出现时可以及时作出反应，例如前面提到的国务院纠正行业不正之风办公室，就分别在1998、2003、2008年的机构改革中被撤销，但是却一直被保留机构名义，其具体工作交由监察部承担。

综上可以看出，正是在多元因素的综合作用下，国务院的议事协调机构不断发生变迁，出现了诸如之前提到的"膨胀—精简—再膨胀—再精简"的恶性循环，并且反弹率也在不断上升，机构寿命呈现短化现象，这些都给议事协调机构"协调"职能的发挥带来了一定的问题。

（三）议事协调机构的运作特征

1. 议事协调机构的运作机制

尽管议事协调机构成立的初衷各有不同，但成立后其组织形态和工作机制却大同小异。国务院议事协调机构一般都由国务院高层领导如总理、副总理或国务委员兼任第一领导,且多数领导者身兼数个议事协调机构的主要领导职务。除了由国务院领导任第一领导以外,由于议事协调机构的工作往往涉及面很广,因此还会有数十个成员单位协助完成工作,这些成员单位几乎涵盖国务院各个部委,而各成员单位的一位副职领导便成为这些"委员会""领导小组"或"指挥部"的成员。"委员会""领导小组"或"指挥部"一般只负责较为宏观的任务,如拟定方针政策、组织调查研究等,具体实施及协调则由其下设的办公室(单设或位于国务院职能部门内部或合署办公)操作。图2-3描述了议事协调机构的基本组织架构和工作机制。一旦某项问题涉及多个部门,议事协调机构便通过这些组织设计、协调涉及该问题的不同职能部门的工作。

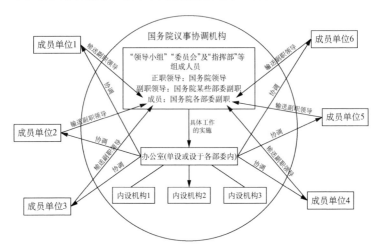

图2-3 国务院议事协调机构组织机构及运作图

然而,由于议事协调机构是非常设的机构,相对于常设机构而言,这些机构具有不稳定的特征,因此,随着社会和经济的不断发展和进步,这些议事协调机构可能会被撤销或变更,由其他部门来行使其职能。同时，新的挑战或任务的出现，可能会导致新的议事协调机构的成立。由于缺乏议事协调机构的法律规范，这就进一步阻碍了其协调功能的发挥。

2. 基于议事协调机构的部门间合作特征

议事协调机构的协调与其他合作机制实现的部门间协调存在的显著差异，主要体现在协调基础、协调内容及协调的方式三个方面。

首先，议事协调机构的协调基础是领导权威。权威是协调的有力工具，由上级领导领衔的议事协调机构的设置，可以调动各部门的积极性。议事协调机构一般是从相关的各个部门抽调人员组成，其级别较为灵活，通常这些机构负责人的级别高低暗示了政府对该公共问题的重视程度，也表明了该机构在官僚体系中的地位。① 据统计，在 2008 年议事协调机构改革前存在的 54 个议事协调机构中，根据查询到的 45 个机构的组长信息，② 可以发现，有 43 个由国务院总理、副总理、国务委员或副秘书长等高层领导任组长。同时，参与议事协调机构的各部门参与人员也主要是各部门的部长（主任）、副部长（副主任）或部长助理（主任助理），基于领导人的协调主要不是因为个人的影响，而是领导人的职务所具有的权力形式，因权力而引起各部门对相关工作的重视，也为各项事务的开展提供保障。相较于其他的协调机制，议事协调机构的协调机制更加具有强制性与权威性。

其次，协调主要是基于重大决策的制定和对政策执行的监

---

① 陈玲：《官僚体系与协商网络：中国政策过程的理论建构和案例研究》，《公共管理评论》2006 年第 2 期，第 46—62 页。
② 这 54 个机构中，有 11 个机构的信息不全（有 9 个机构完全没有任何信息，有 2 个机构只查到了组长信息）。

督实现的。议事协调机构的设置是任务导向型的，尽管不同的议事协调机构所协调的工作任务有差异，机构存在的时间长短也不同，但是这些机构在职能配备和任务导向特征上是一致的。[1]其设置的主要原因在于处理全局性、战略性的问题，只有当这些问题出现后，议事协调机构才会设立，而一旦问题解决或相关任务完成，那么议事协调机构就会被撤销。议事协调机构的主要功能有两个方面，一是参与重大政策的制定工作，比如中央财经领导小组从建立开始就被赋予了参与制定重大决策的职责；二是统筹重要决策的执行工作，议事协调机构是重大决策执行的组织保障，比如中央文化体制改革领导小组在文化体制改革中发挥着巨大作用等。

议事协调机构设立后，机构内的各职能部门需要在此项事务中保持协调与合作。同时，议事协调机构不仅对具体政策的制定进行部门间协调，对政策措施的落实情况也会进行宏观性监管。这些机构有针对特定人群的，如关注残疾人的国务院残疾人工作委员会、针对老年人的全国老龄工作委员会；也有针对重大战略规划的，如国务院西部地区开发领导小组、国务院振兴东北地区等老工业基地领导小组、国家应对气候变化及节能减排工作领导小组等。

最后，议事协调机构的主要协调方式是会议。议事协调机构的主要工作方式即定期召开会议，制定有关政策并部署工作。会议形式有多种，根据议事协调机构的层级不同也会存在差异。以全国爱国卫生运动委员会为例，委员会全体会议一般每年召开1—2次，由委员会主任召集。而在省、自治区、直辖市层面上，由其爱卫会主任或副主任及办公室主任参加全国

---

[1] 周望：《中国"小组机制"研究》，天津人民出版社2010年版，第59页。

爱卫会扩大会议或电话会议、现场会议，每年召开一次。此外，全国爱卫会各委员部门还指派一名联络员，共同负责委员部门之间的具体协调联络工作。根据工作需要由全国爱卫会办公室主任不定期召集会议。

一般情况下，每个议事协调机构每年都会召开一到两次全体会议，召开会议的次数也会因议事协调机构的特征而存在差异。例如，国家防汛抗旱总指挥部一般在没有严重灾情的年份，最多召开两次会议，但是如果发生严重灾情，总指挥部的成员则会经常碰面开会。

（四）议事协调机构的协调能力

为探讨议事协调机构的协作能力，本书对 2008 年议事协调机构改革之前的 54 个议事协调机构进行了分析。这 54 个机构包括国家国防动员委员会、国务院中央军委专门委员会、国家边海防委员会、国务院中央军委空中交通管制委员会、全国绿化委员会、国务院学位委员会、国家防汛抗旱总指挥部、国务院妇女儿童工作委员会、国务院残疾人工作委员会、全国拥军优属拥政爱民工作领导小组、国务院扶贫开发领导小组、国家科技教育领导小组、国务院关税税则委员会、国家减灾委员会、国家禁毒委员会、国务院军队转业干部安置工作小组、全国老龄工作委员会、国务院西部地区开发领导小组、国务院振兴东北地区等老工业基地领导小组、国务院抗震救灾指挥部、国家信息化领导小组、国家应对气候变化及节能减排工作领导小组、国家能源委员会、国务院安全生产委员会、国务院防治艾滋病工作委员会、国家森林防火指挥部、国务院三峡工程建设委员会、国务院南水北调工程建设委员会、国家能源领导小组、国家处置劫机事件领导小组、全国整顿和规范市场经济秩序领导小组、国务院行政审批制度改革工作领导小组、国家中长期科学和技术发展规划领导小组、全国防治非典型肺炎指挥部、国务院城市社区卫生工作领导小组、国务院血吸虫病防治工作领导小组、世贸组织和自贸区工作小组、对台经贸工作协调小组、国家保护知识产权工作组、国家知识产权战略制定工作领导小组、国务院产品质量和食品安全领导小组、全国服务业发展领导小组、国家核电自主化工作领导小组、全国防治高致病性禽流感指挥部、国家西部地区"两基"攻坚领导小组、国家生物技术研究开发与促进产业化领导小组、全国农村义务教育经费保障机制改革领导小组、全民科学素质工作领导小组、国家文化遗产保护领导小组、国家中西部农村初中校舍改造工程领导小组、国家汉语国际推广领导小组、国家清史纂修领导小组、国务院纠正行业不正之风办公室、《禁止化学武器公约》工作领导小组。

其中，国家国防动员委员会、国务院中央军委专门委员会、国家边海防委员会、国务院中央军委空中交通管制委员会、国务院抗震救灾指挥部、国家能源委员会、国家处置劫机事件领导小组、全国防治非典型肺炎指挥部、对台经贸工作协调小组、世贸组织和自贸区工作小组、国务院纠正行业不正之风办公室 11 个机构的信息未在公开出版的国务院公报或新闻杂志中查到，故本节只分析剩余的 43 个机构。

1. 协调概况

这 43 个议事协调机构共协调 27 个部委机构（国防部除外①）、14 个直属机构（其中国家机关事务管理局和国家预防

---

① 实际上国防部是国家国防动员委员会核心成员单位，但由于本书作者对国防动员委员会的信息了解不完整，故其未列入分析范围。

腐败局除外)、3个办事机构(除国务院港澳事务办公室)、9个部委直属的国家局、9个直属事业单位、1个直属特设机构(国务院国有资产监督管理委员会),以及其他一些组织,如国家行政学院、北京科技大学、国防科学技术大学等,一些地方政府等参与的议事协调机构也被包含其中。

由于政府各机构在设置中的职能划分不尽合理,各部门职能交叉或扯皮的现象时常发生,因此,国务院有必要在特殊重大事件上设立协调机构来处理部门间协调的情况。作为一种协调的机制,议事协调机构的设置是必要的,在协调部门间关系中发挥了很重要的作用,但从总体上说,其协调能力仍存在很大问题。

2. 领导身兼数职但精力有限

议事协调机构的组长多数为国务院总理、副总理、国务委员或秘书长,这样可从权威上保障议事协调机构的协调能力。据统计,在这43个机构中,以温家宝总理为主任或组长的国务院议事协调机构有9个,包括国家国防动员委员会、国家科技教育领导小组、国务院西部地区开发领导小组、国务院振兴东北地区等老工业基地领导小组、国家应对气候变化及节能减排工作领导小组、国务院三峡工程建设委员会、国务院南水北调工程建设委员会、国家能源领导小组、国家中长期科学和技术发展规划领导小组。即使在改革后,温家宝仍然是8个领导小组的主任或组长。但长期靠总理或者各部门的主任主持这么多的会议来协调和处理各部门间合作的问题,最终会导致议事协调机构在实践中的效果并不明显,其原因一方面是由于总理或部长的精力有限,另一方面是协调的成本太高,长远看效率很难得到保证。

不仅总理如此,副总理、国务委员、秘书长担任机构领导者也会存在这样的情况。从表 2-4 中可以看出，除国务院总理外，时任副总理回良玉和国务委员陈至立也在 9 个议事协调机构承担协调角色，并且他们分别在这些议事协调机构中担任领导小组组长的身份。

表 2-4　国务院主要领导在议事协调机构中担任组长（或副组长）的情况

	姓名	参与的议事协调机构数量（个）
总理	温家宝	9
副总理	黄菊	3
	回良玉	9
	曾培炎	8
	吴仪	7
	吴邦国	2
国务委员	周永康	1
	刘延东	2
	陈至立	9
	唐家璇	1
	华建敏	2
副秘书长	张平	2
	张勇	6
	陈进玉	8
	项兆伦	5
	徐绍史	7
	汪洋	2
	尤权	3

资料来源：根据国务院公报关于各议事协调机构设置时的领导人员构成整理而成。

本研究进一步分析了被 41 个议事协调机构协调的国务院发改委的主要领导参与议事协调机构的情况,其中主任马凯参与 7 个议事协调机构,副主任杜鹰、张春正、张晓强、李盛霖等也分别参与 4 至 6 个议事协调机构。无论从管理幅度还是从对个人能力的考量上,协调机制的个人参与效果及协调机制的实际作用都值得我们深思。

3. 多机构协调下的部门负担加重

被 43 个议事协调机构所协调的各部门,有 9 个部门协调次数超过 20 次,其中国家发展和改革委员会、财政部的协调情况发生次数更是达到了 41 次和 40 次,农业部和教育部紧随其后,如图 2-4 所示。各部门本身就有其自身的日常化工作,又有因为职能边界不清所导致的部门间的很多工作需要协调机

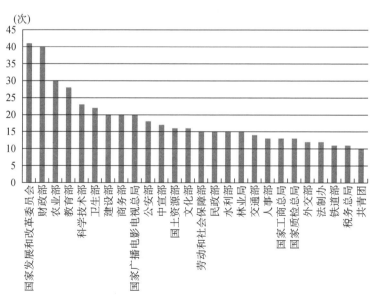

图 2-4 国务院各职能部门参与议事协调机构的情况

资料来源:根据各议事协调机构的组成部门统计而成。

构来协调，这无疑增加了政府部门的工作负担，多机构协调下的部门困境也由此形成。

根据前文所述的议事协调机构的工作机制，每个单位都需向各类议事协调机构输送领导干部，诸如国务院发改委、财政部等，并被40余个机构所协调，要向相应的议事协调机构输送人员，这也给部门骨干力量带来了不小的工作负担。

4. 议事协调机构之间的交叉，降低成员单位的积极性

议事协调机构所设的办公室也会成为其他议事协调机构协调的对象。如国务院扶贫办公室是国务院扶贫开发领导小组的办公机构，它同时被国务院残疾人工作委员会、国家西部地区"两基"攻坚领导小组、全国农村义务教育经费保障机制改革领导小组等议事协调机构进行协调。部门设置时由于各部门职能不协调，以致协调的难度很大。如果要协调，就需各部门间通过建立协调小组的形式达成协作关系，然而已经由各部门协作设立的协调性办公室又参与到其余事务的协调之中，使既有的协调关系更加复杂，影响协调效力的发挥。

议事协调机构因为以上种种困境而陷入了进退两难的境地。若要积极组织活动、召开会议，而各成员单位参与工作的积极性很低，则会影响协调的收益率；但若不开展活动，协调效力有限，需要处理的问题更得不到良好解决。

5. 小结

议事协调机构在处理部门间的事务中确实起到了良好的协调作用，但如果只是盲目看到议事协调机构的功能就乱设机构非但不能达到预期的效果，还可能适得其反。由于中央政府和地方政府都有权设置临时性的行政管理机构，议事协调机构的总量过剩情况也因此一直存在。但在众多的议事协调机构中，多数机构都形同虚设、流于形式。根据对部分议事协调机构的

调查，多数议事协调机构成立后连一次正式的会议都没有开过，这样不仅很难解决当前普遍存在的协调难题，也根本无法起到实质性的协调作用。

为改变这种情况，党的十六届四中全会通过的《中共中央关于加强党的执政能力建设的决定》中第一次作出了"规范各类领导小组和协调机构，一般不设实体性办事机构"的表述；党的十七大报告则首次将"精简和规范各类议事协调机构及其办事机构"列为行政管理体制改革的重要内容之一，这也是"议事协调机构"作为专有名词第一次出现在党代会的报告中；2008年2月27日中国共产党第十七届中央委员会第二次全体会议通过的《关于深化行政管理体制改革的意见》进一步提出了改革议事协调机构及其办事机构的指导性原则："精简和规范各类议事协调机构及其办事机构，不再保留的，任务交由职能部门承担。今后要严格控制议事协调机构设置，涉及部门间的事项，由主办部门牵头协调。确需设立的，要严格按规定程序审批，一般不设实体性办事机构。"对议事协调机构或临时机构的设立、更改或撤销，或将其升格为常设机构，都必须经法定程序并依照相关法律进行。同时，对这些机构的管理，也需要按照法律的规定。政府应该根据实际需要合理设置部门机构，合理界定职能部门的职责和权限，并以法律形式进行固化，让依法行政成为常态，推进问责制，做到各司其职、各负其责，而不是等问题激化时，采取设立临时机构去形式化整顿。

中央级别的议事协调机构设立的出发点是组织协调国务院跨行政部门的重大问题，而当前的大部制改革也是为了打破部门之间的壁垒，加强部门间协调，降低交易成本。大部制改革的推进降低了一部分议事协调机构存在的必要性，但大部制并不能彻底解决部门之间的壁垒问题。大部制改革之后，部门之间的边界仍然存在，仍需要选择恰当的合作机制解决跨部门的问题。

议事协调机构设立的初衷在于更好地进行部门间协调，但从实践看，其设置本身就存在一些问题。

首先，早期国务院议事协调机构在机构设置上总量失控以及精简后出现严重反弹，这种设置上的随意性加重了政府机构规模的膨胀及政府的财政负担，甚至容易滋生腐败。① 近年来，尽管对议事协调机构的管理有所加强，然而其作用的发挥仍然有限。

其次，国务院议事协调机构的寿命普遍较短，而且有些机构存在反复变动的现象，这就反映出机构设置与撤销的随意性以及欠缺长远考虑，也导致了一定的资源浪费。②

再次，国务院议事协调机构数量过多也增加了领导的额外负担。为了体现领导对相关事件的重视程度，大多数议事协调机构都要由行政组织的主要领导挂帅，各职能部门输送相关领导作为议事协调机构的组成人员，有的领导甚至身兼数个领导小组组长的职务，这样领导兼职过多、会议过多的现象反而分散了领导抓主要工作的精力。③ 同时，由于议事协调机构众多，一个职能部门的领导可能是多个议事协调机构的成员，在精力有限的情况下，也限制了议事协调机构的协调能力发挥；

---

① 侍作兵：《谨防临时机构财务管理和监督成盲区》，《中国监察》2004 年第 8 期，第 45 页。
② 景凯、陈文进：《对临时机构的有效监管亟须加强》，《中国监察》2006 年第 19 期，第 50 页。
③ 普永贵：《临时机构的负面功能及消解》，《云南行政学院学报》第 2004 年第 2 期，第 31—33 页。

肩负多重使命的领导们在繁杂的行政事务压力中，其参与议事协调机构的精力和积极性也会受到影响，从而影响协调机构的协调能力。

最后，在众多议事协调机构的协调下，很多部门诸如财政部、发改委等同时参加多个议事协调机构，这无形中也增加了原部门的负担，影响部门本身职能作用的发挥。

三、联席会议制度

联席会议制度在中央和地方均可设立。以中央层面为例，中央层面的联席会议制度也称为部际联席会议，是行政机构最高层次的联席会议制度，是部门间横向合作的主要组织载体。[1] 为了协商办理涉及国务院多个部门职责的事项，部际联席会议制度由国务院批准建立，各成员单位按照共同商定的工作制度，及时沟通情况，协调不同意见，以推动某项任务顺利落实。

联席会议制度要求在各成员单位之间设立大家共同商定并遵守的工作规则，及时沟通，协调不同意见，以推动特定任务顺利落实。新建立的部际联席会议，其命名规则也有要求，如由国务院领导同志牵头负责的，名称可冠"国务院"字样，其他的统一称"部际联席会议"。例如，国家海上搜救部际联席会议就在我国海上搜救工作中起到了重要作用，[2] 海上搜救部际联席会议设中国海上搜救中心作为办事机构，每年召开一次

---

[1] 黄红华、宋思扬：《县级党政部门间的网络关系与协调机制——基于浙江省D县127个"领导小组"的社会网络分析》，《中共杭州市委党校学报》2016年第4期，第47—56页。

[2] 贝少军：《部际联席会议：构建防救工作新格局》，《中国海事》2010年第6期，第21页。

会议，以会议纪要的形式明确会议议定事项，各成员部门按既定职责分工，负责落实。① 部际联席会议不刻制印章，也不正式行文。如确需正式行文，可以牵头部门名义使用牵头部门印章，也可以由有关成员单位联合行文。②

当前，由于部际联席会议制度相对其他的协调机制，其设立比较简单，因此也容易被部门滥用。为限制部际联席会议制度的滥用，国务院要求从严控制。如果可以由主管部门与其他部门协调解决的事项，一般不建立部际联席会议。如必须建立，则均须履行报批手续，具体由牵头部门请示，明确其名称、召集人、牵头单位、成员单位、工作任务与规则等事项，经有关部门同意后，报国务院审批。同时，部际联席会议工作任务结束后，应由牵头部门提出撤销申请，说明部际联席会议的建立时间、撤销原因等，经成员单位同意后，报国务院审批。

与议事协调机构不同，部际联席会议的参与人员，从级别上可以分为三种：一种是部门决策者参与的部际联席会议，主要体现科学民主的决策方式；第二种是由部门的职能司局参与的部际联席会议，主要体现为由独立性、专业性较强的司局牵头处理特定领域内的跨部门合作事宜；第三种是部门内执行某项任务的工作人员直接参与的，这种部际联席会议主要是针对执行过程中的具体问题进行协调的制度。

以国务院养老服务部际联席会议制度的建立为例，根据《国务院办公厅关于同意建立养老服务部际联席会议制度的函》

---

① 王宏：《海洋法规和文件选编　国务院关于同意建立国家海上搜救部际联席会议制度的批复》，海洋出版社 2006 年版，第 39—40 页。
② 部际联席会议，中国机构编制网，http://www.scopsr.gov.cn/zlzx/bzcs/201812/t20181206_357876.html，最后浏览：2020 年 8 月 20 日。

(国办函〔2019〕74号),① 2019年7月27日,国务院同意建立由民政部牵头的养老服务部际联席会议制度。联席会议不刻制公章,不正式行文。其主要职能是在党中央、国务院领导下,统筹协调全国养老服务工作,研究解决养老服务工作重大问题,完善养老服务体系;研究审议拟出台的养老服务法规和重要政策,拟订推动养老服务发展的年度重点工作计划;部署实施养老服务改革创新重点事项,督促检查养老服务有关政策措施落实情况;加强各地区、各部门信息沟通和相互协作,及时总结工作成效,推广先进做法和经验;完成党中央、国务院交办的其他事项。联席会议由民政部、发展改革委、教育部、科技部、工业和信息化部、公安部、财政部、人力资源社会保障部、自然资源部、住房城乡建设部、商务部、卫生健康委、应急管理部、人民银行、国资委、税务总局、市场监管总局、统计局、医保局、银保监会、扶贫办共21个部门和单位组成,民政部为牵头单位。联席会议由民政部主要负责同志担任召集人。

联席会议办公室设在民政部,主要承担联席会议组织联络和协调等日常工作。办公室主任由民政部分管养老服务工作的负责同志兼任。联席会议设联络员,由各成员单位有关司局负责同志担任,联络员同时作为办公室成员参与具体工作。联络员需要调整的,由所在单位提出,报联席会议办公室备案。

联席会议根据工作需要定期或不定期召开会议,由召集人或召集人委托的同志主持。在联席会议召开之前,可召开联络

---

① 国务院办公厅:《国务院办公厅关于同意建立养老服务部际联席会议制度的函》(国办函〔2019〕74号),中国政府网,http://www.gov.cn/zhengce/content/2019-08/05/content_5418808.htm,最后浏览:2020年12月4日。

员会议,研究讨论联席会议议题和需提交联席会议议定的事项及其他有关事项。专题研究特定事项时,可邀请其他相关部门和单位以及专家参加。联席会议以纪要形式明确会议议定事项,印发各成员单位及有关方面贯彻落实,重大事项按程序报批,落实情况定期报告联席会议。联席会议办公室可根据工作需要,组织成员单位开展联合调研,对养老服务工作进行指导。

四、专委会制度

"专委会"制度是地方政府围绕专项任务开展的条块间横向协同模式。在传统的体制下,地方政府的权力运行机制沿袭了计划经济时代条块分割的传统分工制。部门分割,协调任务繁重,这不符合现代公共服务综合性、复杂性、交叠性的时代特点,增加了行政成本和管理难度。

以浙江省富阳市为例,富阳市的"专委会"制度是县级政府推动整体性政府改革的代表性创新实践,并开始逐步显现其机制优势。2007年4月开始,富阳市开始实行"专委会制度",以工作理念的创新为先导,通过政府组织机制和运行机制的改革和创新,统筹整合政府资源。2007年4月28日,浙江省富阳市委、市政府发出《关于建立和完善市政府工作推进运作机制的意见》,决定在不涉及编制变革的基础上,设立计划统筹、规划统筹、公有资产管理运营、土地收储经营、体制改革、社会保障、工业经济、环境保护、重大工程建设、城乡统筹、社会事业发展、现代服务业发展、运动休闲等15个专业委员会。15个"专委会"由1名副书记、6名副市长分别担任,对其组成部门具有全面协调权,这种协调权与政府班子成员对其分管部门的领导各有侧重。

第二章 部门间合作机制的历史演进与类型

与此同时，富阳在市四套班子层面也建立了重大事项协调机制，该机制由工业化战略推进领导小组、城市化战略推进领导小组、作风建设领导小组和决策咨询委员会构成。其中的三个领导小组是市委重大事项的议事机构，只议事不决策，决策仍由市委常委会或市委常委扩大会议乃至"四套班子"联席会议作出，决策咨询委员会则是全市重大事项的决策咨询机构。这样就构建起了"4＋13"的运作机制。① 为实现部门间的良好协调，专委会实行牵头部门负责制，其组成部门包括各个职能相关的委、办、局等。

2008年富阳市进一步深化专委会制度改革，通过对行政权力机构内部的"小三分"，形成权力之间的有效制衡，② 同时在四套班子之外成立了监督管理委员会，在政府职能层面又增设了招商委员会和信息化工作委员会，形成了"5＋15"的组织结构。③ "5"是指在四套班子层面，建立工业化战略推进领导小组、城市化战略推进领导小组、作风建设领导小组、决策咨询委员会、监督管理委员会五个机构；15个委员会在原来13个委员会的基础上，增加了招商委员会、信息化工作委员会。

专委会的性质是富阳市政府的统筹协调执行机构，它不是一个有形的大部门，而是按照职能有机统一的思路，把各部门中的相同、相近职能梳理、整合归类组成，主要目的在于淡化

---

① 董蓉英，徐卫东：《大部制语境下的地方政府管理创新——富阳专委会制度的实践与探索》，《甘肃行政学院学报》2008年第4期，第67—72页。
② 王四方：《"协同政府"：县级政府机构改革的方向——浙江富阳"专委会"制度的分析》，《党政干部学刊》2010年第2期，第49—52页。
③ 周功满、陈国权：《"专委会制度"：富阳创新部门间协调配合机制》，《中国行政管理》2009年第11期，第71—74页。

部门概念,强调工作理念,打破部门壁垒,增强整体合力。秉承现代政府统筹结合与传统部门分工合作相结合的原则,实现资源优化配置,部门协力运作。专委会的主要功能是统筹整合资源、协调部门力量,"决策前抓调研,决策后抓执行",对各专委会职权范围内的重大事项提供具体决策意见,检查督促落实市委、市政府的重大决策。富阳市专委会的运作模式如图 2-5 所示。

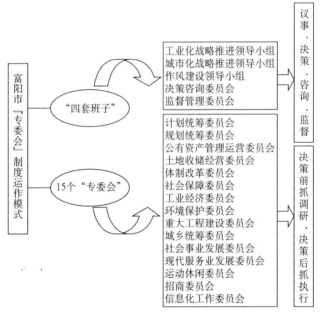

图 2-5 富阳市"专委会"制度运作模式图

资料来源 徐力、汪锦军:《整体性政府视角下的地方政府创新——富阳市"专委会"的制度设计及对县级政府改革的意义》,《公共管理与政策评论》2012 年第 1 期,第 14—21 页。

专委会的建立是对政府及其组成部门运作方式的改进和完善,是市政府的统筹协调执行机构,不行使重大事项决策权,决策仍按法定程序进行,但对各组成部门有"全面协调权"。① 富阳市专委会制度的改革超越了传统大部分政府机构改革的撤并、增删等传统思维,是解决部门间合作的有效创新。

五、首席信息官制度:一种特殊的协同形式

除前述联席会议制度和专委会制度之外,地方政府为促进跨部门协同,也探索成立常态化的协同机构。以上海市浦东新区为例,为应对数字政府建设中存在的管理机构多头、职能交叉、缺少部门间综合应用、整体协调作用有限等问题,浦东新区率先设立了首席信息官制度。首席信息官制度是政府信息化管理体制建设中的重要组成部分,其设置可以有效实现政府信息化工作的全面规划与统筹管理,有效促进政府跨部门的合作与协同。

2016年5月16日,浦东新区启动首席信息官(CIO)试点工作,率先在涉及事中事后监管以及部门间应用较多的部门设立首席信息官,首批试点部门包括浦东新区区府办、经济和信息化委、环境保护局、卫生和计划生育委、市场监管局、建设和交通委、文化和广播电视管理局、规划和土地管理局及城管执法局9家单位。在组织架构上,浦东新区首席信息官制度包括战略决策层、管理执行层、议事咨询层和各职能部门支撑层四个层级。战略决策层是指在区层面设立区级CIO;管理执行层是指设立区CIO办公室,为浦东新区CIO的执行机构,负责日常工作;议事咨询层是指设立CIO委员会和专家咨询

---

① 袁亚平:《地方部门改革调查:13个专委会统起"全面协调"》(2008年02月25日),中国新闻网,http://www.chinanews.com/gn/news/2008/02-25/1172245.shtml,最后浏览日期:2020年8月12日。

委员会；职能部门支撑层则是指在各委、办、局设立部门CIO，一般由分管信息化的领导兼任，并指定专人或团队负责本部门支撑CIO制度的相关工作，如图2-6所示。

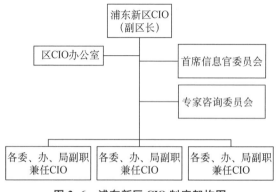

图 2-6 浦东新区 CIO 制度架构图

通过在这一制度架构中设立的联席议事协调机构——首席信息官委员会，由区CIO和主要委、办、局CIO组成，负责综合性业务系统的协同以及各部门间的联动、衔接与协同。浦东新区对部门CIO提出三方面的要求：一是要有全局性的战略思维能力，二是要有较强的公共管理创新能力，三是要有信息化和业务工作的融合协同能力。

这一制度的设立，对有效实现数字政府的全面规划与统筹管理，有效促进政府职能转变与跨部门合作，有效支撑政府治理体系和治理能力的现代化具有重要意义。政府CIO职位的设置，不仅意味着机构设置的变革，更意味着管理理念和管理制度的创新。首席信息官将全面负责本部门政府信息资源的管理、开发与利用，以及与信息技术应用有关的事宜，参与决策，具有组织协调和资源整合权力，这就要求首席信息官既懂技术、又懂业务，兼具技术与业务结合的战略眼光和能力。

六、部门间合作组织路径的困境与突破

(一) 不同合作方案的优势比较

部门间合作机制是行政组织内部减少摩擦力的"润滑剂",也是增加组织间凝聚力的"黏合剂"。[①] 关于上述促进合作的各类机制,可以从其适用性、机构性质、权威性及整合程度几方面加以比较。

首先,从适用性上说,议事协调机构和联席会议制度是各级政府普遍采用的一种协调部门间关系的机制;而"专委会"制度的适用性有待实践的进一步检验,专委会制度的运用需要把握好"度",否则可能徒增政府的层级。首席信息官制度是一种新兴探索模式,对于促进数字政府的统筹建设具有重要意义,但受制于既有的体制机制与组织人事制度所限,首席信息官制度的落实困难重重。

其次,从协调机制的机构性质来说,议事协调机构和联席会议不一定设置实体办公机构,其协调作用的发挥主要基于会议制度。专委会则通过虚拟的组织来实现组织间运作的协调。首席信息官制度一方面通过内设议事协调机构,对重大事项进行协同处理;同时,通过定期例会实现信息互通。

再次,从协调机制的权威性来说,议事协调机构和专委会都有相对更高的权威,通过权威或领导的作用来实现部门间的协调;联席会议制度多数由牵头部门进行组织,各参与主体之间地位平等。首席信息官制度作为一种独立的组织,其权威性受首席信息官本身的职务权力影响。

[①] 常桂祥:《论行政协调》,《理论学刊》1998年第3期,第89—93页。

最后，从整合程度的大小来说，专委会和首席信息官的整合程度最高，在同一归口领导的管理下，部门间实现了良好的协调；议事协调机构的整合程度较弱，并不涉及部门之间的实体整合，而多数是领导人员及其意见的整合，当然也有一些涉及部门间资源的整合，共同执行政策；联席会议制度的整合程度最低，主要是对各部门意见的整合与协调。

(二) 部门间合作机制的实践困境

当前，由于部门间合作机制本身存在的问题和局限性，导致其合作效果有限，主要表现在合作机制设置、合作机制的作用过程和合作机制的作用效果等方面。

1. 合作机制的设置

一是随意性。目前，部门之间的合作机制大多没有制度化，在协调机制的启动和设置中，均体现出随意性的特点。合作机制议题的启动多数是临时决定的，容易出现行政协调的"真空"地带，导致协调过程的中断。合作机制的建设主要由三种因素推动。首先是领导力，从前文对议事协调机构的分析可以看出，领导在协调机制构建中的作用不可小视。其次是社会关注的程度，具有强烈社会反响的突发事件也会诱发合作机制的建设，例如频发的食品安全问题或煤矿安全事故，都直接导致了部际联席会议的召开。[1] 最后是利益的牵涉，如果某件事务牵涉某个部门的利益，那么该部门就会积极地牵头协调沟通；或者个别部门觉悟高，也会积极主动地去进行协调沟通。[2]

---

[1] 徐超华：《政府部门间协调机制问题研究》，《四川教育学院学报》2009年第11期，第54—57页。

[2] 楚会霞：《大部制背景下的跨部门协调与合作机制研究》，河南大学行政管理专业硕士学位论文，2011年，第13页。

二是滞后性。分工细化的部门管理体制导致组织间的协调问题一直存在，因此部门间合作机制的建设一直具有必要性。但滞后性影响了部门间合作机制效果的发挥，因为当前部门间合作机制常常是在问题或事件发生后才设立的，比如危机管理中部门间合作机制的构建，其本身就存在滞后性，部门间合作也因此一直处于"亡羊补牢"的困境。

三是规避责任。部门间合作机制设置的缘由主要针对复杂问题的处理，这种复杂问题又多为责任大、风险高的难题。在实践中，由于各部门职责不清、权限不明等问题的存在，合作机制就很容易成为部门规避并转移责任，从而避免承担风险的借口。同时，部门间合作机制的设立还容易成为各部门牟取部门利益、加强部门权威的途径。

四是局部性。当前中央政府的部门间合作并不多见，主要是在重大问题的决策制定或重大事务的决策执行中，少有的以领导小组或联席会议形式出现的部门间合作，最多只能算作"共同工作"，并没有实现跨部门利益的均衡和共同目标的形成。而地方政府跨部门的合作主要限于政策法规的执行层面，如行政服务中心多数都以行政审批服务作为其核心内容，然而行政许可往往还会涉及多个部门，我国《行政许可法》规定，当涉及多个职能部门时，本地政府可以确定一个部门受理行政许可的申请，并转告有关部门分别提出意见后统一办理，或组织有关部门联合办理、集中办理。①

2. 合作机制的运作过程

首先，已有的合作机制之间存在冲突。当前政府部门间并

---

① 操小娟：《我国行政机构之间关系的发展前瞻》，见"构建和谐社会与深化行政管理体制改革"研讨会暨中国行政管理学会 2007 年年会文集（未出版），中国湖北武汉，2007 年，第 1799—1804 页。

不是没有促进合作的机制，而是这些横向部门间的合作机制本身也可能存在冲突，在相关问题发生后，部门间就有了推诿扯皮、互踢皮球的可能。以食品安全监管为例，为贯彻食品安全法，切实加强对食品安全工作的领导，2010年2月6日国务院决定设立国务院食品安全委员会，作为国务院食品安全工作的高层次议事协调机构，统一指导、协调我国的食品安全监管工作，由时任副总理李克强担任委员会主任，有15个部门参与其中。但与此同时，《食品安全法》还明确规定，"卫生部承担食品安全综合协调职责"，那么，卫生部与国务院食品监管委员会就在协调职责方面出现责任不明晰的情况。另外，卫生部与其他相关部门，如农业部、工商总局、质检总局等部门是平级部门，由卫生部来承担食品安全监管方面的综合协调职责，实践操作中并无优势，很难实现协调的最佳效果。

其次，协调过程缺乏法制保障。协调机制设置之后，有些政府部门在具体的实践过程中并不按规章办事，长期采用命令式的方法进行协调，致使部门间协调呈现出"和稀泥"式的不作为。同时，由于部门间协调没有良好的法制基础给予保障，也导致部门间的平等协商往往被领导的个人意志所取代，带有很强的个人情绪色彩。在协调的过程中，上述情况大大降低了部门间平等对话的积极性，进而限制了协调的效果。在协调机制设置之后，各部门在协调的过程中办事拖拖拉拉且缺乏时效性，达不到合作机制应有的作用。

最后，协调机制过于单一。我国实行高度一元化的行政体制，当前部门间合作机制的构建主要是基于会议（无论是临时会议还是联席会议）或领导小组（议事协调机构）进行，如前所述，这种合作机制往往停留在领导之间的意见交流，并不涉及根本问题的解决。同时，由于一些部门存在地缘意识及部门保护主义，其在资源的共享中容易出现做假情况，难以形成部门间的互信与共赢。当前，行政体制中还没有形成对部门间合作机制的约束机制，部门之间互不服从、彼此拆台等现象屡有发生，从而造成协调成本居高不下，[1] 最终限制了部门间合作目标的达成。

3. 合作机制的效果

传统的协调机制存在"一事一协调""一时的协调"的限制，协调工作缺乏强制性和长期性，协调机制效果也非常受限。也就是说，由于协调机制设置的随意性，[2] 部门间的协调机制往往会因为领导职务的变动或社会舆论的转向而不了了之，致使最后达到的效果非常有限，具体表现为以下三个方面。

首先是短期性与不确定性。当前存在部门间合作机制多数都是短期的协调机制，这种协调机制侧重的并不是长期的合作，也不是全方位的协调。部门间的暂时合作和不突出的协同作用很难保证长期稳定的部门间协同管理。[3] 这种协调机制呈现出"就事论事"的特征，一旦该事项完成或暂告段落后，部门间的合作关系也就此宣告结束。因此，这种协调机制并不涉及部门间关系的深层次变化，也不会直接影响部门间其他事务的解决。由于协调机制的随意性以及协调过程中的冲突，部门间协调机制的协调结果往往呈现出很强的不确定性，即合作机

---

[1] 楚会霞：《大部制背景下的跨部门协调与合作机制研究》，河南大学行政管理专业硕士学位论文，2011年，第14页。
[2] 徐超华：《政府部门间协调机制问题研究》，《四川教育学院学报》2009年第11期，第54—57页。
[3] 周晨虹：《"联合惩戒"：违法建设的跨部门协同治理——以J市为例》，《中国行政管理》2019年第11期，第48—53页。

制并不必然带来组织间的协调运作。当前,对合作机制所要达到的目标或事件解决的程度还没有出台强制的规定。①

其次是不彻底。目前部门间合作的开展主要基于上级领导的参与及主导,比如本章中所分析的议事协调机构的设立,领导支撑是其运行的根本。但是这种基于权威导向的协调机制,往往只是对问题和矛盾的暂时压制,并没有从根本上解决问题。再加上这些协调机制存在时间大多数都较为短暂,所面临的问题即使暂时得到了解决,也往往会不断反复。此外,协调机制解决问题的方式往往并不体现出法律性和规范性,往往只体现政治性或是行政协调,② 所以在解决问题的过程中,由于机制本身存在的缺陷,问题的解决往往不彻底,部门之间原来的职能交叉、管理权限不清的问题仍旧存在,在类似现象再次出现时,部门间的推诿扯皮便会再次发生。

最后是监督与问责的缺失。由于当前缺乏对部门间合作机制效果的考核、监督与问责,导致林立的部门间合作机制的实际效果有限。各参与部门间合作的组织参与动机匮乏,缺少参与跨部门合作解决问题的积极性。同时,由于需要处理的跨部门业务很多,所及各部门总是被牵入不同的合作机制中,这给各部门带来了工作的负担。各部门参与合作积极性低的主要原因不仅在于各部门缺乏利益激励机制,更在于缺少对有效协调的监督与问责机制。③

---

① 楚会霞:《大部制背景下的跨部门协调与合作机制研究》,河南大学行政管理专业硕士学位论文,2011年,第13页。
② 同上文,第12页。
③ 徐超华:《政府部门间协调机制问题研究》,《四川教育学院学报》2009年第11期,第54—57页。

（三）部门间合作机制的配套解决方法

协调是有"边界"的，部门间严格的职能分工是协调的前提，只有划清了界限，才能协调各方，各司其职，共同努力。部门间合作的目的不是为了从其他部门获得资源或利益，也不是发生问题之后，为各部门互相推卸责任找借口，而是让各方合作形成合力。同时，合作机制的建立不是形式主义，不能只建立形式化的协调机制，而应以能更好地解决跨部门的公共问题为目标。为促进部门间合作，除健全合作机制外，还需要配备相应的辅助机制。

首先，应建立激励机制促进部门间积极合作。对部门间合作而言，要建立相应的激励机制，减少合作效果的负外部性，提高部门间合作的意愿。加勒特·哈丁（Garrett Hardin）认为："从集体行动的角度出发，一个人只要不被排斥享受由他人努力获得的利益，那么他就没有动力为共同利益而努力，但如果集体中的所有人都这么选择，那么共同利益也就无法实现。"[1] 为此，奥尔森设计出"有选择性的激励"机制，对集体行动中的成员区别对待，赏罚分明，奖励那些为集体利益而出力的人，惩罚那些没有承担集团行动成本的人，以此诱导或强制部门间的合作。[2] 对"既利己又利人的'双赢'合作则激励不足，这是为什么处于政治锦标赛博弈中的政府官员不愿意

---

[1] Garrett Hardin,"The Tragedy of the Commons", Science, 1968, 162 (13), pp.1243-1248.
[2] [美] 曼瑟尔·奥尔森：《集体行动的逻辑》，陈郁、郭宇峰、李崇新译，上海人民出版社1995年版，第42页。

合作却愿意支持'恶性'竞争的基本原因"。① 因此，部门间合作机制的建设需要配套激励制度，对在部门间合作中作出贡献的部门及个人要给予奖励，鼓励其在该业务领域内持续合作，激发这些部门在其他领域中继续开展合作。对未完成工作或与其他部门相互推诿扯皮的部门应该进行问责，以此建立部门间合作的良好氛围。

其次，建立数据共享机制。数据是部门间合作的基础，各部门合作机制的建设需要首先将各部门的数据加以整合。由于条块体制的存在，各部门间形成了"数字鸿沟"及"数据孤岛"现象，阻碍了部门间合作与协调，并且造成了资源的浪费。畅通数据渠道，才能保证部门间合作的高质量、高回应。② 因此，要建立部门间合作机制，需要打破各部门的管理边界，通过信息技术的运用，实现跨部门的数据共享与整合。

再次，强化领导的重视。从以上对合作机制的分析可以看出，在部门间合作机制的构建中，需要建立跨部门的良好的领导协调机制，跨部门的战略决策与执行需要"最懂行"的人员参与。③ 同时，在具体的部门间合作机制的构建中，领导的角色也要发生改变。领导的角色要逐渐从部门间合作的统领者，转变成部门间合作机制的平等参与者，最后发展成为部门间合作机制的监督者，最终实现部门间合作的自动运转。良好的领导机制需要实现从"规则制定者""运动员"向"教练员"角

---

① 周黎安：《晋升博弈中政府官员的激励与合作——兼议我国地方保护主义和重复建设问题长期存在的原因》，《经济研究》2004年第6期，第33—40页。
② 仇赟：《大部制前景下我国中央政府部门间行政协调机制展望》，吉林大学公共管理专业硕士学位论文，2008年，第41页。
③ 朱玉知：《跨部门合作机制：大部门体制的必要补充》，《行政与法》2011年第10期，第13—16页。

色的转变。此外，领导协调机制还有一大功能，即实现部门间冲突的调和。缓和部门间的矛盾是促进部门间合作的关键，而领导协调是实现这一过程的最佳选择。

最后，建立部门间信任关系。信任是部门间合作的充分条件，① 可在组织间不断互动中产生。信任能够促进部门间合作的产生，代表了"与他人共事的组织能力以及共享的价值观，可以节省不必要的协商与强制所造成的交易成本"。② 在部门间合作机制的构建中，应该打破血缘关系和人情关系的限制，转向普遍信任、人际信任和制度化信任。③ 制度信任是以法律为核心建立起来的信任关系。以法律为基础的信任可以降低各部门所面对的不确定性，提高各部门最初合作的动机。同时，还可以通过建立有效的惩罚机制，降低部门间合作中"背叛"的可能性，并为部门间的长期且持续的合作提供保障。除制度信任外，还应该充分利用人际关系形成部门间的信任，促进部门间合作的开展。

第三节 部门间合作的技术路径

随着新兴信息技术的发展，在促进政府部门间合作的策略中，除建立组织协同机制之外，各地还探索运用信息技术优化

---

① 雷晓康、王剑：《社会信任：实现合作收益的社会契约》，《河北师范大学学报》（哲学社会科学版）2009 年第 7 期，第 45—51 页。
② ［美］弗兰西斯·福山：《信任——社会道德与繁荣的创造》，李宛蓉译，远方出版社 1998 年版，第 31—42 页。
③ 雷晓康、王剑：《社会信任：实现合作收益的社会契约》，《河北师范大学学报》（哲学社会科学版）2009 年第 7 期，第 45—51 页。

部门间合作，如通过业务流程再造催生部门间的有效协同，甚至通过搭建一体化政府服务或治理平台促进跨部门协同，如上海市实行城市运行"一网统管"、政务服务"一网通办"。

一、物理空间合并与业务流程再造催生部门间合作

(一) 行政服务中心

行政服务中心，也被称为"政务服务中心"，由于行政服务主要是行政审批服务，因此其也被称为"行政审批服务中心"。行政服务中心的建设是在以民为本理念的指导下，形成"集信息与咨询、审批与收费、管理与协调、投诉与监督于一体的综合性行政服务体系"，[1] 旨在通过虚拟的或者实体的前台来协调甚至整合各部门提供服务。其实现的形式主要是"一站式政府"的模式，为公民提供全方位、一体化和个性化的服务。[2] 行政服务中心建设是当前中国政府公共服务创新的新兴领域和有益尝试，行政协调也是行政服务中心的职责之一。

当前，中国行政服务中心的建设多数是自发产生的，上下级政府之间缺少对口，呈现出"多自发产生，缺国家推动，强技术助力，弱组织重塑"[3] 的特点。中国当前行政服务中心的建设基于信息技术实现平台整合，但在当前实践中，后台整合

---

[1] 张欣：《行政服务标准体系建设探讨》，《大众标准化》2011 年第 6 期，第 51—53 页。
[2] 张锐昕、陈曦：《加强电子政务研究与实践，推进服务型政府建设与发展——全国"电子政务与服务型政府建设"学术研讨会综述》，《电子政务》2012 年第 10 期，第 2—9 页。
[3] 刘红波：《一站式政府的演进轨迹与转型机理》，《电子政务》2012 年第 12 期，第 22—29 页。

多落后于前台整合。① 行政服务中心作为公共服务的提供渠道,其建设与发展需要建立在行政管理体制的改革深化和制度体系的完善之上,重点推进政府公共服务流程再造及部门间信息的共享与整合。

2010年,中共中央书记处书记、中央纪委副书记何勇在出席全国深化政务公开推进政务服务经验交流会上强调,要以深化行政管理体制改革、建设服务型政府为目标,以推进政务公开和行政审批制度改革为切入点,大力加强以政务(行政)服务中心为主要载体的政务服务体系建设。②

(二)"一站式"

行政服务中心的建设,是行政审批制度改革的产物,也是地方政府"撕破公共权力铁衣"、整合行政资源、提高行政效能的有效尝试。③ 目前,我国许多地方成立了行政服务中心,受制于各地不同的发展环境,形成了各地不同的发展模式。

以山东省M市行政服务中心的建设为例,M市行政服务中心是M市委、市政府为优化发展环境、提高行政效能、建设服务型政府,整合各职能部门,从而为企业和老百姓提供一站式服务而建立的公共服务机构。经过几年的发展,该中心的各项工作已经步入正轨,尤其是创造性地制定了较为完善的行

---

① 张锐昕、陈曦:《加强电子政务研究与实践,推进服务型政府建设与发展——全国"电子政务与服务型政府建设"学术研讨会综述》,《电子政务》2012年第10期,第2—9页。
② 新华社:《全国深化政务公开推进政务服务经验交流会召开》,(2010年6月30日),中国政府网,http://www.gov.cn/jrzg/2010-06/30/content_1641782.htm,最后浏览日期:2020年8月12日。
③ 张欣:《行政服务标准体系建设探讨》,《大众标准化》2011年第6期,第51—53页。

政服务标准化体系,率先全面推进服务标准化建设并取得了良好效果,为更好地提供公共服务创出了新路径。

M市行政服务中心推行标准化的目的是把人和事管好,其最终目的是更好地为群众和企业服务。该中心通过阳光透明的工作方式,为客户提供优质的服务;用时间对工作进行限定,提高了办事效率。目前该行政服务中心的成效非常显著,满意度接近百分之百。由于该中心对窗口人员的工作和服务有严格的要求,同时协调好了各单位之间的关系,该行政服务中心在社会上的地位越来越高,在群众中树立了很好的形象。

M市行政服务中心建设的成功并非一蹴而就,在其建设初期也遭遇重重困难。首先,从领导层来说,中心建设初期,各部门领导有被"夺权"的想法,一些委、办、局的科室负责人最开始也有权力被削弱的感觉。

其次,从部门层面来说,中心初期的建设触及委、办、局的部门利益。一方面,在行政服务中心建设之前,各部门按照"三定"方案发挥职能,但将各部门行政审批业务抽离到行政服务中心后,这些部门担心将来会不会被"剥夺"其职能。同时,随着行政审批事务转到行政服务中心大厅之后,行政事业性收费也转移到行政服务中心办理,这进一步影响到部门的直接利益。

最后,从员工层面来看,由原部门派驻行政服务中心的工作人员,在大厅的工作较原单位来说,工作量增大,工作压力也提高。员工在原单位的工作性质比较单一,业务量也相对较小,对服务水平的要求也不高,但是进驻行政服务中心之后,他们必须按照标准化的要求开展服务,同时还要与相关部门协调互动。不仅是服务标准提高了,在大厅的工作需要员工独当一面,也要和其他部门一起考核考评,所以提高了员工的工作负担；同时，员工需要接受行政服务中心和原单位的双重领导，员工的工作压力也由此增加。

因此，行政服务中心建设之初，无论从部门还是员工讲，积极性都欠缺，但在种种因素的影响以及各部门的通力协作下，最终 M 市行政服务中心的建设还是较为成功的。

(三)"一窗式"

从 2002 年起，上海市劳动保障信息系统正式上线，上海市原闸北区（现为静安区)① 开始了统一的信息化建设，其中就业服务是公共服务领域中的基本服务，也是广大城乡居民最关心、最迫切需要的服务之一。闸北区就业促进中心的流程再造涵盖了闸北区就业促进中心与公共就业服务相关的一系列公共服务内容，包括申领失业保险金流程、服务大厅办事流程、个人档案管理服务流程、社区居民就业服务流程和传统招聘会求职应聘流程等，它是通过电子政务与信息化手段进行流程再造和优化的典型案例。

1. 运作方式

闸北区就业促进中心在充分调研的基础上发现，其原有的业务流程无法满足当前社会多元化发展的需求，必须进行一次全面的变革。为此，闸北区参照企业流程再造的 S-A 框架实施就业促进中心内部的流程再造，经历了构想、启动、诊断、重新设计、重新构造、评价六个阶段，对系统内部进行全面变革。闸北区就业促进中心大厅改变了原先固定窗口、固定业务的工作方式，采用了全新的可定义流程的叫号系统，继而实现

---

① 2015 年 10 月，国务院批复原闸北、静安两区"撤二建一"，设立新的静安区。

了窗口相对不固定的"一窗式"服务。

"一窗式"服务能有效地在各窗口之间实现平衡,提高服务过程的效率。鉴于多数业务的专业性和特殊性,在目前尚不能实现所有业务完全"一窗式"管理的情况下,闸北区根据服务工作量的多少将窗口分为两个区域,一部分是公众服务区域,一部分为企业服务区域,并分别在各自区域实现"一窗式"服务,这样既提高了服务的专业性,也提高了服务的效率。

与此同时,基于信息化建设,闸北区就业促进中心将过于依赖员工个人能力的档案基础管理转变为以条形码为关键字的数字化管理,转变被动等待社区居民前来办理业务的工作方式,将公共就业服务平台延伸至社区每个角落。

2. 主要特点

无论从服务理念、服务流程还是管理方式看,闸北区的"一窗式"服务通过一系列的流程再造,都实现了服务创新,取得了良好效果。

第一,在服务理念上,其注重公民体验与效率提升。闸北区从服务公民的角度出发,在对原有就业服务流程分析再造的基础上,开发完善了"社区就业服务 e 本通""档案管理服务 e 触通""窗口办事服务 e 号通""招聘求职服务 e 点通"和"信息公开服务 e 屏通"。通过一系列信息化项目建设,闸北区就公共就业服务信息化建设对既有的服务流程进行了全面再造(参见表 2-5)。[①]

---

① 董煜:《电子政务环境下的公共服务流程再造——以闸北区信息化就业服务模式为例》,复旦大学公共管理学硕士学位论文,2013 年。

表 2-5 上海市闸北区公共就业服务信息化建设对流程再造的作用

工作项目	工作内容	系统建设前	系统建设后
失业保险申领流程	材料提交	纸质表格，固定时间段	无纸化，即发即收
	特殊情况需及时申领	至少一个工作日，街道工作人员陪同往返一次	即刻办理，单程办理，无需往返
	银行卡录入	手工操作，存在差错	读卡器读取，百分之百准确
	数据统计	手工台账，定期统计	系统记录，即时统计
服务大厅办事流程	跨部门业务办理	分散填表，重复排队，无办结提示	先填表后取号，按叫号提示办理，无需重复排队
	业务窗口设置情况	固定受理内容，忙闲不均	无固定窗口，按人流动态分配
	客流管控	目测人数，保安协助维持排队秩序，无分流措施	取号人数超预警值，后台报警，部门负责人协调接待力量
	数据统计	显示接待人次，无接待时长	系统过程全记录，接待人次、接待时长、等候时长等统计信息一目了然
档案管理	档案位置摆放	按既定规则摆放，无校验方式，过分依赖员工个人能力与责任心	按原有规则摆放，条码扫描系统辅助，错误位置自动报警，提示正确位置

(续表)

工作项目	工作内容	系统建设前	系统建设后
档案管理	档案库存数据	无精确统计数字，无基础信息统计	即时精确统计，年龄、性别、出生日期等基础信息即时统计
	内部管理制度	手工台账，"体内循环"，无详细记录	条码管理，全程记录档案流向及经办人
社区就业服务工作	政策咨询	至街镇相关部门咨询	就业援助员可直接回答
	劳动力资源调查	上门手工记录，事后系统录入，手工统计	携平板电脑上门调查，直接录入系统，即时统计
	岗位匹配	手抄信息，上门推荐，可能错过时效	电脑查询全区有效招聘信息，系统匹配人职
	特殊情况	涉及基金项目，必须本人至网点办理	工作人员上门直接办结
招聘会	岗位发布	张贴海报，有时效	手机检索所有岗位信息

第二，在服务流程再造上，为减少等待时间，避免重复排队，闸北区发展了"一窗式"服务方式，定制了由后台根据前台窗口的流量自动分配服务内容的叫号系统——窗口办事服务e号通。在该系统的帮助下，公众不需要再像以前一样重复在不同窗口排队办理，而可以根据大厅的语音提示或显示屏文字来办理业务。

第三，在管理方式上，为促进"一窗式"服务的建设与发展，闸北区就业促进中心非常注重全员参与，该中心领导认为,"员工的支持比领导的重视更重要"。在决策制定和实施过程中,员工可以反馈相关意见与建议。这种参与式管理不断优化系统平台在细节操作方面的人性化,也不断提高了员工的良好感受和工作效率。

(四)"一站式"与"一窗式"的比较

无论"一站式"还是"一窗式"的行政服务中心,均是基于信息技术的政府部门流程再造与协同,其出发点均为了改变传统行政效率低下、组织运行机制不畅、部门间不能有效合作等问题。信息整合推动政府内部组织架构重组与流程再造。从政府"多站式"到"一站式多窗口"再到"一窗式"服务流程的转变,从根本上说是对政府内部流程的优化与再造。没有恰当的流程梳理,政府一站式或一窗式服务效果将会大打折扣,甚至会给政府部门的工作带来更多的负荷,达不到优化过程、提高效率的目的。

关于"一站式"与"一窗式"的比较,首先,在设计理念上,无论"一站式"还是"一窗式"的建设,均涉及多个参与部门的整合与协同,是对政府治理的优化。这符合国际上电子政务推行的两个主要理念和原则:一是从公共服务本身的角度,强调以公众为中心,惠及所有人,无处不在,无缝整合;二是从政府管理的角度,强调要建设开放、响应、变革、集成的政府。

其次,在业务适用性上,"一站式"与"一窗式"均适用于多部门合作处理公共问题或者公共事务,有利于实现政府多部门之间的共享、合作与整合,是政府内部多部门之间的整合。

最后,在过程控制上,"一站式"与"一窗式"均需要严明的规章制度与清晰的业务流程梳理。为了实现运作流程的优化，要通过一系列的协商最终确定双方均认可的流程与制度，并将这些内容进行标准化与规范化，从而有效减少政府内部的推诿扯皮。

无论"一站式"还是"一窗式"，其前提都离不开政府数据的充分整合，而传统的科层制政府管理模式的惯性反应会对当前"一站式""一窗式"的政府结构整合带来阻力。在传统的权力单向流动模式中，由于各部门之间的数据共享与整合有限，政府部门间的协同也会受到限制。同时，在传统的科层制体系中，各部门的权力意识较强，而在"一站式"或者"一窗式"建设中，有些部门或个别官员会有被"夺权"的顾虑，这会影响部门之间的合作。

二、基于数字政府平台的部门间合作

新兴信息通信技术的出现给政府治理带来了新的机遇，积极运用先进的信息与通信技术发展电子政务，提高政府公共部门的工作效率和服务水平已经成为世界各国、各地区的共识。这些新兴技术为公共行政的变革提供了新的契机，为政府转型提供了基础条件，成为服务型政府转型的一种行之有效的"使能器"（enabler）。信息技术的运用不断推动着政府内部流程的优化，各部门也不断尝试运用新兴信息技术实现政府业务流程再造与部门间合作，通过探索建立综合性政务服务平台和一体化城市治理平台来实现政府部门间的合作与协同。

（一）综合性政务服务平台：上海市政务服务"一网通办"平台

近年来，面对跨部门协同难度高、数字鸿沟等问题，各地数字政府建设重心从单部门、单系统建设转向综合性政务服务平台方向发展，通过跨部门协同应用的开发提升管理效能，更好地促进政府行政效率、公共服务效能的提升。在此背景下，国家层面提出要进一步深化"互联网＋政务服务"，解决企业和群众反映强烈的办事难、办事慢、办事烦等问题。自2016年"互联网＋政务服务"写入政府工作报告以来，国家全面铺开了"互联网＋政务服务"的建设。2018年的政府工作报告指出，深入推进"互联网＋政务服务"，使更多事项在网上办理，必须到现场的也要力争做到"只进一扇门""最多跑一次"。通过综合性政务服务平台的建设，提升一体化的政府服务能力，促进跨部门的有效联动与协同。

上海市在全国率先提出"一网通办"，并于2018年建成上海政务"一网通办"总门户平台。针对面向群众和企业的所有线上线下服务事项，逐步做到一网受理、只跑一次、一次办成，逐步实现协同服务、一网通办、全市通办。通过建设统一的数据共享交换平台，推进线上线下政务服务流程再造、数据共享、业务协同，形成融合一网受理、协同办理、综合管理为一体的政务服务体系，实现政务服务减环节、减证明、减时间、减跑动次数，真正做到从"群众跑腿"到"数据跑路"，从"找部门"到"找政府"，提升群众和企业的获得感。

上海市"一网通办"的建设理念之一是"整体协同"，注重政府管理和服务的系统性和整体性，推动"以部门为中心"向"以用户为中心"管理模式转变，有效整合各方资源，促进线上线下融合，提升协同服务和综合管理水平。

上海"一网通办"建设坚持整体政府的改革理念，建立数据维度上的整体政府，通过线上"一网通办"总门户、线下"一门""一窗"，提供兜底式政务服务，实现倒逼政府进一步统筹优化政府职责配置，理顺职责关系，消除职能交叉或者空白,真正实现从"找部门"转变为"找政府"。同时,促进线上线下深度融合,线上建成"一网通办"总门户,线下在实现"一门"的基础上,由"多窗"变"一窗"。企业和群众在线上只需要登录一个总门户,线下一类事情只需要跑一个"综合窗口",不再需要了解政府各部门职责,不再需要跑"多门"、跑"多窗"。

"一网通办"综合型政务服务平台的建设对促进政府跨部门协同具有重要意义。上海"一网通办"聚焦突破跨部门协同审批、并联审批事项,如开办企业、投资项目审批、建筑设计及施工许可、不动产登记等重点事项在跨部门协同审批方面取得突破,减少了群众"跑路"次数,实现了从单打独斗到协同作战的转变。

(二) 一体化城市治理平台:上海市城市运行"一网统管"

1. 城市精细化治理需要跨部门有效协同

超大城市精细化管理离不开跨部门的有效协同。精细化既强调"精",又强调"细","精"和"细"二字紧密相关,不可分离。其中,"细"可以理解为专业分工的"细化","精"可以理解为"精通",精细化管理的前提在于管理手段专业化与管理分工细化。[①]

党的十九届四中全会指出,要推进国家治理体系和治理能力现代化。为探索超大城市治理体系和治理能力现代化,上海市启动了"一网统管"建设,目标实现"一屏观全域、一网管全城"。"一网统管"坚持从群众需求和城市治理突出问题出

---

① 麻宝斌、李辉:《政府社会管理精细化初探》,《北京行政学院学报》2009年第1期,第27—31页。

发，把分散式信息系统整合起来，做到实战中管用、基层干部爱用、群众感到受用。作为上海城市大脑的重要组成部分，"一网统管"城运系统充分利用智慧公安建设成果和大数据、云计算、物联网、人工智能等先进技术，创造性地推出了一套较为完整的城市运行基本体征指标体系，通过地图汇聚的方式，在市、区、街镇三级平台上实现了可视化、便捷化、标准化的共享和交互，在一个端口上实现城市治理要素、对象、过程、结果等各类信息的全息全景呈现。

遵循"两级政府、三级管理、四级网络"社会治理理念，打造"三级平台、五级应用"逻辑架构，形成"六个一"技术支撑体系，即治理要素一张图、互联互通一张网、数据汇聚一个湖、城市大脑一朵云、城运系统一平台、移动应用一门户，提升线上线下协同的精准治理能力，营造"观全面、管到位、防见效"的智能应用生态，推动城市管理手段、管理模式、管理理念创新。

2."一网统管"与部门间合作

"一网统管"是对部门间合作与协同能力的最好检验，也是部门间合作和协同得以实现的有效支撑。"一网统管"的"管"，是指在保持各部门原有业务系统、工作格局基本架构的同时，通过技术与管理上的深度融合，打破"孤岛""烟囱""蜂窝煤"所限，实现资源聚合、力量融合。

"一网统管"城运系统打通了条块业务互不相连的树状结构，形成横向到边、纵向到底、互联互通的矩阵结构，整合接入公共安全、绿化市容、住建、交通、应急、生态环境、卫生健康等领域的多个专题应用，探索研发"地图服务""气象服务""交通保障""应急处置"等管理插件，为跨部门、跨系统的联勤联动增效赋能，初步实现"一网管全城"。

3. 协同场景一：从"渣土车"管理窥视跨部门协同①

渣土车管理是城市治理一大难题。由于车身体积庞大，驾驶室高，存在很多视觉盲区，所以很容易导致交通事故；多数渣土车经常超载，车盖板形同虚设，所过之处尘土飞扬，造成空气污染；渣土车到处漏土，原本干净的马路被反复蒙尘，成了土路，加大了环卫工人的工作量。这些问题一直是管理部门的难题。

对渣土车的管理可谓"政出多头"，涉及环保、市容、城建、交警等多个部门，有处罚权的绿化市容部门不能上街执法，能上街执法的交警又不能一直在路上蹲守。为此，浦东新区城运中心的"城市大脑"最早开发了渣土车治理的应用场景，基于该场景，实现各部门数据共享，在渣土车出发时扫一下二维码，运输和倒渣土的全过程都可在"城市大脑"的屏幕上实时监控，使多部门协同作战成为可能。

4. 协同场景二：应急处置中的防汛防台指挥

以上海城市应急处置中的防汛防台指挥系统为例，该指挥系统汇聚了气象、水文、海洋、海事及流域机构等十多个部门的各类防汛信息，通过数据归集、数据治理、数据应用等多个方面的统一标准，整合出一个完整的数据共享平台。例如，在台风天气如遇到立交道路积水，当积水达到 10 厘米，防汛防台指挥系统将自动把信息推送给路政部门，路政养护人员赶赴现场强排水。当积水深度达到 25 厘米，系统将信息同步推送给公安、路政、排水等部门，封闭下立交作业、交警现场指

---

① 《上海探索超大城市精细化管理新途径》，http://k.sina.com.cn/article_1686546714_6486a91a020011l90.html?from＝international，最后浏览：2020 年 8 月 23 日。

挥、就近调度资源进行现场支援抢险等举措,都将从应急预案中自动弹出并实施。同时,道路积水信息也将第一时间通过上海发布、市民云、高德地图等互联网移动平台向社会同步发布,提醒市民主动避险。①

---

① 上观新闻:《筑牢"一网通办""一网统管"建设基石,上海专门成立这个委员会》,https://www.shobserver.com/zaker/html/199552.html,最后浏览:2020年8月23日。

第三章　部门间合作的制度空间与影响因素

部门间合作需要一定的制度空间，在不同的制度背景下形成的部门间合作的机制和内在行动的逻辑存在差异。本章首先探讨当前政府部门间合作的制度空间，包括制度规则（正式规则、非正式规则和潜规则）、行政体制（政府机关与权力机关、党委之间的关系，中央与地方政府之间的关系）等；其次，回顾中西方学者关于部门间合作影响因素的研究，总结影响部门间合作的核心要素；最后以 M 市行政服务中心的建设为例，分析地方政府实现部门间合作的困难与障碍，总结中国语境下影响部门间合作的主要因素。

第一节　部门间合作的制度规则

制度是什么？制度可以表现为明确、条文化的符号形式，如成文法、协议或系统界定社会不同角色的社会结构和组织等。[1] 卢现祥指出，新制度经济学在其理论模型中引入了制度

---

[1] 胡瑞仲：《和谐社会建设中的管理显规则与潜规则的冲突与耦合》，知识产权出版社 2008 年版，第 20 页。

变量之后，就能说明竞争的双方为什么要进行合作、如何实现合作的问题。换句话说，制度的功能就是为实现合作创造条件，保证合作的顺利进行,[①] 尤其在复杂的非个人的交换中，制度更加重要。政府跨部门的合作需要在一定的环境中，按照既定的规则才能促进协调的有效性；而制度空间，一方面体现在政府机关与权力机关、党委的关系上，另一方面也体现在政府的纵向结构上。

一、正式规则、非正式规则与潜规则

制度是共有信念的自我维系系统，其实质是博弈均衡的概要表征（信息浓缩），它作为许多可能的表征形式之一起着协调参与人信念的作用。[②] 从这种观点出发思考制度的最合理思路是将制度概括为一种各行动主体的博弈均衡。诺斯在对制度的研究过程中，将制度提供的一系列规则分为正式规则（宪法、产权制度和合同）和非正式规则（规范和习俗）两类。[③] 本书基于诺斯对制度的分类，将规则进一步细分为正式规则、非正式规则和潜规则三类，以此进一步探讨部门间合作的制度规则。这些制度规则为部门间合作行为搭建了行动舞台。

（一）正式规则

正式规则是人们有意识地创造、由某种外在权威或组织来

[①] 卢现祥：《西方新制度经济学》，中国发展出版社1996年版，第33页。
[②] ［日］青木昌彦：《比较政治制度》，周黎安译，上海远东出版社2006年版，第11页。
[③] ［美］道格拉斯·C.诺斯：《制度、制度变迁与经济绩效》，刘守英译，上海三联书店1994年版，第4—5页。

实施和控制的规则，包括政治（司法）规则、经济规则及单个合约。正式规则是协调复杂行为的一种有效手段，为了把协调成本减少到可以控制的范围，需要建立正式的规则对经常性的行为进行管理。正式规则的广泛使用也是官僚制的主要特征之一。① 通过正式规则的制定，可以界定各主体在分工中的"责任"规则；界定每个主体可以干什么、不可以干什么的规则；界定惩罚的规则以及"度量衡"规则。②

正式规则不仅仅是领导的特权，也会成为所有工作人员的工作标准。"所有惩罚性规章不仅仅出自领导层，而且也可以成为同一个组织不同群体斗争所使用的武器。有关考勤的规定在加工厂工人的压力下被建立起来。他们觉得石膏采矿厂的工人缺勤比自己要多。于是就对领导层施加压力，以在内部规章中建立严格控制缺勤情况的普遍条文。"③

（二）非正式规则

制度经济学家们对非正式规则含义的阐释存在差异。诺斯指出，非正式规则是人们在长期交往中无须任何外在权威或组织干预、仅由自发的社会互动来实施的无意识的规则，它主要包括价值观、道德观念、习惯性行为、伦理规范、意识形态及传统因素等，其中意识形态处于核心地位。④ 一般情况下，非正式规则就是内在制度。柯武刚、史漫飞指出，"内在制度"

---

① ［美］安东尼·唐斯：《官僚制内幕》，郭小聪等译，中国人民大学出版社2006年版，第63—65页。
② 卢现祥：《西方新制度经济学》，中国发展出版社1996年版，第24—25页。
③ ［法］克罗戴特·拉法耶：《组织社会学》，安延译，社会科学文献出版社2000年版，第15—16页。
④ 卢现祥：《西方新制度经济学》，中国发展出版社1996年版，第21页。

是"从人类经验中演化出来的，它体现着过去曾最有益于人类的各种解决办法。其例子既有习惯、伦理规范、良好礼貌和商业习俗，也有盎格鲁-撒克逊社会中的自然法"。① 非正式的规则也被称为非正式制度，是"人们在长期交往中无意识形成的，具有持久的生命力，并构成代代相传的文化的一部分"。②

非正式规则是对正式规则的扩展、细化和限制，在正式规则设立之前，人们都是通过非正式规则来约束彼此之间的关系，并且在整个规则体系中，正式规则只占很小的一部分。在部门间合作领域中，由于政策和法律的模糊地带的客观存在，部门间合作领域只存在基本的制度规范，在合作过程中，更多的是遵循彼此之间都认可的一些非正式的规范，"两人划船，不是靠相互承诺，而是凭着双方的默契或惯例"。③

非正式规则的范围很广，既包括价值观、伦理规范等意识形态层面的非正式规则，也包括行为习惯、领导关系等实践层面的非正式规则。以领导人事关系的变动对部门间关系的影响为例，领导在一个地方（或部门）工作一段时间之后，调任其他地方（或部门）时，凭借其以往的工作经验，会给新的部门带来新的气象，有利于促进两地（部门）之间的合作与交流，下设部门之间也更有可能开展合作。这样的例子不胜枚举，比如2011年12月7日湖北省副省长李宪生调任海南省委副书记，这让两个相距甚远的省份之间展开了合作，2012年6月，海南省和湖北省武汉市签署了教育对口帮扶合作协议。尽管没

---

① ［德］柯武刚、史漫飞：《制度经济学：社会秩序与公共政策》，韩朝华译，商务印书馆2000年版，第36页。
② 段晓峰：《非正式制度对中国经济制度变迁方式的影响》，经济科学出版社1998年版，第25页。
③ ［英］大卫·休谟：《人性论》，石碧球译，中国社会科学出版社2009年版。

有实证材料证实相关领导在两地部门合作中的引导甚至决定作用，但是从众多个案可以推测，领导人事关系的变动会在一定程度上推动不同政府的职能部门间的合作。

(三) 潜规则

"潜规则"一词最早由吴思提出，是其对当代中国观察与揣摩的结果，一般是指明文规定的背后所隐藏的那套不明说的规矩，是一种"心照不宣的内部章程"，[1] 社会学中的潜规则主要包括共有的价值理念、伦理规范、风俗习惯、意识形态等因素，其中共有的意识形态处于核心地位，因为它不仅可以蕴含价值观念、伦理规范、道德规范和风俗习惯，而且还可以在形式上构成各种正式规则安排的"先验"模式。[2] 当前关于潜规则的论述，都是强调其灰色性和对于社会正常发展的阻碍性。[3] 吴思认为潜规则是指"人们私下认可的、在实际中得到遵从的行为约束（或者规矩），它背离了正式制度的规定并以隐蔽的形式存在"。[4]

关于显规则，吴思认为显规则是由一定的权力机关制定并颁布的法律、法规、规章、条例等正式规则。胡瑞仲也对管理的显规则和潜规则进行了细致的研究，指出管理的显规则是管理规则的显性形式，包括对组织员工明示的要求和行为约束，

---

[1] 吴思：《潜规则：中国历史中的真实游戏》（修订版），复旦大学出版社2011年版。
[2] 胡瑞仲：《和谐社会建设中管理显规则与潜规则的冲突与耦合》，知识产权出版社2008年版，第53页。
[3] 同上书，第8—9页。
[4] 罗昌瀚：《论"潜规则"的演化及其在现代化进程中的影响——一个博弈论的分析》，《2005中国制度经济学年会精选论文》（第二部分），2005年，第294—304页。

在组织中包括三个层次的内容：第一个层次是对组织的使命的陈述；第二个层次是管理手册中的经营思想的确立；第三个层次是指导组织经营活动的观念、态度和思想，是通过组织具体的买卖方式和具体的经营活动来实现的。① 管理的这些显规则相互影响。然而，从吴思对中国政治领域的研究可以发现，支配政治发展和社会运转的并不完全是所谓的政策、制度或明文的法令，也包括隐藏在正式制度以下的规则系统，即"潜规则"——一种"只可意会，不可言传"的规则。这些潜规则与组织的发展状态和所处阶段相适应，可用来处理组织内部事务，有利于组织利益的最大化。从吴思对中国传统政治的观察来看，潜规则每时每刻都在发挥着作用。

显规则是指由权力机关制定并颁布的法律、法规、规章、条例等正式规则，法律—政治秩序是现代社会中显规则的代表；而潜规则是虽没有成文，但却发挥作用的规则。因此，潜规则既可能是对显规则的弥补、修正或超越，也可能是对显规则的消解、反叛和嘲讽。

二、条块关系与政府部门间合作

1952年11月，中共中央提出了"统一领导、分级管理"的政府管理模式，用以加强对中央和省、市级的管理。尽管"统一领导、分级管理"的含义在不同时期，其范围、内容和形式存在差异，但是这个表述一直沿用至今。在"统一领导"和"分级管理"中，"统一领导"是核心，这里的"领导"是中央的领导，既包括中共中央，也包括国务院的领导。其中，

---

① 胡瑞仲：《和谐社会建设中管理显规则与潜规则的冲突与耦合》，知识产权出版社2008年版，第23—24页。

中共中央的领导不仅是政治性的，也包括相当多的行政性领导的内容；而国务院的领导多数是行政性、事务性的，主要是对业务的领导和管理。中国政府组织的典型架构在于纵向层级化和横向部门化的有机结合，"通过层级化把整个行政区域切成了块块，又通过各层级对应的部门化把块块切成条条，从而形成了条块结合的体系"。① 因而，条块体制是中国权力运作的基本体制。

条块关系中的"条条"管理是指中央政府与地方各级政府的业务内容相同或职能相近的部门或机构互相贯通的管理形式，是实现政府职能部门自上而下推行专业事务管理的需要。根据周振超的研究，条条关系主要有三种不同的类型：②

（1）实行垂直管理的"条条"，即上级业务部门直接管理下属的行政机关和部门，如中国人民银行、海关、税务、邮政等部门。

（2）接受双重领导的"条条"，双重管理是中国政府职能设置的一大特色，即各职能部门既受本级政府的统一领导，同时又受上级政府业务主管部门的业务指导或领导。对于这些职能部门的管理，有的是以条为主，如地方的审计部门或气象部门；有的以块为主，如环保部门、统计局等。

（3）地方政府单独管理的"条条"，原则上说，地方政府的机构设置遵循对口原则，即与上级政府的相关部门相对口。但是，为了提高行政效率，因地制宜，地方政府也会存在一些非对口的部门，实行地方的"条条"管理。在条块关系中的

---

① 谢庆奎、燕继荣、赵成根：《中国政府体制分析》，中国广播电视出版社1995年版，第91页。
② 周振超：《当代中国政府"条块关系"研究》，天津人民出版社2009年版，第32—45页。

"块块"是指每一级地方政府内部按照管理内容划分不同的部门或机构,① 块块管理的目的是满足地方政府综合管理的需要,综合协调各种公共事务,减少因为多头管理带来的冲突。

条块关系是指"条条"和"块块"在政府实际运作过程中形成的相互作用、相互影响的状态。权力的横向职能分工与纵向层级分工,构建了立体的权力架构体系,继而形成了层级制和职能制相结合的条块运作机制。条块关系的表现形式主要有三种:一是上级职能部门(条条)与下级地方政府(块块)之间的关系,主要体现为业务上的指导或领导关系;二是上下级政府对应的职能部门之间的关系;三是上下级政府之间的关系。②

条块关系的冲突影响了政府的机构改革。在条块体制下,不是根据各级政府所应该承担的职能作为机构设置的基础,而是过分强调了"上下对口,左右对齐",以至于各级政府上下一般粗,导致政府机构过于庞大,增加了政府的运作成本;此外,地方政府的行为也在很大程度上受到上级条条部门的掣肘。以部门专业管理为基础的"条条"关系和地方政府的"块块"管理综合交叉,从而形成了"条块分割"的体制结构,在具体运作中,容易使管理权限归属不清,也在很大程度上影响了行政协调的效率。

"层级化"与"部门化"是政府组织机构设置的核心。政府各职能部门因分工而获得特定权力,进而造成了部门化与条块分割的困境。新中国成立以来,围绕"条块关系"所进行的

---

① 谢庆奎:《中国地方政府体制概论》,中国广播电视出版社1998年版,第7页。
② 马力宏:《论政府管理中的条块关系》,《政治学研究》1998年第4期,第71—77页。

多次改革，都没有跳出条块矛盾的困扰，由于条块之间一直存在矛盾、摩擦和冲突，部门间关系的良性发展也因此受到影响。因此，在条条管理中，在一些地方往往呈现出"一集就死——一死就叫——一叫就放——一放就乱——一乱就收"的恶性循环。

三、垂直管理与政府部门间合作

垂直管理是基于上下级隶属关系的自上而下的直接管理方式。与垂直管理相对的是属地化管理。垂直管理中，职能部门可以不受地方政府的监督制约，直接由上一级对应的业务主管部门实现"人、财、物、事"的统一管理。当前实行垂直管理的部门有海关、工商、税务、烟草、交通等部门，这些部门与其他部门之间的协调与合作成为当前部门间合作的难题所在。

由于垂直管理的部门中，各地方局实际上是中央部委在地方的办事机构，因此地方局直接向中央部委汇报；而非垂直的管理中，职能部门向本级政府汇报。[①] 这种差别导致了地方政府的不同部门受本级政府的支配程度存在差异。在垂直管理的部门中，职能部门可以不受地方政府的监督和制约，因此，这些部门与地方政府各部门间合作的意愿也存在差异。

以跨部门数据共享为例，为促进我国电子政务建设，我国从1993年开始建设包括金桥、金关等在内的十二金工程，这十二金工程的建立促进了纵向业务的协同及资源的整合，但也直接导致了部门间横向整合的困难。在调研中有部门提到，关于部门之间数据共享，"条条之间难以整合，有两套网络，两

---

① 郑磊：《跨边界信息共享中的领导力行为研究》，复旦大学出版社2012年版，第82页。

边录入。工商按照垂直管理,纵向业务和横向业务的整合还没有完成,这属于条块问题"。

第二节 部门间合作的影响因素与作用机理

本节首先回顾西方学者关于部门间合作的影响因素的研究,并从静态、动态和外部、内部两个维度进行四个象限的归纳与总结。继而结合中国的实践,以 M 市行政服务中心的建设为例,对中国政府部门间合作的影响因素及其表现进行分析,甄别中国语境下影响部门间合作的关键要素,同时简单讨论行政服务中心作为一种合作机制的实践效果。

一、部门间合作受哪些因素影响?

为推进部门间合作的开展,需厘清其受哪些影响因素的影响和制约。在国内已有的研究文献中,针对部门间合作机制影响因素的研究文献较少,本书将综合分析已有研究成果,特别是西方学界关于部门间合作影响因素的研究成果,从促进因素和阻碍因素两方面进行归纳和总结。

(一)对组织间合作影响因素的整体分析

组织间合作的影响要素的分析是组织间关系研究的重要议题。从整体上看,凯瑟琳·阿尔特(Catherine Alter)和杰拉德·哈格(Jerald Hage)的研究指出组织间的合作架构是建立在外部控制(如资源依赖、自主性、工作地位)、技术(如任务的范围、强度、持久性、数量和不确定性等)、结构(如规模、集中性、复杂性、特殊性和关联性)、运作过程(如行政协调、任务整合）以及结果（如效能、冲突）等变量之间的关系。①

欧内斯特·亚历山大则认为影响组织间合作的因素主要有六个方面，分别是互依性（与协调结构的制度化程度有关）、规模（组织间网络的规模、成员组织的规模及适当的组织间协调机构）、结构（中心性与连接性）、复杂性（组织间的同质性程度与专业化程度）、自主性（组织对环境的开放与依赖程度）、使命（使命大小与类型）。②

希克斯等人指出公共部门整体性运作的组织间结构因素主要包括权威（欠缺法律权力）、合法性（欠缺管理权限）、能力（如资源不足）、优先性（如耗费过多时间）、惰性与丧失控制权（如权力、预算等）、交易、风险性、无济于事（与政策目标无关）、困难程度等因素。③

(二) 促进合作的关键因素

许多学者尝试找出哪些因素是合作的主要驱动力。根据罗伯特·阿格诺夫（Robert Agranoff）和迈克尔·麦奎尔（Michael McGuire）的研究，信任、共同的信念或目标、互相依存、领导以及自我管理系统中的指导能力是网络中的首要凝聚因素。他们还进一步指出，开始行动的网络权力或能力被网

---

① Catherine Alter and Jerald Hage, *Organizations Working Together*, Calif.: Sage Publications, 1993, pp.102-104.
② Ernest R. Alexander, *How Organizations Act Together: Interorganizational Coordination in Theory and Practice*, New York: Gordon and Breach, 1995, pp.309-318.
③ Perri6, Diana Leat, Kimberly Seltzer, and Gerry Stoker, *Towards Holistic Governance: the New Reform Agenda*, London: Palgrave Macmillan, 2002, p.122.

第三章 部门间合作的制度空间与影响因素

络上的花言巧语所笼罩。① "……网络中,不同的参与者占据不同的角色位置,体现出不同的重要性。有些人因所在的职位拥有广泛的机会,显示为'结构洞',并形成不平等的机会;而另一些人则是不太情愿或不太有能力的参与者。组织也会因为对网络的资源依赖性的不同而存在差异……"②

此外,除了上述四个因素外,对协作/合作的最初部署、问题和激励机制、团体的数量和多样性以及领导力,也被认为可以用来解释合作系统的成功或难以发展和维持的原因,见图 3-1 所示。③ 根据苏·R. 法曼(Sue R. Faerman)等人的研究,领导力被证明是其中最重要的一个。

在多种环境以及多种层级中建立组织间联盟(例如协调委员会和机构间工作团队),也可以成为一种推动组织间交流从而促进服务提供整合以及促进组织间合作的极有前景的方式。④

大环境的不确定性推动组织领导者寻求组织间的合作伙伴,这些合作伙伴的高管也面临相似背景。⑤ 需要澄清的是,

---

① Robert Agranoff and Michael McGuire,"Big Questions in Public Network Management Research",*Journal of Public Administration Research and Theory: J-PART*,2001,11(3),pp.295-326.
② Ibid.
③ Sue R. Faerman,David P. McCaffrey,and David M. Van Slyke,"Understanding Interorganizational Cooperation: Public-Private Collaboration in Regulating Financial Market Innovation",*Organization Science*,2001,12(3),pp.372-388.
④ Pennie G. Foster-Fishman,Deborah A. Salem,and Nicole A. Allen,Kyle Fahrbach,"Facilitating Interorganizational Collaboration: The Contributions of Interorganizational Alliances",*American Journal of Community Psychology*,2001,29(6),p.875.
⑤ Joseph Galaskiewicz and D. Shatin,"Leadership and Networking among Neighborhood Human Service Organizations",*Administrative Science Quarterly*,1981(26),pp.434-438.

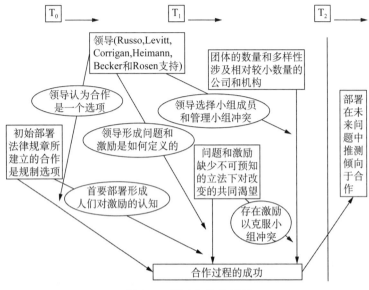

图 3-1　影响合作的因素

资料来源：Sue R. Faerman, David P. McCaffrey, and David M. Van Slyke, "Understanding Interorganizational Cooperation: Public-Private Collaboration in Regulating Financial Market Innovation", *Organization Science*, 2001, 12 (3), pp.372-388。

尽管部门间合作建立了一个应对社会问题的创新平台，但是其结果和过程还是建立在传统工作方式的基础之上，即处在传统的工作文化和原有的政治和经济环境之中。因此，政策制定者和实践者应当对网络结构有合理预期，从而最大化实现该机制的好处。[1]

亚历山大认为促进组织间合作的因素可以总结为三个方面，即组织（包括组织文化、跨界管理者的功能、信任文化、

---

[1] Robyn Keast, Myrna P. Mandell, Kerry Brown, et al., "Network Structures: Working Differently and Changing Expectations", *Public Administration Review*, 2004, 64 (3), pp.363-371.

任务多样性、非正式接触等)、协调成本(对组织完整性的威胁、对组织基本价值规范的破坏、对特定部门或人员的巨大利益的威胁)、互动潜能(组织间的相互依赖、组织结构的相似性、领域共识、问题或一体的特征、解决问题的时间压力、地理位置上的相近性、组织网络等)。① 兰杰·古拉蒂(Ranjay Gulati)和马丁·加尔朱洛(Martin Gargiulo)总结了网络形成的动态模式,并强调了对模型的实证预测,如图 3-2 所示。从图 3-2 可以发现,对网络形成有直接影响的关键因素包括战略依赖、关系嵌入、结构嵌入、位置嵌入以及结构差异。②

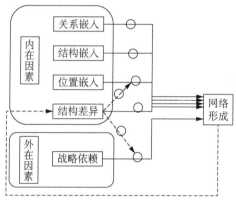

图 3-2　组织间网络的内在动态

资料来源:Ranjay Gulati and Martin Gargiulo,"Where do Interorganizational Networks Come From?",*American Journal of Sociology*,1999,104(5),pp.1439-1493。

---

① Ernest R. Alexander,*How Organizations Act Together: Interorganizational Coordination in Theory and Practice*,New York:Gordon and Breach,1995,pp.15-21.
② Ranjay Gulati and Martin Gargiulo,"Where Do Interorganizational Networks Come From?",*American Journal of Sociology*,1999,104(5),pp.1439-1493.

在动态过程中，跨边界信息共享和整合被认为是促进合作的重要因素。政府组织关系中的整合和共享信息则涉及与社会和技术环境的复杂交互①。亨利·巴尔基（Henri Barki）和阿兰·平索诺（Alain Pinsonneault）指出，跨边界信息共享是不同信息系统或电子通信技术间的合作与互联，从而实现在小组、部门和组织等实体以共同的概念模型共享数据。②拉蒙·吉尔-加西亚（J. Ramon Gil-Garcia）等人还甄别并初步定义了跨边界信息共享的四个组成部分，即受信任的社会网络、共享的信息、被整合的数据以及可互操作的技术基础设施，从而为跨边界信息共享的研究提供了基础，以便进一步寻求其他未被发现的核心要素。③

罗杰斯和惠腾在谢尔登·P.甘斯（Sheldon P. Gans）和杰拉尔德·T.霍顿（Gerald T. Horton）④研究成果的基础上，研究认为整合联系是一种机制，包括行政联系和直接的服

---

① Theresa A. Pardo, J. Ramon Gil-Garcia, G. Brain Burke, and Ahmet Guler, "Factors Influencing Government Cross-Boundary Information Sharing: Preliminary Analysis of a National Survey", Center for Technology in Government, 2009, Available on www.ctg.albany.edu/media/pubs/pdfs/factors_inf_gov_cbi.pdf, 最后浏览日期：2021年1月2日。

② Henri Barki and Alain Pinsonneault, "A Model of Organizational Integration, Implementation Effort, and Performance", *Organization Science*, 2005, 16 (2), pp.165-179.

③ J. Ramon Gil-Garcia, Theresa A. Pardo, and G. Brain Burke, "Government Leadership in Multi-Sector IT-Enabled Networks: Lessons from the Response to the West Nile Virus Outbreak", University of Delaware, Newark, Delaware, 2007. https://www.ctg.albany.edu/publications/journals/government_leadership/government_leadership.pdf, 最后浏览日期：2020年12月20日。

④ Sheldon P. Gans and Gerald T. Horton, *Integration of Human Services: The State and Municipal Levels*, New York: Praeger Publications, 1975.

务联系，这种机制通过连接参与其中的组织的不同职能从而实现协调的目标。① 此外，整合意味着组织间网络的建立，在网络体制的建立中又会带来新的参与者，同时改变已有参与者的职位。此时的管理者应当重新进行架构（如从根本上改变参与者对目标、互动、规则乃至参与者间的关系的认识），改变（正式的）法律对物质或权威资源的分配；改变（法律上的）永久性的组织安排，以及改变（正式的）互动规则（如冲突调节机制）。②

为了促进合作，组织领导者应当重视未来。因为未来与当前息息相关，组织领导者可以通过对未来的可能情况的强调、对参与者支付函数的调整以及对参与者进行教育，教授其价值观、事实和技能，教育人们互相关心、互利互惠以及提高他们的认知能力，以促进合作。阿克塞尔罗德（Robert M. Axelrod）甚至认为，友谊和信任并不是合作发生的必要元素，相反，时间因素更为重要。③

（三）部门间合作面临的挑战和障碍

虽然以上因素能够推动部门间合作，但有时也会阻碍合作。约翰·梅恩（John Mayne）和奥拉夫·里珀（Olaf Rieper）指出，加强协作并不能保证更优质的服务，尽管在某

---

① David L. Rogers, David A. Whetten, and Associates, *Interorganizational Coordination: Theory, Research, and Implementation*, Ames, IA: Iowa State University Press, 1982, pp.27-28.
② Erik-Has Klijn, "Analyzing and Managing Policy Processes in Complex Networks: A Theoretical Examination of the Concept Policy Network and Its Problems", *Administration and Society*, 1996, 28 (1), pp.90-119.
③ Robert M. Axelrod, *The Evolution of Cooperation*. New York: Basic Books, Inc., 1984.

些特定条件下也会产生积极的效果,但是协作并不是提供优质服务的灵丹妙药。此外,合作可能会产生多种问题,比如责任分散、意想不到的竞争、客户不希望被视为完全一样、私营部门的效率并不总是得到赞赏、更多是挑战而不是决定成功的关键等。① 本·贾普(Ben Jupp)也认为,运用标准的伙伴关系模型会带来问题,好的管理将面临四项"一致管理"(consistent management)的挑战,即制定清晰的目标、制定分配奖励的机制、建立评估机制以及理解不同的文化。② 马修·弗林德斯(Matthew Flinders)指出阻碍因素包括,预算配置是以部门为基础并不利于跨部门的运作;缺乏中央统合机制特别是内阁委员会体系来调和冲突的部门目标以及跨部门的政策规则;实际问题如成本与效益的分担、法律问题,以及不相容的资讯科技与电脑系统;更有甚者,官员对其所属部门的忠诚度是根深蒂固的,这使他们更加缺乏关注部门间合作问题的动力。③ 这些不利于部门间合作的因素,是阻碍协同政府有效实践的根源。

希克斯运用资源交换和资源依附理论证明,一般情况下的整合力度越高,凝聚力就越大,各自为政的现象就越少,连接也就越紧密。他还进一步指出,阻碍政府部门整体性治理的结

---

① John Mayne and Olaf Rieper, "Collaboration for Public Service Quality: The Implications for Evaluation", In: Andrew Gray, Bill Jenkins, Frans Leeuw, and John Mayne, eds., *Collaboration in Public Services: The Challenge for Evaluation*, New Brunswick, N. J.: Transaction Publishers, 2003, pp.105-130.

② Ben Jupp, *Working Together: Creating a Better Environment for Cross-sector Partnerships*, London: Demos, 2000, pp.28-31.

③ Matthew Flinders, "Governance in Whitehall", *Public Administration*, 2002, 80 (1), pp.51-75.

构因素包括：(1) 权威，如欠缺法律权力；(2) 合法性，如欠缺地位赋予的权威；(3) 能力，如资源不足；(4) 优先性，如耗费太多时间；(5) 惰性、丧失控制权，如政治或专业上畏惧丧失权力、预算、决策的控制；(6) 交易，指除非答应某种条件（如预算、决策权），否则不太愿意；(7) 风险性，如威胁稳定、生存、大众接受程度；(8) 刚愎、无济于事，如整合与政策目标无关，或可能会造成伤害；(9) 困难度，如无法解决法律问题。① 希克斯等人研究了整体工作的障碍，如获得和维持信任的障碍、确保适当的体制平台的障碍、确保愿意以值得信赖的方式作出行动的障碍、创建共享的文化和共享知识实体的障碍。② 汤姆·克里斯坦森（Tom Christensen）等人以挪威的案例来阐明相关问题的解决方式，要着眼于横向和纵向协调，以及内部和外部协调，相对于纵向协调，横向协调的问题更大；相对于部委内部的协调，中央政府部门间的协调问题更大；较低的互相信任也加大了协调的难度。③ 组织间的联盟，一般在招募关键利益相关者、保持积极的成员参与、推动合作的工作文化以及取得合作成果方面面临困难，这也可以看成是发展组织间合作的挑战。④

---

① Perri6, Diana Leat, Kimberly Seltzer, and Gerry Stoker, *Towards Holistic Governance: the New Reform Agenda*, London: Palgrave Macmillan, 2002, p.48.
② Ibid., p.122.
③ Tom Christensen and Per Laegreid, "The Challenge of Coordination in Central Government Organizations: The Norwegian Case", *Public Organization Review*, 2008, 8 (2), pp.97-116.
④ Pennie G. Foster-Fishman, Deborah A. Salem, and Nicole A. Allen, "Facilitating Interorganizational Collaboration: The Contributions of Interorganizational Alliances", *American Journal of Community Psychology*, 2001, 29 (6), p.875.

巴达赫（Eugene Bardach）对影响组织间合作的因素也有研究，他通过个案访谈的资料收集方式，试图发展出一套概念架构，即"巧匠理论"（Craftsmanship Theory），用来阐释机关间合作能力的建立对最终合作成败的影响。巴达赫认为，组织间合作的影响因素大致可分为主、客观层面，主观因素主要指个人对他人的期望，如通过合作完成特定任务时对他人的意愿和能力等的期望；客观因素包括管理层间的正式合作协议，合作过程中的人力、财力、设备和空间等资源配置情况，与组织间共同任务相联系的权责关系和完成共同任务所需的各种支持服务等。①

尽管在政治高层之间，协作和忠诚的交换是部门间合作的重要因素，但如果这一因素没起到应有的作用，较低层级的官员可能会对什么是重要的决策以及谁作出了这些决策感到迷惑。更有甚者，一个不协调的命令会削弱其他命令的影响力，并通过金钱交易来使得别人服从，从而给官僚对手提供充分的机会来颠覆领导层。②

无论"网络时代"在多大程度上存在，等级机构始终坚持履行政府赋予的法律和政策职能。③ 因此，公共权力和权威及其工作习惯，会在一定程度上对发展合作倡议增加压力。此外，鲁诺·阿克塞尔森（Runo Axelsson）等提到，这些困难多数都是结构性的，涉及不同的行政边界，不同的法律、法规

---

① Eugene Bardach, *Getting Agencies to Work Together: The Practice and Theory of Managerial Craftsmanship*, Washington, D.C.: Brookings Institution Press, 1998, p.15.
② Hugh Heclo, *A Government of Strangers: Executive Politics in Washington*, Washington, D.C.: Brookings Institution Press, 1977, p.237.
③ Robert Agranoff, "Inside Collaborative Networks: Ten Lessons for Public Managers", *Public Administration Review*, 2006, 66, pp.56-65.

和规章，不同的预算和财政流，以及不同的信息系统和数据库；也包括一些来自组织文化、不同的价值观和利益以及个人和组织的承诺差异所造成的障碍。①

除此之外，合作过程中的其他障碍还包括每个机构都力图保持其自主性和独立性（捍卫自己的"草皮"）、组织程序通常难以同步、不同机构的目标往往重叠但并不完全相同、选民往往会给各个机构带来不同的压力和期望等。②

(四) 小结

以上涉及的因素范围比较分散，本书将从两个维度对这些因素作进一步整理，即静态或动态因素，外部或内部因素（或称环境因素及制度因素）。静态因素描绘的是那些相对稳定的因素，比如政治和经济背景；而动态因素也是一个相对概念，指的是不断变化的因素，比如组织间的联系、领导力、参与者的行为。外部和内部的划分是就产生部门间合作的本级政府而言的，外部因素主要是指政治、经济、环境、技术等因素，而内部因素则是指组织特征，比如组织目标、组织过程、领导力等（参见表3-1）。

---

① Runo Axelsson and Susanna Bihari Axelsson, "Integration and Collaboration in Public Health: A Conceptual Framework", *The International Journal of Health Planning and Management*, 2006, 21 (1), pp.75-88.
② Janet A. Weiss, "Pathways to Cooperation among Public Agencies", *Journal of Policy Analysis and Management*, 1987, 7 (1), pp.94-117.

表 3-1 西方学者关于部门间合作的影响因素的研究

	静态因素	动态因素
外部因素	• 政治或经济背景（Keast, Mandell, Brown, & Woolcock, 2004） • 社会发展水平/人文素质/社会学习和适应（Gray, Jenkins, Leeuw, & Mayne, 2003） • 环境复杂性（Axelsson & Axelsson, 2006） • 信息通信技术的发展水平（Pardo, Gil-Garcia, Burke, & Guler, 2009）	• 复杂问题（Clarke & Stewart, 1997; Williams, 2002） • 功能整合（Foster-Fishman, Salem, Allen, & Fahrbach, 2001） • 资源依赖（Hall, Clark, Giordano, Johnson, & Roekel, 1977; Hoffman, Stearns, & Shrader, 1990） • 避免不确定性（Galaskiewicz, 1985; Galaskiewicz & Shatin, 1981）
内部因素	权威以及政治结构的碎片化（Axelsson & Axelsson, 2006; Gulati & Gargiulo, 1999; Keast, Mandell, Brown, & Woolcock, 2004） • 组织和工作文化（Gulati & Gargiulo, 1999; Mayne & Rieper, 2003） • 资金（Gans & Horton, 1975; Rogers & Whetten, 1982） • 群体多样性和数量（Faerman, McCaffrey, & Slyke, 2001） • 责任（Axelsson & Axelsson, 2006; Mayne & Rieper, 2003）	• 通讯/行政人员之间交换忠诚（Heclo, 1977） • 信任（Agranoff & McGuire, 2001; Axelrod, 1984; Christensen & Lægreid, 2008; Klijn, 2007; Perri, Leat, Seltzer, & Stoker, 2002） • 领导（Agranoff & McGuire, 2001; Faerman, McCaffrey, & Slyke, 2001） • 共同的信念或共同/合作的目的/结果（Agranoff & McGuire, 2001; Foster-Fishman, Salem, Allen, & Fahrbach, 2001） • 对资源和信息的相互依赖（Agranoff & McGuire, 2001; Gulati & Gargiulo, 1999; Pardo, Gil-Garcia, & Burke, & Guler, 2009） • 自我管理系统中的指导能力（Agranoff & McGuire, 2001; Axelrod, 1984） • 网络能源（Agranoff & McGuire, 2001） • 时间（Axelrod, 1984）

资料来源：作者根据以上文献回顾整理而成。

二、各因素作用机理的解释模型:"格式塔"战略匹配框架

部门间合作是一种组织形式,它受到外部环境和内部组织安排的影响,进而对组织的有效性产生影响。尽管学界已经总结了合作过程中各种可能的影响因素,但当前的研究并没有对这些因素的整合方式和作用过程给予足够重视。在拉贾拉姆·维利亚斯(Rajaram Veliyath)和斯里尼瓦桑(T. C. Srinivasan)的研究中,发展出了"格式塔战略匹配框架"来解释这些因素的作用机理及其对组织有效性的影响。根据维利亚斯和斯里尼瓦桑的研究,战略匹配设计包括了对外部环境的适应、内部组织的安排以及组织有效性的配置,如图3-3所示。

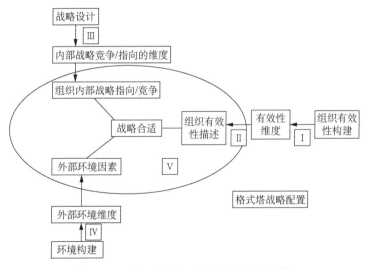

图 3-3 环境、战略和有效性的战略格式塔

资料来源:Rajaram Veliyath and T. C. Srinivasan,"Gestalt Approaches to Assessing Strategic Coalignment: A Conceptual Integration", *British Journal of Management*, 1995, 6 (3), p.214。

在这个框架中，外部因素包括功能整合、资源依赖、复杂问题、避免不确定性、发展新的信息通信技术等因素；组织内部战略指的是战略资源分配、组织安排、组织文化和领导。同样的，在不同的情况下，组织选用的合作战略也有很大的不同。成功的合作实践中，领导者对于最有效战略的选择应基于以下三个重要问题：需要选择哪个政府层级进行合作？合作的程度怎么样？（换句话说，有多少政府机构将参与这一过程？）管理战略将指向哪个方向？此外，外部环境因素、组织内部战略安排和组织有效性之间也存在交互关系。

三、部门间合作为什么能够实现？

（一）外部要素

如前所述，外部要素主要涉及资源依赖、复杂的公共问题、风险与不确定性、信息技术的发展、社会人文环境等因素。另外，对地方政府来讲，其要素还包括基层行政改革等。

1. 业务关联与部门间的资源依赖

部门之间的业务关联提高了对部门间合作的诉求。由于部门间所处理业务的相互关联，多部门合作的情形在公共服务的提供或行政审批的过程中早已司空见惯。在没有建立行政服务中心对审批事项进行整合之前，民众办事需要分别到各部门提交材料、登记信息并等待审批，在这种审批方式下，各部门之间分散办公，流程也没有整合，老百姓或企业不仅需要分别前往不同地点去办理业务，还需要重复提交基本信息，甚至有时还需托关系等，呈现出"跑部"式审批的特征，如图3-4所示。因此，如果所有审批程序都需要公民或组织"跑部"处理，效率将非常低下。

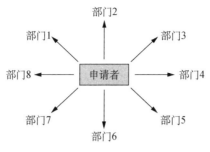

图 3-4 "跑部"式审批

2. 处理"棘手"问题的需求

对于 M 市来说，当前正处在城市化发展的关键期，对于不同事务的处理更加需要政府进行部门间的合作。在服务型政府建设的推动下，M 市政府也希望通过行政服务中心的建设能够达到推动政府行政效率提升的目的。此外，由于 M 市是重工业城市，处理其频发事故的煤矿企业引发的公共危机问题也需要政府部门间的合作，因此，处理危机事件的需求也促进了 M 市展开部门间合作的进程。

3. 避免不确定性与降低风险

规避不确定性和降低风险也是政府各部门进行合作的因素之一。在众多的不确定因素中，环境的不确定性是最重要的一种，而组织间的协调可以将环境风险内部化，降低不确定性。在 M 市，行政服务中心的建设为部门间合作提供了平台。各部门的工作在标准流程化建设中可以实现相互监督、协调一致，这样既降低了工作中的风险，又提升了服务的效率。

4. 信息技术和人文环境

信息技术的发展是 M 市行政服务中心建设与发展中的关键驱动力。在行政服务中心建设过程中，社会信息化水平和人文环境都会对其建设和发展产生影响。信息技术的发展促进了部门之间的办公平台的建设,不仅如此,行政服务中心的整个后台操作实际上都是基于信息技术而发展的。

人文环境主要涉及公众的信息化能力及公众的素养。政务平台的建设,其目的就在于提高公共服务的提供效率。对于 M 市来讲,随着企业和公民的信息化水平的提高,行政服务中心的运作也日渐顺畅。M 市现有 3 000 多家企业,已有 70%的企业自己可以通过线上解决年检事宜;部分市民也已经可以通过信息化手段解决业务需求。因此,人文环境是影响行政服务中心发展的要素之一。

5. 基层行政改革

行政改革是促进部门间合作的核心要素之一。上级行政体制改革对县级政府也有很大影响,如大部制改革促进了部门间的协调,优化了行政服务中心的工作流程。在访谈中,部分官员反映:"省管县可在很大程度上改善地方财政和上下层级之间的沟通,因此对此项改革十分期待。"

(二) 内部运作机制

1. 组织安排

作为一个专门的协调组织,行政服务中心的部门地位也影响着其在推动部门间合作关系中的作用。M 市在行政服务中心建设中,对牵头部门的确定也曾考虑过多种方案,最终决定由市纪委牵头组建。其主要原因是:纪委尤其是其下设的纠风办公室和行评办公室等部门对各委、办、局的工作拥有考核权,对于连续三年排名后三位的非垂直管理部门的领导干部可以直接免职;对于垂直管理部门,市纪委可以向上级部门提出考核建议。

行政服务中心作为市政府的派出机构受到市政府的直接领导和管理。因此,行政服务中心从行政层级上说,不仅是独立于各委、办、局的部门,并且有强大的政治支持做保障,这也为其工作的展开奠定了基础。这一点在其他的协调组织也有体现,如在全国统筹城乡综合配套改革试验区的工作中,成都市委决定建立成都市统筹城乡工作委员会,作为市委、市政府的工作机构。综上所述,保证协调机构的权威性是保证部门间协调效果的前提。

另外,M市行政服务中心的建设与执行理顺了部门之间的关系(如图3-5所示),使部门行政行为规范化、程序化,单位之间权责分明,不再有"踢皮球"的现象,提高了办事效率。以前单位缺少监督,现在各个部门相互监督,在行政服务中心、其他部门和群众的监督下,单位承诺的办理时限必须兑现,而且办事效率高,服务态度好。因此,通过行政服务中心的建设,各部门的形象得到了提升,行风评议名次逐年提高,社会声誉更好。

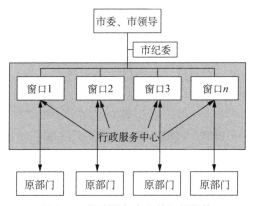

图3-5　行政服务中心的组织架构

资料来源:根据M市行政服务中心调研数据整理而成。

2. 资源配置与政治保障

"复杂的组织或组织群因资源依赖而相互联系，因资源依赖机构关系的破裂而相互区别。"① M 市行政服务中心平台的建设之所以能在短时间内取得突出成就，最为关键的是市委、市政府给予了充分的资金保障和政治支持，其中，资金保障主要用于基础设施配备、软硬件更新等方面。同时，之前行政服务中心发展面临的最大硬件困境是场地面积太小，因为是租用当地邮政部门的办公场所，这限制了更多窗口和服务项目进驻行政服务中心。在市委、市政府的支持下，M 市建成行政服务中心大楼，并已于 2013 年年中投入使用。

政治支持也促进了部门之间的资源共享。当前，每个窗口的原部门会为窗口工作人员配备电脑等基本工作设施，窗口工作人员还可以根据实际需要向原部门申请工作经费，一般都会得到批准。各委、办、局还会挑选部门中优秀的工作人员来中心办公，分管领导也每周至少在中心坐班半天，对窗口的工作进行指导。

3. 管理办法的制度化

为促进行政服务中心顺利运行，M 市出台了《行政服务中心各类事项办理办法》《行政审批责任及其追究制度》等 20 多项制度，在审批项目进驻、人员派驻、窗口管理、业务办理、审批监管等方面进行全方位规范。制定实施了《行政服务中心窗口单位考核办法》，将进驻单位在"中心"的考核结果与全市的行风评议、文明单位评选及党风廉政建设挂钩，年

---

① J. Kenneth Benson, "A Framework for Policy Analysis", In: David L. Rogers & David Allred Whetten, and Associates, *Interorganisational Coordination: Theory, Research, and Implementation*, Ames, Iowa: Iowa State University Press, 1982, pp.147-176.

终考核优秀的单位，由市委、市政府授予"优质服务先进单位"荣誉称号，授予单位主要负责人"优质服务先进个人"荣誉称号。

同时，在行政服务中心实行收支两条线管理制度，这从一定程度上杜绝了贪污腐败的产生。中心的所有信息都严格通过系统进入，经过多个部门监控；税费直接通过进驻银行进入财政专户，不再由各个部门经手，这样的管理制度在一定程度上杜绝了腐败现象的泛滥，弱化了部门利益，提高了办事效率。

4. 领导力

领导力是M市行政服务中心建设的核心推动要素，这一点并未在西方学者的研究成果中得到重点体现。在行政服务中心建设初期，市领导多次视察，协助处理有关部门的反对意见。据某领导回忆，市主要领导当场批评某单位领导："为什么将你们的业务纳入中心进行公开办理？就是因为政府不相信你们，群众不信任你们，所以才要你们到大厅里来。"由于市级领导非常重视，各部门领导也非常重视行政服务中心的工作，从资金、人员、设备等多方面给予支持。

同时，行政服务中心的领导认识到位，行政服务中心建立时的领导是M市纪委原常委，干练、勤恳且颇懂实施策略。在调研中，他们多次提到"解放思想不应是口号，应该是实际""只要为企业、为老百姓服务好了，提高了办事效率，M市的经济发展、社会和谐问题也就迎刃而解，政府自身也会从这个过程中受益，譬如形象改善、福利提高、有晋升机会等"。中心领导努力工作的精神带动了窗口工作人员的工作热情。与此同时，中心的历任领导都非常关注与员工关系的构建。中心领导不仅主动关心窗口工作人员的生活，帮助窗口人员解决生活问题，而且十分平易近人，经常与窗口工作人员一起探讨流程改造的方法，大大提高了窗口人员的工作积极性。

5. 正式与非正式的协调系统

调研发现，行政服务中心的建设促进了政府各部门之间的正式与非正式互动和协调，是一种有效的合作机制。通过不断的协调，各委、办、局逐渐意识到行政服务中心实际上是跨部门的整合平台。对于各窗口来说，其人事权、业务管辖权等都没有变化，"实际上就是办公地点的转变，我们（各委、办、局）不存在抵触情绪"。而在行政服务中心这一合作机制的建设中，协调系统的有效性就具有重要影响，这里的协调由正式和非正式的协调体系构成。

首先，部门间的正式协调机制。服务窗口间的正式协调大致有三种形式，即上级协调、直接横向协调和中心协调。

（1）上级协调。在政府机构内部，协调往往由上级来进行。譬如，有部门领导指出"房管局和园林局是建设局下属一级单位，协调比较容易"。尤其是在发生突发事件（譬如抗震、防洪、防火、疾病控制、信访突发事件等）之后，上级协调就显得非常重要。往往会由市政府牵头建立应急指挥中心来协调相关部门。

（2）直接横向协调。有些部门之间，因为同属于一个系统，建立起了比较常规化的工作关系，因而横向的直接协调也非常畅通。房管部门领导表示，"我们跟规划，建设都是一个系统，协调不难"。

（3）行政服务中心进行协调。对于市里的重点项目，行政服务中心召开协调会，需要哪个单位办什么，在会上告知各部门。有的窗口提到："进驻中心后，听从中心安排，和进驻的部门横向联合。"也有部门领导讲，"由于体制还不够顺，工作就只能靠协调,大厅有强制力,比较好协调,协调职能倚重于行政服务中心这个平台"。

其次,部门间的非正式协调机制。行政服务中心将各委、办、局的工作人员整合到一个大厅办公,由于中心各窗口人员相对固定,几乎每天见面,长时间的接触和交往,使其之间在正式的工作关系之外培养了非正式的人际关系。各窗口人员之间保持良好的人际关系,有助于推动更好的部门间合作。但另一方面,这种非正式的人际关系的存在也带来了潜在的风险,即部门之间的相互制约可能因为在大厅日益熟悉而弱化。有工作人员就提到,"大厅服务人员之间的关系非常融洽……关系好了,可能会出现制约性减弱的情况,但是我们有底线,就是不能违反制度,在制度范围内,能帮的就会帮"。

6. 部门间业务整合和流程优化

首先,M 市行政服务中心的建成,实现了各部门的联合办公和流程整合。流程整合有串连和并联两种方式:(1)集中办公,流程串联(参见图 3-6)。集中办公,使申请人可以不用再分别前往各单位办理业务,而是可以到行政服务中心的各个窗口办理,实行"首问负责制"和"一次性告知制",提高了办事效率和服务质量。但串联式审批仅能实现"一站式服务",而没有完全做到"一窗式服务"。(2)流程并联,联合审批。M 市行政服务中心实现部分业务的并联式审批(参见图 3-7),为跨部门联合审批提供了平台保障,为流程整合创造了前提条件。有部门领导指出了流程整合的必要性,"办理房产涉及五道手续,包括土地证、规划、施工准建许可、综合验收(涉及十几个部门:防空、气象、消防等),档案合格归档等。另外,公安、民政与这些事项的办理也有关,城管下一步也要进。因而,这些部门很有必要在一块。"

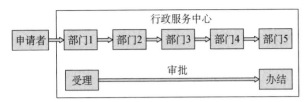

图 3-6　串联式审批

资料来源：作者根据相关资料自制而成。

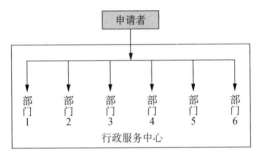

图 3-7　并联式审批

资料来源：作者根据相关资料自制而成。

其次，行政服务中心的标准化建设为跨部门的流程规范与整合提供了基础。在制定标准化流程的过程中采取了多方考虑和商议协调的权衡策略。在具体制定审批服务事项办理规程时，对申请审批的条件以及需要提交的材料、审批办理环节、承诺时限等都尽力通过多方商议协调来确定。调查中有领导提到，"各个局之间开会相互研究，事情来了必须解决它。如何做好，如何把事情办成？需要协调把关"。

7. 消除顾虑，促进合作

行政服务中心降低了部门的行政运营成本。中心不仅提供了各单位行政审批的工作场地，还对单位的工作人员、审批事项进行管理，不用单位再花人力物力财力进行管理。"（行政服务）中心为我们节省了水电，节省了资源，还帮我们管人，替我们办了事。"同时，规范的行政审批过程也为单位增加了预算外收入。建设局的领导提到，"（现在）依据法律法规进行收费，避免了逃避正常收费的情况，每年增加了几百万的建筑审批费用"。

业务流程的规范减少了部门的工作量。由于有些农民对办事流程理解比较困难，需要服务人员不断地进行解释，这在无形之中增加了工作量。对此，行政服务中心的领导在阐释标准化程序时就提到，"有这个标准化程序之后，农民家中的孩子可以（帮忙向其父母）进行解释，这样对农民来说更便于其理解，同时也减少了我们的工作量，不用不停地讲"。

（三）关键策略选择：全程标准化

M市部门间合作共建并维持行政服务中心运行的案例，体现了对亨利·明茨伯格的标准化策略这一关键策略的选择。明茨伯格总结了组织设计的五大配置方式，分别是简单结构、机械式官僚结构、专业式官僚结构、事业部制结构和变形虫结构；其中对于机械化式官僚结构可以通过工作流程的标准化来实现协调，对于专业化式官僚结构可以通过员工技能的标准化来协调，而对于事业部制结构可以通过工作输出的标准化来协调。① 因此，标准化使协调技术可以跨越时空运行。②

M市标准化的建设体现了先进性、动态性和实践性等特征。首先，先进性是指在尊重现实的基础上适度拔高，制定"垫垫脚、够得着"的标准，从而对现有工作进行统一和规范。

---

① ［加］亨利·明茨伯格：《卓有成效的组织》，魏青江译，中国人民大学出版社2012年版，第204页。
② ［美］詹姆斯·汤普森：《行动中的组织——行政理论的社会科学基础》，敬乂嘉译，上海人民出版社2007年版，第21页。

在制定标准的过程中，M 市贯彻全员参与的理念和精简、统一、协调、优化的标准化原则。在这一过程中，流程再造是建设标准化的基础。其次是标准的实践性，标准既来自实践又指导实践，其制定的目的就是要运用标准实现更好的管理和服务。即使标准化体系的模式一样，但各部门根据自己的实际制定具体的标准化内容，各个岗位有各个岗位应遵守的标准。因而，标准既体现共性，又体现个性，并在共性的基础上发展个性。最后是标准的动态性，动态性是不断变化的过程，强调标准要随着最新法律、政策而不断更新，结合群众的意愿而不断调整。

M 市从每个部门中抽调 9 名已经具备一定专业经验的工作人员组成标准化体系研究小组，全面负责"全程标准化"体系的研究与体系编制工作。该研究小组创造性地建立和推行了"全程标准化"管理体系，要求进驻行政服务中心的各部门用标准化的理念对流程进行梳理，并通过信息化手段运行，经过不断完善后的效果显著。同时，每个科室、每个窗口都明确至少有一人专门兼职标准化工作人员，具体负责本科室、本窗口的标准制修订和实施改进工作。基于现行的法律、法规（共计 101 项）、标准化的方针目标、使用的标准化的管理规定等，M 市行政服务中心开发建立了"全程标准化"的服务体系，"全程标准化"既是一个覆盖行政服务全领域的标准体系，又是一个持续改进优化的服务体系，还是一个层层并联、环环相扣的有机体系。这一体系涉及工作范围、目标、要求、办理程序、人员资质、工作运行保障、考核监督以及具体的岗位标准等，包括行政服务通用基础标准体系、行政服务保障标准体系和行政服务提供标准体系三大行政服务标准体系。

在整个服务标准体系的上层，是行政服务中心建设的方针、目标，以及适用的法律、法规和标准化管理规定等共计396项，这些构成了行政服务标准化的指导性标准，也是整个体系的统领与基础。在该层体系的指导下，形成了体系范围内所有的标准。服务标准体系又包含服务通用基础标准、服务保障标准和服务提供标准三大子体系。其中，服务通用基础标准体系是整个服务标准体系的基础，而服务提供标准体系是服务标准体系的核心，服务保障标准体系则是为服务标准体系的实现提供保障和支撑。

（1）服务通用基础标准体系包含标准化导则、术语和缩略语、符号与标志、数值与数据、量和单位以及测量6个子体系，共计49项标准，用来指导构建标准体系的构建，标准的制订、实施和改进，发挥引领和规范作用。

（2）服务保障标准体系是涉及标准较多、涉及领域最广的一个体系，主要是为了对服务提供过程中涉及的关键环节和因素进行管理控制，是服务提供标准体系的支撑和保障。保障体系包括对服务过程中人、财、物的配置与管理，以及在服务过程中涉及的相关事项的管理，要求将整个服务过程中的各个环节都以标准的形式固定下来，构建环境卫生、能源管理、安全应急、职业健康、信息管理、财务与资产管理、设施设备与用品管理、人力资源管理、合同管理以及党建与服务文化建设10个子体系，共计90项标准，全方位地保障行政服务中心标准化服务的提供。

（3）服务提供标准体系是整个全程标准化的核心，为行政服务中心管理层的管理，及各窗口的服务提供技术上的依据和规范。该体系下设服务规范、服务提供规范、运行管理规范、质量控制规范和服务评价与改进标准5个子体系，共501项标准。M市行政服务"全程标准化"体系的建设是在以人为本的理念下，运用现代信息技术与网络技术发展的结果，通过职能优化、流程再造和机制创新实现对政府管理机制的突破，形成了高效顺畅、环环相扣的管理服务系统，实现了无缝隙、无障碍和高效率的服务递送。

政府权力很大程度上体现在行政审批方面，大的项目建设往往会同时涉及几个部门，比如国土、发改、建设、环保、财政等，审批过程中就很容易发生问题。此时，实行标准化就能够把行政机关的审批职能抽取出来，对各部门进行规范和约束，从而减少了腐败机会，进而在一定意义上保护了干部。"标准化建设间接地遏制了腐败，保护了干部，使权力寻租的现象在一定程度上得到了遏制"，标准化也使群众办事不用再找关系，"找也没用，来窗口，材料齐全就可以办"。由于在大厅审批有严格的程序和流程，几乎杜绝了找人办事的现象。

四、中国语境下部门间合作的核心要素分析

已有文献对西方社会的政府部门间合作的影响因素进行了充分的研究。那么在中国语境中，部门间合作受到哪些因素的影响呢？为解决这一问题，本节基于维利亚斯和斯里尼瓦桑[①]的研究，以前述介绍的 M 市行政服务中心的建设为例，检验这些因素，讨论部门间合作的影响要素在实践中的体现，甄别中国语境中影响部门间合作的核心要素。通过对 M 市行政服务中心建设过程的分析可以发现，中国语境下影响政府部门间合作的因素与西方学者研究的结果有一定差别。中国语境

---

① Rajaram Veliyath and T. C. Srinivasan, "Gestalt Approaches to Assessing Strategic Coalignment: A Conceptual Integration", *British Journal of Management*, 1995, 6 (3), pp. 205-219.

下，影响部门间合作的因素主要包括机制设置、法定权责、业务关联性、上下级关系、合作的理念等。

（一）机构设置、法定权责与组织边界的流动性

1. 机构设置与法定权责

组织间合作的困境很大程度上是由于组织结构和功能结构的关系带来的。组织结构是指行政系统有形的、静态的各种机构、组织、制度、条例等组成的结构，也就是被有机地建构起来的不同部门的组织及其行政规则。① 行政组织的目的是实现行政体系的各种功能（或职能），从组织结构与功能的关系看，功能结构决定了组织架构，政府职能是政府机构设置的主要依据。1982年，国务院进行了改革开放后的第一次机构改革，随着机构改革的不断深入，中共中央于1985年在转变职能的基础上，又进一步提出了要逐步进行机构的调整和精简。因而转变职能也是理顺部门间关系的必然选择。

政府体系本身并不是铁板一块的，而是由不同职能和不同利益的个体和部门构成。② 因此，由于分工导致的组织间"边界"一直存在，在各自"地盘"内，组织往往为了自我的利益与价值，开始将"公共利益部门化"，而法定权责也规定了各部门的主要工作权限，这就导致同一部门在不同的任务中的地位存在差异。在有些事件的处理中，该部门可能处于主要地位，主导事件的发展进程，而在其他任务中，该部门可能处于

---

① 夏海：《政府的自我革命——中国政府机构改革研究》，中国法制出版社2004年版，第4页。
② 冯兴元：《地方政府竞争：理论范式、分析框架与实证研究》，译林出版社2010年版，第2页。

从属地位，起着辅助性的作用。因此，由于各部门的权责的有限性，导致了其在不同任务中的行动能力存在差异。权力的差异会进一步影响组织间合作行为的模式，并且会影响合作组织之间的关系。但无论如何，合作过程都需要不同地位与功能的部门，各尽其职、联合行动，解决各部门面临的共同问题。组织在合作过程中所处的地位和影响力的不同，"影响着、甚至在某种程度上决定着行动者作为组织成员在实现共同的目标之后所能够分享到的、各自所占的利益份额"。①

部门间不合作的现象实际上是由于权责不明或无人管理造成的，因此权责不明是部门间合作的首要障碍。在权责不明的状况下，即使各部门选择合作，也不一定能解决问题。实践中经常会看到部门间合作后，又陷入"三个和尚没水喝"的艰难境地，每个人都不想为大家共同获益的事情担负责任，最后大家索性都置之不理，以至于出现"九龙治水水不治"的困局。

2. 部门间管辖权限不清

在应对部门间冲突、部门推诿的问题时，不少学者认为需要"划清部门界限"，在实践中相关部门也通过法规或体制的不断完善进行了许多努力，但是在发生问题之后部门间相互推诿甚至冲突的现象屡屡发生。由于管辖权和法定授权存在差别，法定授权是以法律的形式确立的政府部门的权责，而管辖权则是该部门对某领域的控制权，这种权力并非一定是通过法定授权才获得的，管辖权的获得主要是基于行动者通过掌握某一领域的实用知识，获得控制相对应的某种不确定的能力。② 因

---

① [法] 埃哈尔·费埃德伯格：《权力与规则——组织行动的动力》，张月等译，上海人民出版社 2008 年版，第 13—14 页。
② 蔡灿新、聂新军：《权力、规则与秩序：一个组织分析框架》，《宏观经济研究》2010 年第 1 期，第 37—41 页。

此,"既定的"不确定性是各部门管辖权的来源,而组织为了保证本组织的管辖权,会通过开拓实用知识的领域来控制这一不确定性。①

管辖范围的模糊性为部门间争抢利益、推诿责任埋下伏笔,②增加了部门之间为控制资源和领域而产生的冲突。③在行政组织系统中,不同行政组织因目标的差异常常产生矛盾。例如,在戒烟问题上工信部与卫生部的政策取向就存在明显冲突——工信部表示控烟的难度很大,难度来自全社会对烟草的需求,因而应采取提高烟价以及提高烟草税费等控烟措施。与此相反,时任卫生部部长陈竺则表示:"中低档烟的调税势在必行。"④再如,教育部门和财政部门之间的不协调——对于教育部门来说,该行政组织的主要目标在于扩大教育人群的范围、提高教育质量,而目标的实现需要财力支持,但是财政部门的目标则在于平衡预算均衡投入,两个部门由此会因为各自目标的不同而产生争议,最终导致部门间的不协调。

3. 流动的组织边界

本书认为,由于部门间共同利益的存在,各部门间并不存在清晰的界限,相反,由于部门间的不断协作,组织间的边界

---

① [法]埃哈尔·费埃德伯格:《权力与规则——组织行动的动力》,张月等译,上海人民出版社2008年版,第23页。
② 胡佳:《跨行政区环境治理中的地方政府协作研究》,复旦大学行政管理专业博士学位论文,2011年,第115页。
③ [美]斯蒂芬·P. 罗宾斯:《组织行为学》,孙健敏、李原译,中国人民大学出版社1997年版,第389—390页。
④ 刘腾:《政策博弈制约戒烟市场》,中国经营报(2012年3月17日),新浪网,http://finance.sina.com.cn/roll/20120317/042311612426.shtml,最后浏览日期:2020年12月20日。

呈现出一定的流动性，这种流动性不断塑造着部门间集体行动的进程。当前，我国政府部门设置的典型特点是"机构庞大、职能分散及职责不清"，对职责不清的灰色地带，当有利益可图时，各部门争抢；而需要承担责任时，部门间互相推诿，呈现出部门间边界的"流动性"特征。

由于政府各部门职能设定的问题，部门间的职能交叉普遍存在。比如国务院在用地管理方面，建设部门与国土部门存在交叉；在人力资源管理方面，人社部、教育部职能存在交叉；在道路安全方面，公安部门和交通部门存在职能交叉；在城市地下水管理方面，水利部门、国土部门等相关政府部门的职能存在交叉。交叉的职能设置影响了部门间开展进一步合作的可能。

（二）部门主义、地盘政治和合作共识

协调的问题牵涉对权力、地盘的争夺，但实际上在协调的过程中，每一个部门都有自己的基本想法，以至于将本位的议题也纳入了待解决的问题之中，"议题和政策问题的形成属于政策过程的基本部分，而根本的协调问题却来自理念上的冲突而不是来自组织的利益"。①

地盘政治主要指因管辖权造成的本位主义引发的部门间冲突，由于部门间立场的矛盾，造成部门间竞争激烈。学者克里斯·赫克瑟姆（Chris Huxham）和戴维·麦克唐纳（David Macdonald）认为，组织间往往因组织的部门主义而出现以下四种限制或陷阱：（1）重复投入资源，造成浪费；（2）形成管理上的"三不管地带"；（3）缺乏共同目标，使彼此行动相互抵

---

① ［美］盖伊·彼得斯：《政府未来的治理模式》，吴爱明、夏宏图译，中国人民大学出版社 2001 年版，第 91 页。

触；(4) 相互竞争资源。① 新制度经济学家戴维·莱克 (David Lake) 指出，至少有三项主要变数会影响组织间共同规范或合作关系的建立意愿，即联合生产经济 (joint production)、机会主义的预期成本 (expected costs of opportunity)，以及治理成本 (governance cost)。从组织间关系的角度出发，联合生产经济是指如果组织间合作能够促进规模经济或联合生产经济，那么组织间合作的意愿会提高，否则会降低；机会主义的预期成本是指行动者如果预期投机行为所产生的成本较高，则比较愿意与其他行动者建立较为稳定的合作关系；而治理成本即我们这里强调的自主权问题，也就是说，行动者之间在合作关系的建立中，对自身所能够保留的剩余控制权（自主权）多寡的考量。其中，治理成本越高，则行动者在合作关系中的剩余自主权越少。②

对政府部门而言，协作的增加有可能也会给部门的生存带来威胁，因此各部门维护自主权是必然的选择。而自主权指的是"组织拥有一个独特的竞争领域，一个明确的顾客群体或者会员群体，以及一个毫无争议的关于职能、服务、目标、议程或者动机的权限，寻求稳定的环境并且消除对其身份认同的威胁"。③ 自主权为组织提供了一个合理支配资源的权力。对政府主管来说，其所在的机构自主权的增加会使外部利益相关者和竞争对手机构的数量最小化，而使机构的业务人员发掘内聚的使命

---

① Chris Huxham and David Macdonald, "Introducing Collaborative Advantage: Achieving Inter-organizational Effectiveness through Meta-strategy", *Management Decision*, 1992, 30 (3), pp.50–56.
② David A. Lake, "Global Governance: A Relational Contracting Approach", In Aseem Prakash and Jeffrey A. Hart, eds., *Globalization and Governance*, London: Routledge, 1999, pp.31–53.
③ [美] 安东尼·唐斯：《官僚制内幕》，郭小聪等译，中国人民大学出版社 2006 年版，第 10 页。

感的机会最大化，从而降低维持组织的成本，放弃某些新任务和与其相关的预算增加，这似乎是为这些收益付出的合理代价。①

机构总是尽可能地获得大的行动空间，这种空间可能是决策的空间，即在政策领域中寻求权力的真空；也可能是寻求资金空间，即争取预算。以这些权力作为政治机构强有力的武器，可用它来获得信息，或者在某些问题上达成一致。②

（三）科层化体系中上下级之间的关系

当组织之间没有合作的动力时，上级对下级的行政干预就至关重要。同时，上下级部门之间的关系会影响组织间合作的难易程度。在调研中，很多部门提到，由于上级部门的不合作导致下级部门间的合作非常困难。尤其对于垂管部门，其横向整合的难度更大。例如，有的部门就提到，"在A市，房管局归建设局领导，所以我们跟建设局比较好协调；但是跟国土部门，在国家层面（它们）两者都有矛盾；……（导致）在基层（我们做事）就很难。在有些地方，房产和土地分开，房产过户了几次，但是土地一次都没有（过户）"。但是，他同时提到 "上面都没有理顺，下面也有办法，在上海、武汉等城市中，房产、土地是一家的，房产证和土地证是一体的。在这些地方，因为房产管理与土地管理在职能整合上做得比较好，所以进入服务大厅后的协作与整合也就更为理想"。

在调研中，有的领导对大部制改革极具信心，认为 "大部制改革是职能性整合，……有助于促进平台性整合"。受 "条

---

① [美] 詹姆斯·Q. 威尔逊：《官僚机构：政府机构的作为及其原因》，孙艳等译，生活·读书·新知三联书店2006年版，第243页。
② [美] 盖伊·彼得斯：《官僚政治》，聂露、李姿姿译，中国人民大学出版社2006年版，第247页。

块"关系的影响,当前地方政府的部门间合作遇到的关键问题是条条之间难以整合。当前,政府部门间的纵向信息流动比较好,但是横向信息联通较弱,"流程办理是有的,但是业务上还没有打通"。

(四)业务关联与部门间的相依关系

部门之间之所以能够走向合作,除了因为公共事务的复杂性与传统部门分工的要求之外,部门之间业务上的联系更是部门走向合作的关键原因。换句话说,部门之间合作与不合作的前提在于业务上是否联系,当两个或更多的组织群体为完成它们的任务而相互依赖,就产生了工作上的相互依赖。在这种情况下,组织间的冲突与合作就不可避免。工作上的依赖关系可以分为三种。

(1)共享的相互依赖(pooled interdependence)要求群体之间没有相互作用,因为实质上每个群体都是相互独立工作的。然而,所有群体共享的绩效决定了组织是否成功。在这种依赖关系中,由于每个群体是独立运行的,因此群体之间存在没有相互作用的相互依赖关系。

(2)序列式的相互依赖(sequential interdependence)要求一个群体在另一个群体完成任务之后再完成它自己的任务,任务的执行是以序列的方式进行的。也就是说,一个群体完成任务的前提是其他群体已经完成了前置任务,从而形成了群体间的相互依赖,由此也产生了较大潜在冲突的基础。

(3)交互式的相互依赖(reciprocal interdependence),要求每个群体的产出用来满足组织中其他群体的投入需要,因此组织中每一个群体的输出都是其他群体的输入。所有的组织在其群体中都有共享的依赖关系,复杂的组织有序列性的相互依赖关系,最复杂的组织经历过群体之间存在共享的、序列式的和交互式的相互依赖关系。①

基于这三种依赖关系,汤普森进一步将部门之间的相互依赖关系分为互惠式相依、集合式相依和序列式相依三种类型。② 在这三种依赖关系中,互惠式相依联系最为紧密,集合式相依关系紧密度最弱。③

(1)互惠式相依强调相互联系的部门之间基于共赢的理念,通过各方利益的协调而实现相互依赖、互补共赢。这种相互依赖关系下的合作,可能是同层级政府的相同职能部门的合作,也可能是同一政府内部不同业务、无关联的职能部门之间的合作。多数无业务关联的部门之间的合作大多是因互惠而相互依赖、互补共赢。

(2)集合式相依是指地位平等的部门之间,由其中一个部门先行单独运作,将其产出与另外一部门相结合继而共同实现组织的整体目标。④ 这种体现在同级政府内部业务相关联的职能部门之间的合作,由于业务上存在连续性,从而在部门间产生了合作的连续性。

(3)相较于上述两种相依情况,序列式相依则强调在存在单向依赖关系的两部门之间,一方的产出是另一方的投入,并且一方产出的品质直接影响另外一方产出的结果。如食品安全链上的各部门合作问题——以众人皆知的"三鹿奶粉"事件为

---

① [美]詹姆斯·吉布森、约翰·伊万塞维奇、詹姆斯·多奈里等:《组织行为学:行为、结构及过程》(第12版),杨忠译,南京大学出版社2009年版,第199—200页。
② [美]詹姆斯·汤普森:《行动中的组织——行政理论的社会科学基础》,敬乂嘉译,上海人民出版社2007年版,第63—65页。
③ 蔡翔、赵君:《组织内跨部门合作的内涵及其理论阐释》,《科技管理研究》2008年第6期,第268—269页。
④ 楚会霞:《大部制背景下的跨部门协调与合作机制研究》,河南大学行政管理专业硕士学位论文,2011年,第8页。

例。近年来食品安全事件频繁曝光,食品添加剂引起的食品安全问题更是层出不穷,为此全国人大常委会及国家相关部门都展开了相关工作,如对食品安全法执法检查工作及国家 9 部委要求严厉打击非法添加食品添加剂行为的联合公告,这 9 个部门在食品安全监管中分别担负着不同的职能。

(五) 信任关系与组织间的互动史

组织间的关系可以用很多因素来衡量,如各部门对任务或计划是否有共同的所有权、是否有良好的人际沟通、是否会相互激励等。而在组织间关系的各要素中,信任是促成合作的基础。朱利安·埃德伦博斯(Jurian Edelenbos)和埃里克·汉斯·克林(Erik-Hans Klijn)通过对现有文献的回顾发现,越来越多的文献关注组织间协作的信任问题,他指出:"如果横向的、自愿的关系在现代社会中的重要性不断提高,那么信任似乎成为了一种重要的协调机制。这是因为我们无法通过等级权力、直接监控或者详细的合约来组织所有生活中的不确定性。"[1]

信任关系是指参与组织间合作的各部门彼此的依赖程度、对风险承担的态度与认知,以及降低监控彼此行为的交易成本。组织愿意放弃其自主性,同时共享决策过程,但必须满足一些条件,除了专业、财力资源以及协调效率的需求之外,最重要的前提还在于合作意愿的高低。[2]

信任也是一种预期的理念。这种预期既可能是长期交往的

---

[1] Jurian Edelenbos and Erik-Hans Klijn, "Trust in Complex Decision-Making Networks: A Theoretical and Empirical Exploration", *Administration & Society*, 2007, 39, pp.25-50.

[2] Catherine Alter and Jerald Hage, *Organizations Working Together*, Calif.: Sage Publications, 1993, pp.262-266.

积累，也可能是对方表现出来的可靠性、善意或者特质反映的一种心理情境。① 信任是合作产生的充分条件，② 是组织间合作的润滑剂，有助于产生组织成员对于合作组织的社群感。部门间一旦信任不足，它们之间的合作关系就难以维持，各自为政的现象也由此产生了。

而组织间的互动史会影响组织间合作的长期性及反复性，从博弈论的角度讲，也就是重复博弈的问题。重复进行的博弈会加强合作水平，但是也有很多博弈论专家指出："当博弈者渐渐理解他们面对的策略性情景和学会从背叛中得到好处时，合作将会逐渐消亡。"③ 盖伊·彼得斯用组织间政治的理论来阐释政策与方案的协调时也指出，适当性逻辑（logic of appropriateness）、长期性利益以及重复的互动等都会催生组织间的相互期待及依赖。④

同时，组织之间过去成功合作的经验会促进组织间继续开展合作，组织间互相熟悉的程度也会降低参与合作的各部门投机行为的可能性。因此，组织间既往的互动情况也是影响部门间合作的因素之一。

（六）数据共享与跨部门协同

数据共享长期以来被认为是提高组织有效性和效率的重要

---

① 王雷：《合作的演化机制研究》，浙江大学企业管理专业博士学位论文，2004年，第64页。
② 雷晓康、王剑：《社会信任：实现合作收益的社会契约》，《河北师范大学学报（哲学社会科学版）》2009年第7期，第45—51页。
③ [美] 格林、沙皮罗：《理性选择理论的病变：政治学应用批判》，徐湘林、袁瑞军译，广西师范大学出版社2004年版，第126页。
④ B. Guy Peters, "Managing Horizontal Government: The Politics of Co-Ordination", *Public Administration*, 1998, 76 (2), pp.295-311.

因素，利用整合的数据和知识可以作出更好的战略决策并解决问题。①② 数据共享不需要重复的数据采集，因而可以实现显著的成本缩减乃至数据的重复使用。如今，跨部门数据共享变得越来越有吸引力，也越来越实用。③ 张亚明等通过构建模型发现政府各部门信息共享条件下，行政成本最小而效益最高，并且可实现全社会的共赢。④

在数据共享与部门协同的互动关系方面，国内已经有研究关注跨区域的不同政府部门间就某一领域问题的数据共享和协同，如高歌以大部制改革为视角，认为中央层面要统筹规划，地方层面要发挥区域优势，实现开放共享，实现数据共享与政府协同。⑤ 王宝明等分析了我国"行政区划调整"对区域合作的影响及我国地方政府间横向合作方式的现状，指出了我国区域经济合作中地方政府间关系不协调的主要原因，为我们研究合作提供了有益的探索。⑥

跨部门数据共享是促进部门间合作、提高治理能力和治理

---

① Peter F. Drucker, Esther Dyson, Charles Handy, Paul Saffo, and Peter M. Senge, "Looking Ahead: Implications of the Present", *Harvard Business Review*, 1997, 75 (5), pp.18-32.
② Soonhee Kim and Hyangsoo Lee, "The Impact of Organizational Context and Information Technology on Employee Knowledge-Sharing Capabilities", *Public Administration Review*, 2006, 66 (3), pp.370-385.
③ Sharon S. Dawes, "Interagency Information Sharing: Expected Benefits, Manageable Risks", *Journal of Policy Analysis and Management*, 1996, 15 (3), pp.377-394.
④ 张亚明：《信息经济视域下政府协同政务发展策略》，《中国科技论坛》2012年第11期，第23—28页。
⑤ 高歌：《大部制政府信息资源共享视角下我国电子政务推进研究》，《图书情报知识》2013年第5期，第37—45页。
⑥ 王宝明、詹丽靖：《我国区域经济合作中地方政府间关系协调方式评价》，《中共云南省委党校学报》2006年第4期，第98—101页。

水平的重要基础。数据共享是数字政府建设中一项基础性、保障性工程，有效的数据共享可以解决部门间合作过程中单方面主体所遇到的无法解决的问题，改善传统条块分割的管理体制暴露出的弊端，有利于搭建相互信任的伙伴关系，提升各部门处理社会公共问题的能力和效率，如图 3-8 所示。

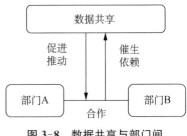

图 3-8　数据共享与部门间协同的关系

五、部门间合作机制影响因素分析的启示

通过对 M 市行政服务中心案例的分析可以发现，西方学者关于部门间合作的影响要素的研究结果多数都在中国案例中得到了体现，但是各要素的影响程度存在差别。如中西方学者都强调资源依赖、复杂问题解决、信息技术等外界因素的影响，也关注诸如组织文化、组织安排等内部因素在部门间合作中的作用。但是，在中国的语境下，部门间合作的关键推动力主要在于领导的重视与上级的支持；同时，在合作过程中，关系也是促进部门间合作的重要因素之一。此外，地方政府的部门间合作还受到政治体制的影响，作为职责同构、上下对口的体制，地方政府的创新往往会加重各部门的工作负担，因而限制了地方政府部门间合作机制的创建。

本书认为，在中国特定的制度空间内，机构设置与法定权责会影响组织间的"边界"，继而影响部门间合作的空间；业务关联性是部门产生合作动机的前提；而科层化体系中的上下级关系、各参与组织之间的关系与各种人际关系会对部门间合作产生不同的引导趋向；组织间的互动史与各部门合作的理念、文化对部门间合作也会产生影响。同时，在影响部门间合作的诸因素中，任何一个因素既可能成为组织间合作的有利因素，但如果处理不当，这些因素也会成为阻碍部门间合作的障碍。

在信息技术的推动下，行政服务中心成为调整政府公共权力的结构和运作机制的一种有效的方式。它的产生是地方政府在政府内外部多种因素作用下所作出的创新。不同国家、不同地区在其特定的环境中所探索的结果存在差异，行政服务中心的运作模式的形成、关键战略的选择都会受到影响。在行政服务中心建设的过程中，任何一要素的改变，都可能造成行政服务中心性质或作用机制的变化。当前，行政服务中心对于公共服务提供效率的提高起到了一定的作用。

然而，由于行政服务中心受科层制管理的影响，核心权力受到政府职能部门的控制，导致对行政服务中心的授权不足，因而中心缺乏对各部门足够的约束力和强制力，阻碍了行政协调权力的行使和协调功能的有效发挥。行政服务中心是"形式上的整合，没有实现实质的整合"，[1] 多数情况下体现为地理位置上的整合。行政服务中心的各窗口人员是双重身份，行政服务中心并没有对窗口人员的独立的人事管理权，这些工作人员也不是行政服务中心的编制内成员，他们仍来自原部门。因此，在行政服务中心的协调过程中，当出现较大阻力时，各部门可以随意从窗口换人或者撤人，这就使行政服务中心的协调陷入困境。

行政服务中心作为一种政府内各部门间的协同机制，属于"上没有头，下没有尾"的制度设计。从长远看，该制度发展

---

[1] 诸大建、李中政：《网络治理视角下的公共服务整合初探》，《中国行政管理》2007年第8期，第34—36页。

的前景堪忧，如何更好地实现其在各部门中的协调作用，是亟待地方政府进一步探索的课题。

信息技术通过对政府外部环境、内部机制的作用影响政府的行为选择，继而影响了政府的组织效能；而在行政服务中心的建设中，信息技术作为关键驱动力，促成了部门间合作机制的构建。也就是说，在整个模型中，信息技术是关键的推动要素，该要素不仅作为外部环境要素存在，同时会对内部机制、组织战略选择及组织效能产生影响。因此，为了强调信息技术在战略匹配中的作用，需要将其单列出来。同时，外部环境、内部机制、战略匹配之间相互影响，战略的选择与组织的效能也会互动，所以维利亚斯和斯里尼瓦桑的"战略格式塔"的模型在中国的语境下应该调整为如图3-9所示。

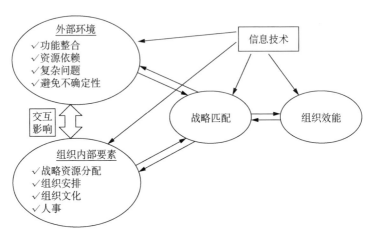

图3-9 修正后的"战略格式塔"模型

第四章　部门间合作的行为动机

部门间合作动机主要体现为部门间的资源交换与利益均衡。本章首先探讨了基于资源交换域中的部门合作，资源获取是部门初次合作的出发点；继而探讨了利益均衡域中的部门间合作，利益是部门间合作的原动力，而利益均衡则是部门间再次合作的起点。

第一节　部门间合作中的资源交换、利益均衡与责任共担

一、部门间互动与合作

社会互动是在一定的社会规范的约束下，个人与个人、个人与群体之间通过信息传递而进行相互作用的社会交往活动。按照利益关系，社会互动可以分为合作互动、竞争互动和冲突互动三种；按照地位关系，可以分为强制互动、服从互动和平等协商的互动。按照互动的单位，又可以分为人际互动和群体互动。另外，组织的良好运行也离不开各部门之间的互动与合作。在资源稀缺的环境中，任一组织都必须通过与外界环境的互动，来获取必要的资源，进而达成组织目标。

部门间合作也是一种互动过程,互动是部门间合作结构化的本质,是部门之间的正式协调活动。① 根据资源依赖理论与交易理论,部门之间的互动有利于实现职能部门之间的信息沟通、资源流动与利益协调,不仅可以有效促进组织目标的完成,还有利于降低交易成本。贾亚什里·马哈詹(Jayashree Mahajan)等人则进一步认为部门之间的互动源于各职能部门对任务的相依性。② 同时,部门间的互动合作可以分为两种类型,即结构化互动和情感化互动。前者是部门间合作的基础,而后者则可以使部门间合作表现得更加紧密。③

二、互动基础:资源交换、利益均衡与责任共担

从过程来看,部门间合作主要体现为部门间的三种行为,即资源交换、利益均衡与责任共担,它们共同构成了各部门进行合作的行为动机。资源交换是部门间合作的主要出发点,利益均衡是对部门间合作收益的均衡,责任共担则是促进部门间合作的保障机制。

资源交换和利益均衡并不完全独立,卡伦·库克(Karen S. Cook)和约瑟夫·惠特迈尔(Joseph M. Whitmeyer)指出,交换论者强调组织间的连带关系的因素是通过有价物的交

---

① Robert W. Ruekert and Orville C. Walker, "Marketing's Interaction with Other Functional Units: A Conceptual Framework and Empirical Evidence", *Journal of Marketing*, 1987 (51), pp.1-19.
② Jayashree Mahajan, Pallab Paul, and Richard B. Chase, "An Exploratory Investigation of the Interdependence between Marketing and Operations Functions in Service Firms", *International Journal of Research in Marketing*, 1994, 11, pp.1-15.
③ 楚会霞:《大部制背景下的跨部门协调与合作机制研究》,河南大学行政管理专业硕士学位论文,2011年,第8页。

换所形成的；而网络分析者认为，造成组织间连带关系的因素是多方面的，除了有价物之外，还有其他的造成组织间连带的类型。[1] 他们整合了网络分析和交换论的观点，指出可以从行动的观点来看两种理论的"兼容性"，两种理论都指出，组织间连接的关键要素都在于行动者（个人或组织）受到了利益或报酬（或惩罚）的激励。[2]

从博弈论角度分析，社会个体可以有多种策略选择，不同的选择付出的成本所产生的收益也会存在差异，针对同一利益的博弈，理性的个体会选择使双方利益最大化的均衡策略。[3]

三、对部门间互动过程的认识误区

当前，部门间合作过程存在的困境，很大程度上与对资源交换、利益均衡、责任共担的认知误区有关。一种误区认为"资源的共享就意味着权力的流失"，这也是各部门不愿意贡献自身所掌握的各类资源的原因所在，而不贡献资源，合作就难以启动，然而各部门又担心资源共享之后自身的权力会被削弱，甚至会危及部门的存亡，所以对部门间合作存有忧虑。但实际上，在跨部门的合作关系中，资源也可以作为强化自身权力的一种方式，在交换中获得各组织所需要的行动资源，实现各部门的目标，继而可以强化自身的权力。因此，要强化部门间合作能给各部门带来正向收益，以此来推动各行动主体参与

---

[1] Karen S. Cook and Joseph M. Whitmeyer, "Two Approaches to Social Structure: Exchange Theory and Network Analysis", *Annual Review Sociology*, 1992, 18, pp.109-127.
[2] Ibid.
[3] 胡瑞仲：《和谐社会建设中管理显规则与潜规则的冲突与耦合》，知识产权出版社 2008 年版，第 56 页。

部门间合作。

另外一个误区为"只关注部门利益就达不成合作",许多人反对公共利益部门化的行为,并强调各部门要摒弃部门利益,实现公共利益。因而,在众多的部门间合作中,一味强调各部门要付出,要公共利益至上,但是,这样为合作所附加的集体诱因可能是无效率的。① 尽管部门利益是部门间合作陷入困境的原因所在,但如果没有部门利益的激励,合作也很难开展。因此,部门利益是必要的,也是部门间合作关系中必不可少的推动力,但一味地追求部门利益,则会带来总体利益的损失,最终部门利益也不能有效实现。

第二节　资源交换域中的部门间合作

部门的资源禀赋主要包括权力、财力、人力、信息等,部门间之所以需要资源共享或交换,主要源于部门职能实现的需求与部门禀赋不能满足部门职能的实现之间的矛盾。因此,为实现本部门的职能,各行动主体需要与其他部门展开资源共享与交换。

一、资源获取:部门融入合作的出发点

资源依赖理论强调,在资源稀少的情况下,任何一个组织都必须通过与外界环境的互动获取必要的资源,进而达到组织的目标,资源依赖理论学家甚至把组织的环境概括为"其他组

---

① 陈毅、袁明旭:《集体行动中合作何以可能——从博弈论的视角看》,《北京化工大学学报(社会科学版)》2006年第4期,第10—13页。

织的集合"。① 组织为达成组织的目标，就需要与外部组织互动以获取资源，而互动中就需要将自身掌握的资本、技术与知识能力等不同的资源与其他组织之间产生互动。而在组织间互动过程中，同时需要接受组织间的共同规范，以维系组织间的合作关系。同时，从系统论观点看，每个部门都不能独立于系统之外而单独运作，任何一个部门的子系统之间都会不断发生资源的交换。②

组织间互动从根本上说，体现为组织为了生存而与其他组织建立联盟以达到获取被其他组织所控制的资源的过程。③ 在组织间互动中，各组织会运用各种手段将合作关系向有利于自己的目标改变，获取关键资源便是其中的目标之一。换句话说，组织决策者的主要目标就是发现资源与捍卫资源供给。④ 组织间表面层次的互动，如核心绩效、服务递送层次之间的互动，其背后的目的都与资源获取有关。⑤ 甚至有学者指出，组织间的表面互动隐含着一定程度的"政治经济"，各部

---

① Erik-Hans Klijn, "Policy Network: An Overview", In Walter J M Kickert, Erik-Hans Klijn, Johannes Franciscus Maria Koppenjan, eds., *Managing Complex Networks: Strategies for the Public Sector*, Calif.: Sage Publications, 1997, pp.14-34.
② 蔡翔、赵君：《组织内部门间合作的内涵及其理论阐释》，《科技管理研究》2008年第6期，第268—269页。
③ Jeffrey Pfeffer, Gerald R. Salancik, *The External Control of Organizations: A Resource Dependence Perspective*, Calif.: Stanford University Press, 2003, pp.46-52.
④ Catherine Alter and Jerald Hage, *Organizations Working Together*, Calif.: Sage Publications, 1993, p.109.
⑤ J. Kenneth Benson, "The Interorganizational Network as a Political Economy", In L. Karpik, ed., *Organization and Environment: Theory, Issues, and Reality*, Calif.: Sage Publications, 1978, pp.72-73.

门会不断地掌握并累积有价值的资源,并试图改变"次结构"。①

组织能够提供资源的多少将决定该组织在合作关系中的地位,能够提供资源的组织成员也会比其他成员更加重要,因此在组织间合作中,各组织在合作中的地位根据资源禀赋的多少进行排序,于是各组织表达意见的分量也就存在了差异。占据关键性资源的组织在部门间关系中就占据主导地位,对其他组织的影响力也越大。

由于组织间存在的相互依赖关系,当资源集中在某个组织的时候,其他组织就必须与该组织打交道,于是资源交换就产生了。周雪光进一步指出,组织间的结构越相似,资源交换就越容易。② 部门间的合作,从性质上可以看作是特定部门向其他部门让渡部门稀缺性资源的产权,从而缔结一个有关部门集体行动的长期协议,③ 在这个协议框架下处理跨部门事务。政府部门的业务工作需要物质资源、人力资源与信息资源的支撑,而部门对这些资源的占有往往是有限的,因此部门间的资源共享便成为部门间关系的核心。

二、部门资源禀赋

资源是指自然界及人类社会中对人类有用的客观存在,既包括自然资源,也包括诸如商品、信息、政策、制度、知识、技术及人类自身的体力和智力等社会资源。在部门间合作中,

---

① Helen C. Sullivan and Chris Skelcher, *Working Across Boundaries: Collaboration in Public Services*, London: Palgrave MacMillan, 2002, p.36.
② 周雪光:《组织社会学十讲》,社会科学文献出版社 2003 年版。
③ 聂勇浩、颜海娜:《关系合约视角的部门间合作:以食品安全监管为例》,《社会科学》2009 年第 11 期,第 13—20 页。

政府可以用来与其他部门交换或共享的资源主要有权力资源、财政资源、人力资源和信息资源等。

(一) 权力资源

权力是资源依赖理论的重要概念，因为权力与依赖关系之间有着不可化简的联结。关于权力概念的认知，主要存在两种观点。一种观点是强制观，这种观点认为权力是指一种广泛的影响力或支配力，强调事物之间基于相互作用所带来的主体对客体的支配作用。如彼得·布劳指出："权力是一种社会关系中的某一行动者能处在某个尽管有反抗也要贯彻他自己意志的地位上的概率"。[1] 马克斯·韦伯也指出，权力是"一种社会关系中的一个行为人能不顾阻力实现其意志的可能性"。[2]

另一种观点是资源观，"实际上权力很少使用强制方法，害怕惩罚在强迫服从权力的过程中只起一种很小的作用"。[3] 帕森斯更加侧重于权力关系中的合作性质和互惠因素，指出"权力可能是一种有助于AB双方都实现其各自目标的手段。……从社会这个层次上看，权力可以被视为实现集体目标的普遍手段，而不是满足有限的局部利益的特殊手段"。[4] 帕森斯还进一步指出，权力是一种系统资源，[5] 权力的获取与各部门的职能边界有关。

---

[1] [美] 彼得·布劳：《社会生活中的交换与权力》，张非、张黎勤译，华夏出版社1988年版，第135页。
[2] 杜立夫：《权力监督与制约研究》，吉林人民出版社2004年版，第21页。
[3] [法] 莫里斯·迪韦尔热：《政治社会学——政治学要素》，杨祖功、王大东译，华夏出版社1987年版，第109页。
[4] [英] 罗德里克·马丁：《权力社会学》，丰子义、张宁译，生活·读书·新知三联书店1992年版，第84页。
[5] 同上书，第85页。

资源依赖的程度决定着组织之间的控制程度。权力是各行动者通过互动创建的协商谈判的能力，是"作为建构于己有利的协商性行为交换的能力"，①抑或是"在其他行动者那里调动资源、使用资源的能力"。②权力的来源非常广泛，可以"来源于职权，来源于技能与职能的专业化与稀缺性，来源于对组织与环境的控制，来源于对知识的垄断，来源于信息的不对称，来源于对组织规则的利用，来源于不确定性领域等"。③

从组织分析的视角看，有组织的集体行动，"皆为权力的一种现象，皆为权力的一种效应，不仅如此，它本身也是权力的一种事实"；④甚至在社会生活中，"不存在没有权力的社会行动，而且权力总是引发行动领域的建构，导致相关行动者的行为规则的建立"。⑤在集体行动中，各组织进行权力配置，通过驯服权力、制造权力，促使行动者通过努力实现合作。因此，可以说权力关系是集体行动领域存在着的最为普遍的关系形态，其促使人们在合作过程中彼此协商，讨价还价，谈判，妥协退让，相互达成相对的共识。

根据组织权力大小的不同，组织可以分为强势部门与弱势部门，若合作机构的各组织之间的权力相当，则比较有利于形成平等对话；反之，弱势部门容易被"挟持"，不利于协作问题的有效

---

① 蔡灿新、聂新军：《权力、规则与秩序：一个组织分析框架》，《宏观经济研究》2010第1期，第37—41页。
② 同上。
③ [法] 埃哈尔·费埃德伯格：《权力与规则——组织行动的动力》，张月等译，上海人民出版社2008年版，第9页。
④ 蔡灿新、聂新军：《权力、规则与秩序：一个组织分析框架》，《宏观经济研究》2010年第1期，第37—41页。
⑤ [法] 埃哈尔·费埃德伯格：《权力与规则——组织行动的动力》，张月等译，上海人民出版社2008年版，第22页。

解决。因此,权力是部门间不平等协商对话的根源,而政府部门间的合作关系也会随着各部门所拥有的权力格局的变化而变化。

权力是微观政治的第一要素,作为中介力量——既为人们所共同拥有,又具有其自主性——它存在于相关行动者各种各样的目标与风险赌注之间,这些相关的行动者彼此之间皆拥有某种相对的自主领域。① 在一个合作环境中,权力被用来使团体利益最大化和提高团队的有效性。权力可以被理解为是可扩张(随着个体的合作而扩张)、可被分享的双向行为,可给予专业知识、能力和信息。②

(二) 财力资源

对任何组织而言,其存在和发展都必须要有足够的经费支持,财力资源的多寡既决定了组织自身的发展,也影响组织的行为能力。③ 政府的财力资源表现为公共财政,是政府为实现国民经济和社会的发展目标而使用的各种要素的综合。财政资源作为政府部门管理的主要物质资源,是政府职能履行的重要支撑。因各部门法定权责的不同,其能够支配的财政资源也存在差异。

政府各部门的财政收入主要有几个部分组成,包括财政拨款、行政单位预算外资金、事业收入、事业单位经营收入和其他收入等。其中,根据《国务院关于加强预算外资金管理的决定》(国发〔1996〕29号),预算外资金是指国家机关、事业

---

① 蔡灿新、聂新军:《权力、规则与秩序:一个组织分析框架》,《宏观经济研究》2010第1期,第37—41页。
② [美]戴维·琼森和弗兰克·琼森:《集合起来——群体理论与团队技巧》(第9版),谢晓非等译,中国轻工业出版社2008年版,第224—225页。
③ 陈水生:《中国公共政策过程中的利益集团的行动逻辑》,复旦大学出版社2012年版,第187页。

单位和社会团体为履行或代行行政职能,依据国家法律、法规和具有法律效力的规章而收取、提取和安排使用的未纳入国家预算管理的各种财政性资金。其范围主要包括:法律、法规规定的行政事业性收费,基金和附加收入等;国务院或省级人民政府及其财政、计划(物价)部门审批的行政事业性收费;国务院以及财政部审批建立的基金、附加收入等;主管部门从所属单位集中的上缴资金;用于乡镇政府开支的乡自筹和乡统筹资金;其他未纳入预算管理的财政性资金。[1] 根据《财政部关于将按预算外资金管理的收入纳入预算管理的通知》(财预〔2010〕88号)有关要求,从2011年起,除教育收费纳入财政专户管理外,其他预算外资金全部纳入预算管理。此举意味着从2011年开始,预算外资金成为历史,财政管理进入了全面综合预算管理的新阶段。以交通运输部为例,2020年部门预算中一般公共预算拨款收入和政府性基金预算拨款收入达到44.3%,如表4-1所示。

表4-1 交通运输部2020年部门预算

本年度收入来源	预算数(万元)	所占百分比
一般公共预算拨款收入和政府性基金预算拨款收入	2 176 821.93	44.3%
事业收入	618 879.22	12.6%
事业单位经营收入	1 689 659.61	34.4%
其他收入	429 318.89	8.7%
本年度收入合计	4 914 679.65	100%

资料来源:根据交通运输部公布2020年部门预算计算而成,http://xxgk.mot.gov.cn/jigou/cwsjs/202006/t20200611_3391895.html,最后浏览日期:2021年1月2日。

---

[1] 全国总工会办公厅关于转发《国务院关于加强预算外资金管理的决定》(总工办发〔1996〕57号),《中国工会财会》1997年第1期,第34页。

财政拨款是各部门进行行政管理活动的重要经费来源。鉴于财政资源在部门管理中的重要性，在财政资源分配中就会出现部门间的争夺，甚至冲突。例如学者周庆智对 W 县的行政体制运行的社会学考察中提到一个例子："上级（拨下）来了一笔数额较大的农业项目贷款，县委、县政府责成三家即计委、农牧委、农业局与农发行一起去运作。结果，一个实施方案在三家手上转来转去，就是确定不下来，原因在于这三家单位各自都能拿出一套充分的理由来说明此项目要么以我为主，要么独家去运作。三个月下来，主次没分清，但方案出笼了。然而，在实施过程中，权责分配问题又生枝节，三家闹僵了，工作就无法进行下去。这时，县委、县政府召开联席会议，决定成立一个专门领导小组来运行此事。"① 可见，财政资源的配置容易引发政府部门间的互动，甚至冲突。

同时，在财政资源争夺方面，机构间冲突的主要目的在于寻求本机构的"公平份额"，甚至在瓜分有效的预算蛋糕时寻求合作，以实现本机构预算的最大化。事实证明，机构之间的竞争的确能够影响资源分配，使一些机构兴旺而另一些机构衰败，或者消失。②

（三）数据资源

数据资源是公共管理的基础资源。政府部门是各类数据汇总与发布的中转站，数据资源的利用状况很大程度上也决定了政府部门的管理效能。盖伊·彼得斯指出官僚的第一个或许也

---

① 周庆智：《中国县级行政结构及其运行——对 W 县的社会学考察》，贵州人民出版社 2004 年版，第 96 页。
② ［美］盖伊·彼得斯：《官僚政治》，聂露、李姿姿译，中国人民大学出版社 2006 年版，第 236 页。

是最重要的资源是信息和专业技术，同时"对信息的相对垄断可以在很多方面转化为权力"。① 对政府部门的数据资源的开发与利用是政府部门管理的重要环节。

数据资源是由政府产生、采集、购买，以支撑政府行政与决策活动有效开展的各种数据，包括政府在履行职责过程中采集、加工、使用的数据资源，或是在履行职务的过程中所产生和生成的数据资源，又或是政府部门投资建设的数据资源及由各部门直接管理的数据资源。

政府的数据资源主要有以下三个来源：一是政府根据法律法规采集的数据，如企业工商登记、户口登记等；二是政府职能履行中所产生的数据，包括政府报告、档案、信函等；三是政府使用公共财政资金获得的数据，或是出资购买，或是出资开发而获得的数据。②

部门间数据呈现出"数据孤岛"的特征，这是由于部门之间的数据没有整合，彼此之间也没有数据共享交换，所以数据成了单部门私有的资源。即使数据资源共享的实际得益大于不共享的实际得益，政府部门出于对风险的考虑也会将不合作作为首选。在访谈过程中，有领导指出"数据本身就构成了一种权力和资源"，"数据对我们部门来说是一种资源，共同合作机构的建立会不会让我们失去讨价还价的能力？合作后是不是要被剥夺权力……所以不愿意将数据共享出去"。而上级政府的直接或间接介入，有助于提高政府部门数据共享的意愿。③ 当

---

① ［美］盖伊·彼得斯：《官僚政治》，聂露、李姿姿译，中国人民大学出版社 2006 年版，第 244 页。
② 程万高：《政府信息资源开发利用》，科学出版社 2009 年版，第 15 页。
③ 楼一孺、王洪伟、杨德华：《上级干预下政府部门间信息共享的博弈分析》，《计算机应用研究》2009 年第 10 期，第 3697—3699 页。

前部门内部上下级之间的数据共享相对比较容易,可以实现数据的纵向集权与整合。

(四)人力资源

人力资源是指在一定范围内能够推动整个社会和经济发展的具有智力与体力劳动能力的总和。"人是生产力中最活跃的因素,人力资源是第一资源",[1] 因而作为各资源中最活跃且最具创造性、主动性和可塑性的资源,人力资源也是对政府具有导向作用,需要政府进行利用、管理和服务的重要资源。[2]

部门间合作机制的建设需要各部门相关人员的投入,在之前讨论的组织间的各种合作机制中,无论哪一种合作机制都离不开人。人际关系是部门人力资源的延伸,组织间的人际关系情况也会通过正式或非正式的渠道影响部门间合作关系的构建。部门间合作过程的开展,不仅需要部门间物质资源的交换,还需要人员的互动与人际关系的促进。

三、资源交换与合作过程

在部门间合作的过程中,每一个行动者所拥有或者所能动用的资源存在差异,各部门各有专长,能力不一。根据资源依赖理论,各部门在合作关系中所处的地位不相同,所发挥的作用也存在差别。资源禀赋较好的组织,在部门间的合作关系中

---

[1] 江泽民:《全面贯彻"三个代表"要求 大力推进科学技术创新——在中国科学院第十一次院士大会和中国工程院第六次院士大会上的讲话》,《中国科技产业》2002年第6期,第5—8页。
[2] 孟继民:《资源型政府——公共管理的新模式》,中国人民大学出版社2008年版,第196页。

就会处于相对重要的地位，相反则处于相对次要的位置，于是就产生了组织间资源交换的地位不平等状态。组织间通过资源交换关系的确立来降低未来资源提供的不确定性，从而稳定组织间的联系和持久的伙伴关系。[1]

交换论者强调，组织间的交换行为是非强制性的互惠行为。权力与合作并不冲突，权力及其他资源是组织间合作关系的关键要素，资源的交换或共享是组织间合作的主要体现。一般情况下，权力、合作与交换三者之间联系密切。权力与合作之间、权力与交换之间存在着不可化简的内在联系，不存在没有合作关系的权力，也不存在没有交换的权力关系和合作关系。[2]

在组织间合作过程中，由于各部门所占有的资源存在差异，因此各部门会分别向合作机制投入不同的资源，其投入的多少也决定了各部门在合作中的地位差异。根据资源的对称性程度，可以将部门间合作分为对称的资源交换和不对称的资源交换，对称性程度的不同所带来的部门间合作的过程也会产生差异。

（一）对称的资源交换

对称的资源交换主要强调资源相当的各部门，通过共同努力实现部门间合作的过程。各部门所享有的资源存在差异，如果合作对双方都是必要的，那么通过激励机制，各部门"有钱出钱，有力出力"，最终实现组织的目标将是最理想的选择。

---

[1] 吕志奎、孟庆国：《公共管理转型：协作性公共管理的兴起》，《学术研究》2010年第12期，第31—37页。
[2] 蔡灿新、聂新军：《权力、规则与秩序：一个组织分析框架》，《宏观经济研究》，2010年第1期，第37—41页。

但是，各部门在合作中的资源贡献意愿并不完全相同，资源贡献意愿又与各部门对合作收益的预期有关。如果各部门认为合作收益对本部门非常关键，其资源贡献的意愿与参与合作的积极性就会提高；反之就会降低。如果该部门认为，资源的贡献只是"为别人做嫁衣"，那么就会为保留自主权而最低限度地保持合作关系。

（二）非对称的资源交换

各部门的资源禀赋存在差异，在不同性质的公共问题中，各部门的资源依赖关系不一定是对等的，在合作关系中，也就会出现各部门地位的差别。在非对称的资源交换中，会出现两种情况：（1）如果预期收益倾向于资源优势方，那么优势方将通过劝说或利益"诱饵"来促使弱势部门参与合作，在做大蛋糕的同时，各自均分到更多的蛋糕；而弱势部门因为利益的增加也会提高合作意愿；（2）如果预期收益倾向于资源弱势方，那么部门间合作的自愿性程度也较低，往往具有政策扶持、权力主导的性质，开展的合作也是在上级部门或领导的支持下的合作。这种情况下的合作关系不仅比较脆弱，也会因为支持力量的消弱而分解。

四、小结

合作机制的资源整合能力直接影响组织间合作关系的发展，组织间的合作本质上是资源交换或共享的过程。不仅如此，部门间合作的根本目的也是通过资源的交换或共享，从而实现部门间的合作共赢，如图4-1所示。

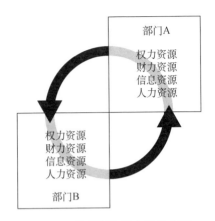

图 4-1 部门间资源交换与共享

第三节 利益均衡域中的部门间合作

利益是部门间合作的原动力,而利益均衡是部门间再合作的起点。政策过程中各行动主体的利益问题一直是部门间合作研究所要探讨的基本问题,部门间的合作,旨在通过对部门利益的协调实现共同的公共利益的达成。

一、利益:组织间行动的原动力

(一)何为利益?

在《汉书·循吏列传》中就已经使用了"利益"一词,"勤令养蚕识履,民得利益焉",这里提到的利益,主要是指物质利益。随着现代社会对"利益"一词的使用,其概念也在不断拓展,当前所提到的"利益"一词,不仅仅指物质利益,还包括精神利益、社会关系等。利益可以使声望、情感、信仰、族群归属等需求获得满足，利益的形态更是多种多样，可以是物质性的，也可以是精神性的；可以是政治性、经济性、军事性的，也可以是文化性的。

利益是人类生存与发展所必不可少的资源和条件。马克思曾经说过："人们奋斗所争取的一切，都与他们的利益有关。"① 在社会生活及生产实践中，由于分工的存在，不同层次和不同性质的利益需求也必然会产生，② 对利益的追求也是人类社会行为的基本动因之一。

那么，什么是利益？霍尔巴赫对此指出："所谓利益，就是每一个人根据自己的性情和思想使自身的幸福观与之联系的东西。"德国学者沃尔特·克莱因（Walter Klein）认为，利益是一个主体对另一个客体的享有，或者是主体及客体之间的关系；或是在主体及客体关系中，存有价值判断或价值评判。③ T. Laufer 也指出，"利益这个概念，无一定之成型，如同价值概念，完全系乎变动中之社会、政治及意识形态，来充实这些概念之内容"。④ 没有利益支撑的公利行为是难以长久、稳定、持续、理想和有节制的。⑤

---

① 《马克思恩格斯全集》（第一卷），人民出版社 1972 年版，第 82 页。
② 楚会霞：《大部制背景下的跨部门协调与合作机制研究》，河南大学行政管理专业硕士学位论文，2011 年，第 17 页。
③ 陈新民：《德国公法学基础理论》（上册），山东人民出版社 1998 年版，第 182 页。
④ 同上书，第 183 页。
⑤ 金太军、张劲松：《政府的自利性及其控制》，《江海学刊》2002 年第 2 期，第 106—112 页。

(二)公共利益

组织间合作的一个根本问题即判定何为公共利益。公共利益可以被认为是公共组织的目的,或者公共组织的价值取向,公共组织的一切活动都应该以为社会谋求公共利益为最终目的。正如美国公共管理大师盖伊·彼得斯在《政府未来的治理模式》一书中提到的,"对公共利益的关注也许是整个改革运动最重要的组成部分,是政府工作人员在改革过程中应该思考的基本问题,思考所采取的改革方案以及政策过程的结果能否使公众受益"。①

公共利益是一个不确定的概念,其内容、受众等都存在不确定性。正是因为公共利益是种特殊的利益形态,其概念中最难确定的便是其"公共性"的问题,换句话说也就是多少个人才能构成"公共"?关于这一点,洛厚德的理论指出可以通过地域基础标准,即"公益是一个相关空间内关系人数的大多数人的利益",②但是这种标准不能解释跨越区域的人能否享受该利益,比如跨越区域边界的交通设施的使用等。公共利益中的"公共"应是任何人都可接近、不为专人保留的利益。

如何判断政府部门追求的是公共利益呢?实际上,"政府机构比企业更可能有大概的、含糊的或不连贯的目标"。③当前对于公共利益的探索已逐步从追求数量发展到追求质量,当

---

① [美]盖伊·彼得斯:《政府未来的治理模式》,吴爱明、夏宏图译,中国人民大学出版社2001年版,第22页。
② 胡小红:《公共利益及其相关概念再探讨》,《学术界》2008年第1期,第155—159页。
③ [美]詹姆斯·Q.威尔逊:《官僚机构——政府机构的作为及其原因》,孙艳等译,生活·读书·新知三联书店2006年版。

前的政府管理实践也已表现出这一特征，例如通过多种渠道吸引社会弱势群体参与公共过程等。"大多数"并不是"公共"的全部，"少数"的利益如何得到体现，当前的公共治理实践不仅关注多数人的利益，也开始顾及"少数"群体的精细化、个性化的需求的满足。

二、部门间的利益结构与冲突

（一）利益结构

利益结构是指行政系统内部各组织和各成员之间的利益关系的状况。尽管从总体上说，行政机构是为人民服务的，但是在实际工作中，行政机构间也存在着复杂的利益矛盾。对国内行政机构而言，每一个行政机构既是党的政策的具体贯彻者和国家意志在某一个领域的代表者，同时还有本团体的利益，即部门利益。因此，可以把组织的利益分为共同利益和部门利益两部分，共同利益部分须通过与其他部门的共同协作才能实现。"由于双重利益目标的存在，行动者的行动不时地发生改变，其地位也在发生变化，组织也必然会随其在具体的时间和环境之中发生着相应的变化。"部门间合作就是大家集体整合资源共同做大蛋糕，然后基于一定的规则分割蛋糕的过程。由于政府部门的利益是相互牵扯的，部门间的关系也不再是层次分明的"夹心蛋糕"，而是相互依托、相互牵连的"木柱篱笆"。[①]

对于每一位行政首长来说，他们扮演着三种角色：一是政

---

① ［美］菲利普·J.库珀：《二十一世纪的公共行政：挑战与改革》，王巧玲译，中国人民大学出版社2006年版，第5页。

府的管理者角色，这是行政首长的职务职能决定的；二是部门代言人的角色，即要最大化本部门的利益；三是个人角色。在具体的行政活动中，每位行政首长需要同时承担这三种角色，于是角色冲突就有可能产生。

对于参与组织集体行动的每一个组织而言，他们除了与其他组织间有着共同利益之外，各自也还有着不完全相同的目标。于是政府部门之间，甚至部门工作人员之间因为利益上的分歧与分化，最终形成了部门利益。

对于部门利益的认识，当前很多人认为部门利益是指行政部门偏离公共利益导向，追求部门局部利益，变相实现小团体或少数领导个人的利益，其实质就是"公共权力部门化"与"部门权力利益化"。① 公共权力部门化就是指每个部门都想将权力揽入自己部门，其对权力的争夺本质上也是对利益的争夺。本书第一章绪论中提到的"魔兽世界"审批权的争夺便是"公共权力部门化"的例证，再比如建设部门与交通部门围绕公路市政施工企业管理问题的执法权之争、建设部门与国家统计局围绕商品房空置率的话语权之争等，表面上看这些争夺都是围绕权力之争，但实际上都是关于利益的争夺。"部门利益化具体就是以狭隘部门团体利益为导向来巩固与争取有利于自己的职责"，② 同时为保证部门利益的实现，巩固本部门已有的权力，各部门还通过参与制定有利于本部门的法规政策的形式，将已有利益合理化、正当化、制度化，此举进一步导致了部门间法规政策的冲突。

---

① 陈通、郑曙村：《部门利益冲突的解析与防治》，《中共浙江省委党校学报》2009年第2期，第67—71页。
② 金正帅：《遏制部门利益膨胀以加快向公共行政转型》，《现代农业科技》2007年第24期，第231—233页。

第四章 部门间合作的行为动机

在部门间合作中,即使存在共同利益,各部门也不会主动付出努力,以共同利益为激励措施来寻求各部门的合作是无效的。这一现象可以用经典的"纤夫案例"来加以说明:

"……在扬子江上用人力逆水拉纤的劳工。虽然这些纤夫是根据到达目的地的船数领取报酬,但是这种激励体制在激励纤夫努力拉纤上并不怎么有效率。每一个纤夫都不愿意比别人出更多的力,然而集体努力的成功是一个集体物品——不管他是否出力,每一个纤夫都可以享受它。由于追求他们各自的利益,所有的纤夫都不用力拉纤,结果没有人能拿到报酬。只有在纤夫们同意雇佣一个工头用鞭子抽打他们,船只才能被拉动。这个关于纤夫的寓言提示的第一个含义是,代理人或者机构可以干预人们作贡献的动机并解决集体行动的难题。"①

上述案例说明共同利益是组织的目标,但并不必然导致组织绩效的实现,每个个体的付出都具有外部性,不会在集体行动中选择最有利于集体的方式,其行动的出发点还在于个体利益的所得或风险的规避。而案例中的"工头"就是一个激励机制,通过这个机制来保证单个个体的付出,最终实现共同利益。只强调共同利益而忽视部门利益的集体行动是缺乏理性的。而合理的自利既符合人性的要求,也是社会发展的动力之源。②

(二)利益目标

无论是竞争理论还是合作的相关理论,都强调利益最大化

---

① [美]格林、沙皮罗:《理性选择理论的病变:政治学应用批判》,徐湘林、袁瑞军译,广西师范大学出版社 2004 年版,第 99 页。
② 陈毅、袁明旭:《集体行动中合作何以可能——从博弈论的视角看》,《北京化工大学学报(社会科学版)》2006 年第 4 期,第 10—13 页。

是行动者的行动起因，但两者区别在于，竞争具有排他性，而合作是非排他性的，即在合作中，个体利益最大化会促进对方利益的实现。利益是人们通过社会关系所表现出的不同需要。追求利益是人类最一般、最基本的心理特征和行为规律，也是一切创造性活动的源泉。[1] 邓小平就曾指出："如果只讲牺牲精神，不讲物质利益，那就是唯心论。"[2]

一些西方理性选择理论家认为，合作从根本上说是违反人性的，他们选择合作还是不合作的根本出发点在于对成本效益的权衡。这其中的成本主要是资源、组织的自主性以及技术优势；效益主要是组织间合作所带来的组织发展、风险的分担以及学习效益等。而利益最大化是合作得以进行且有效率的重要因素之一，利益目标的实现也是行动者之间进行合作的核心动力。在部门间合作的过程中，行动者会努力采取多种行动使得集体行动朝着有利于实现自身利益目标的方向发展。为了争取利益分配的最大化，他们既有可能最大限度地生产权力，让未知且不确定的领域转变为对自己而言是相对确定的，于是就产生了基于权力争夺的部门间冲突；也可能通过信息的不对等，使自己变得有知而他人无知，让自己成为信息的优势方来扩大他人的不确定性领域，以此争取一切对己有利的条件和环境，从而实现自己利益的最大满足；又或是因为不甘于被他人过多地侵占本应属于自己的利益，也不想成为他人手中的工具而奋起抗争，保护自己的自由余地，行使自己的自主权、选择权或行动权。

利益目标的殊异会使各部门彼此疏离，相互分异，甚至产

---

[1] 张文显：《法哲学范畴研究》，人民出版社1972年版，第82页。
[2] 《邓小平文选》（第二卷），人民出版社1994年版，第136页。

生矛盾或者互相冲突。在组织间关系中，这种殊异会在组织成员之间产生向心力缺失而产生离心的趋向，从而"消解由行动成员因向心而形成的凝聚力，削弱组织成员之间的合作关系和集体联合的力量，瓦解组织的结构，令组织变得松散，甚至组织最终完全解体"。[①] 而需共同面对的新问题与新的利益需求会将组织重新建立起来，而彼此殊异的利益追逐又会再次对组织进行解构。因此，利益对组织间关系而言是一把双刃剑，要使其发挥正向功能的关键在于其是否满足各部门自身利益。

(三) 利益冲突

各个行政组织在实际工作中，往往会因为"部门利益"而产生不协调现象。在部门间合作中，不同层级的政府或政府部门以部门利益为轴心的结果便是"有利则上，无利则让"。部门之间的矛盾及冲突多数是与部门间在争夺权力或资源达成共同利益后的利益不均衡分配有关。每个部门都采取行动实现本部门的利益最大化，由此部门间的冲突便不可避免。[②] "政府权力部门化，部门权力利益化"导致部门之间的利益冲突。利益冲突又可分为三种情况：

首先是规避行政成本的利益矛盾。在行政事务的运作中，各行为主体若付出的成本不同，对同一任务便会产生矛盾，即"一个和尚挑水吃，两个和尚抬水吃，三个和尚没水吃"。之所以会产生这种情况，原因在于各部门都不愿意付出比别人更多的成本。

---

① [法] 埃哈尔·费埃德伯格：《权力与规则——组织行动的动力》，张月等译，上海人民出版社2008年版，第7—8页。
② 孙立：《"政治正确"与部门利益——一种泛政治化现象的分析》，《中国改革》2006年第8期，第18—19页。

其次是责任推卸中的利益冲突。责任推卸是消极的行政行为，是政府部门为保护本部门利益不受侵害所造成的部门间利益的冲突。对涉及公益性的职责和义务而部门受益较少的事务，往往或无人问津，或相互推诿。

最后是利益争夺中的部门冲突。这主要体现为各职能部门对有利可图的事情，纷纷利用自己的职权或话语霸权或者采取某些泛政治化手段加以争夺、谋求利益。如争夺收费权、行政审批权、国家赔偿权、处罚权等。① 另外，由于行政组织的职责权限划分不清等情况，一些部门之间为争夺共同事务的决策权、指挥权甚至于发言权而产生矛盾，从而出现不协调现象。如江西省在执行保护野生植物资源的相关政策过程中，有关部门之间发生了严重分歧：林业部门认为他们一直负责野生植物资源的管理，毫无疑问应为主管部门；城建部门提出，风景名胜区和园林内的野生植物的管理理应由其负责；医药行业认为，在野生植物中，不认识的是草，认识的都是药，因此他们必须参与野生植物即中药资源的保护管理。这些部门都有国务院相关部门的红头文件作为依据，因而各执一词、互不相让，这给政策执行带来了很多难题。②

与此同时，行政组织职能划分不够清晰具体、工作制度的不完善等情况，会造成部门间趋利避责的现象严重，导致一些部门对于既得利益不仅不肯让步，还会为争夺资源而产生部门间的冲突。以2006年福建省中小学教师参加的考试为例，教育厅组织了全国计算机应用技术考试（简称NIT），而人事厅

---

① 陈通、郑曙村：《部门利益冲突的解析与防治》，《中共浙江省委党校学报》2009年第2期，第67—71页。
② 谢炜：《中国公共政策执行过程中的政府部门间利益博弈》，载《上海市社会科学界第五届学术年会文集青年学者文集》，2007年，第235—239页。

开展的是计算机应用能力考试,前者被列入继续教育的考核内容,后者被宣布与职称评聘挂钩。两个考试的内容大致相同,但考试结果却互不认可且不能互相替代。两大部门在这一考试的"权属"问题上一直僵持不下,都认为组织这个考试是"分内之事",部门间协调难以开展。这使夹在中间的广大基层教师为难,"考一次试,一个月的工资就用得差不多了"。①

三、合作过程中的利益博弈

政府部门职能划分不清、行政监督不力、权力与经济利益挂钩等因素或直接或间接地造成了政府部门间的利益冲突问题,② 在此背景下,部门间合作就需要不断地协商与协调,以促进部门间展开有效合作。

(一)利益比较与合作类型

为分析部门间合作的利益问题,周国雄引入了"比较利益"这一概念,"比较利益"既包括物质利益,也包括精神利益;既包括个人利益,也包括个人所归属的组织的利益;既包括对利益的追求,也包括对威胁的规避;既包括狭隘利己性利益的诉求,也包括具有利他倾向的道德价值诉求。他认为无论从政府的角度,还是从公务人员个体的角度看,"比较利益"都是政府利益承载和行为动机的基本特点,不同政府组织和公务人员之间的区别主要在于"比较利益"的结构,即"理性利

---

① 项开来、涂洪长:《政府部门考试撞车,福建教师花钱叫屈》(2006年8月9日),中国青年报,http://zqb.cyol.com/content/2006-08/09/content_1473056.htm,最后浏览日期:2020年12月20日。
② 陈通、郑曙村:《部门利益冲突的解析与防治》,《中共浙江省委党校学报》2009年第2期,第67—71页。

益因子"和"非理性利益因子"的比例问题。同时，行为选择在维护、实现和增进自身利益的基础上，还会受到法律、道德等外在力量的约束。①

为了获得比较利益，各部门都会用"政治正确"的话语包装并动用政治资源来争取部门利益。② 而这种行为不仅耗费大量行政资源、降低行政效率，甚至还会导致经济运行秩序混乱和资源配置扭曲，产生巨大的改革成本。因此，有学者指出，各部门在争取比较利益的过程中，出现了"泛政治化"的现象，即所有掌握公共权力的政府部门在利益博弈过程中所使用的"利益诉求"话语均以"政治至上"为原则，通过将问题放大到政治层面的方式来获取该领域的影响权，以此争取和保护本部门利益。③ 此外，政府部门在利益博弈过程中所采取的行动也是"政治化"的，通过权力的运作或其他政治手段将更多的公共利益部门化。

同时，这种利益的比较还包括本部门利益和其他部门利益的比较，在处理本部门利益和合作部门的利益两者关系时，我们可以用图4-2的框架进行解释。根据这一框架，部门间关系共有5种类型，即合作、妥协、迁就、对立、回避。

（1）合作型：部门间合作的各方均希望满足各方利益，并寻求各方相互受益的合作结果，努力建立合作关系。各行动主体既考虑本部门利益得到满足，同时又试图让其他部门的利益也得到保障，各方的意图是坦率地澄清差异并找到解决问题的

---

① 周国雄：《博弈：公共政策执行力与利益主体》，华东师范大学出版社2008年版，第85页。
② 孙立：《"政治正确"与部门利益——一种泛政治化现象的分析》，《中国改革》2006年第8期，第18—19页。
③ 同上。

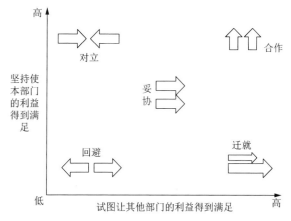

图 4-2 利益比较与合作类型

办法而不是迁就不同的观点。这种合作关系是稳定的，容易激发各自的共鸣，达成共赢。

（2）妥协型：妥协型部门间关系是部门间协同的常见结果。各部门均放弃一些利益，获得彼此均能接受的结果。他们愿意共同面对公共问题，并接受一种双方均认为可行的解决办法。

（3）迁就型：如果一方相对较弱，则可能愿意把对方的利益放在自己的利益之上，达成迁就型部门间关系。在这种类型中，为了维持合作关系，一方愿意做出自我牺牲。

（4）对立型：对立型部门间关系仅试图寻求本部门利益的满足，而不考虑对其他部门的影响，比如，试图以牺牲其他部门利益为代价来达到本部门的利益或者出现问题时试图让其他部门承担责任。对立型的部门间关系，不仅不会带来部门间协同反而容易影响政府的公信力。

（5）回避型：当部门不确定该问题给本部门的利益带来的影响，又不想迁就其他相关部门的利益时，往往会采取回避态度，暂且回避对所面临的公共问题的治理。

(二) 确认协调收益

在部门间合作的过程中,各部门所需承担的典型合作成本包括资源、自主性、技术优势等;而合作收益则包括发展能力、风险承担、部门利益以及学习效益等。只有利益大于成本时,部门间合作才会展开。除非一个集团中人数很少,或者除非存在强制或其他某些特殊手段以使个人按照他们的共同利益行事,否则有理性、寻求自我利益的个人不会采取行动以实现集团共同的利益。① 尽管理性选择理论提醒人们,集体行动难题不可能通过沟通和意识的提高、对集体提供额外补偿或者相互作用的重复博弈的方式得到解决,② 但是本书认为,沟通和协调虽不是解决问题的最佳方式,但至少也是一种有效方式,关键问题在于如何实现沟通和协调。

集体行动的有效开展可以给管理者们带来集体利益,虽然所有的管理者都有可能因此获益,但每一个管理者或组织仍然可能没有动力去开展这项有可能获得集体利益的投资,③ 原因在于每个行动者都不确定集体行动会给其自身带来何种效益。同时,协调看似简单,往往会因政治因素的介入而变得极其困难。因为积极投入协调的组织,也有可能因此失去舞台、预算、特权,甚至自身难保。④

---

① [美] 曼瑟尔·奥尔森:《集体行动的逻辑》,陈郁、郭宇峰、李崇新译,上海人民出版社 1995 年版,第 2 页。
② [美] 格林、沙皮罗:《理性选择理论的病变:政治学应用批判》,徐湘林、袁瑞军译,广西师范大学出版社 2004 年版,第 107 页。
③ 参见 [美] 曼瑟尔·奥尔森:《集体行动的逻辑》,陈郁、郭宇峰、李崇新译,上海人民出版社 1995 年版。
④ [美] 盖伊·彼得斯:《政府未来的治理模式》,吴爱明、夏宏图译,中国人民大学出版社 2001 年版,第 91 页。

部门间合作的目的在于解决公共问题、实现公共利益。在共同利益确定后，就可以通过寻求一定途径或方法扩大利益的共同点，来促进双方合作的愿望。① 有学者基于合作博弈的理论指出，合作是人类自组织的均衡，人们选择合作的原因在于合作能够产生收益，应该建立"合作-收益"的分析框架，增进社会公共利益的实现。② 同时，如何创设制度条件使合作收益最大化以及合作收益分配的合理化，是公共管理的基本问题。③

(三) 用沟通和协商代替权力

传统的组织间合作的方式主要基于权威的合作，但是这种合作方式很难提高每个部门的积极性与主动性，继而也会影响合作组织的效率。也就是说，即使是基于权威命令的合作，组织间有效合作网络的建立也需要各参与主体的沟通与协商。

沟通在部门间合作中是必要的。博弈论的分析结果显示，博弈主体尚未达成具有约束力的协议时，各方之间不具有威胁性的沟通不会影响他们在社会困境中的合作行为。同时，允许沟通的试验比不允许沟通的试验产生了更高水平的合作。④ 反之，缺少持续、通用的和非正式的沟通渠道就意味着在发现问题和处理危机方面所用的时间会更长。⑤ 个体在部门间合作中

---

① 赵远：《从冲突到合作：森林资源管理中矛盾的整合协调》，《安徽农业科学》2008年第28期，第12503—12505页。
② 席恒、雷晓康：《公共管理的方法论基础：从成本收益分析到合作收益分析》，《江苏行政学院学报》2006年第4期，第87—92页。
③ 席恒、雷晓康：《合作收益与公共管理：一个分析框架及其应用》，《中国行政管理》2009年第1期，第109—113页。
④ [美] 格林、沙皮罗：《理性选择理论的病变：政治学应用批判》，徐湘林、袁瑞军译，广西师范大学出版社2004年版，第123页。
⑤ [美] 斯蒂芬·戈德史密斯、威廉·D. 埃格斯：《网络化治理：公共部门的新形态》，孙迎春译，北京大学出版社2008年版，第40页。

倾向于其在运用权力时能够更少地依赖强制，反而更多地依靠支持和说服，这样可以获得更加信任且友好的人际关系、交换更加充分的资源、拥有更多投入到任务上的时间以及更高的生产力。①

然而，有效的沟通往往掺杂着利益。因此，在部门间的沟通中，如果"不涉及额外补偿（威胁或利益承诺）或每人面临结果的格局发生变化（假如对话产生了利他主义），那么理性行动者面对的仍然是压倒一切的不履行义务的激励"。②良好的沟通要使参与博弈的各行动者之间彼此都知晓其他行动者的行为动机，这是组织间建立良好的合作环境的前提。也就是说，无论是合作组织的领导者还是部门的工作人员都要培养协商谈判的能力和技巧。

四、利益均衡：部门间再合作的起点

组织在合作过程中地位的不同使彼此的重要性存在差异，导致不平等交换关系的产生。这种不平等关系不仅表现在部门间合作的利益博弈过程之中，也会进一步体现在达成共同利益目标之后利益的分配环节之中。但无论是组织还是个人，在行动过程中都会遵循这样一条基本原理："两弊相衡取其轻，两利相权取其重。"换言之，凡是给本部门带来责任义务的职权，各个利益部门都会像对待"烫手的山芋"一样互相推诿，造成需亟待解决的问题无人处理，这必然会给社会政治经济的稳定带来严重的危害；而在部门利益的驱使下，各部门都会对自身

---

① ［美］戴维·琼森、弗兰克·琼森：《集合起来——群体理论与团队技巧》（第9版），谢晓非等译，中国轻工业出版社2008年版，第224—225页。
② ［美］格林、沙皮罗：《理性选择理论的病变：政治学应用批判》，徐湘林、袁瑞军译，广西师范大学出版社2004年版，第106页。

的行为进行成本-收益分析,以追求部门利益最大化为目标,导致各部门之间往往产生短视行为,拒绝合作或行政协调。

部门利益是部门间协作的原动力,共同利益更是部门间合作的纽带。正是由于共同利益的存在,各部门才凝聚在一起,让采取集体行动的行动者之间产生了一种向心力,彼此凝聚成一个整体。[1] 单个部门或组织参加集体行动,"并不仅仅只是为了解决其共同面对的问题,实现共同的利益目标,他们同样也期待在实现共同目标的同时,能够通过组织来实现自己的利益目标"。[2] 在解决共同目标的过程中,各行动者紧密联合、高度合作,形成一种良好的分工协作关系,既能发挥团队力量,又能体现部门专长。因此,部门间合作关系的存在从一定意义上说,是运用集体的力量来解决大家共同面临的问题,达成共同利益,最终实现各部门自身利益的过程。

组织都是理性的,在合作中会寻求对本部门有利的策略,然而如果一旦共同利益的均衡存在偏差,利益相对受损的部门便失去继续参加部门间合作的动力。根据阿罗的"一报还一报"策略,最佳策略就是重复其他组织的上一轮策略。换言之,利益的均衡是部门间合作的终点,也是部门间再合作的起点。

五、小结

当各部门需要解决共同面对的问题或实现共同的利益目标时,就需要不同组织的联合与合作组织的建构;但各部门又会

---

[1] [法]埃哈尔·费埃德伯格:《权力与规则——组织行动的动力》,张月等译,上海人民出版社2008年版,第7页。
[2] 同上书,第8页。

因利益不同而有差异，继而会产生矛盾与冲突；同时部门间还存在相互依赖性。因此，部门间关系体现为相互需要、相互补充，又存在竞争，存在对权力和资源的相互角逐和博弈。最终，部门间会出现既协作又竞争的关系，既为了共同的目标而一起奉献，又为了各自的目标而竭尽所能地维护或扩展自主领地。换句话说，行动者之间的相互依赖是合作的必要条件，但行动者仍然皆保持着某种程度的自主权，并且，由于多种原因，他们仍继续追求着各不相同的利益。① 利益的冲突与均衡是组织间互动关系的核心。

部门间的竞争与冲突限制了政府内部工作的协调与一致，"官僚不再是统一的公共工具，而变成次级政府的设置，每个机构服务于一个在政治生存游戏中关键的客户团体"。② 因此，部门间存在分工与协作的关系。分工使部门间存在相互依赖但又彼此独立的关系，而部门间的行动目标又相互关联——当部门间存在共同的目标时，其便倾向于彼此合作；当目标相悖时，便相互竞争。行动者之间的相互依赖性和行动目标之间的差异性造成了部门间在行动过程中不可避免地出现矛盾，而要解决部门间的矛盾和冲突现象，就必须运用作为行动能力的权力或可控的资源进行交换、协商或讨价还价，进而达成"妥协性的均衡"。③ 因此，妥协性均衡是部门间合作利益分配的主要特点。

---

① ［法］埃哈尔·费埃德伯格：《权力与规则——组织行动的动力》，张月等译，上海人民出版社 2008 年版，第 4 页。
② ［美］盖伊·彼得斯：《官僚政治》，聂露、李姿姿译，中国人民大学出版社 2006 年版，第 237 页。
③ ［法］埃哈尔·费埃德伯格：《权力与规则——组织行动的动力》，张月等译，上海人民出版社 2008 年版，第 12 页。

第四章 部门间合作的行为动机

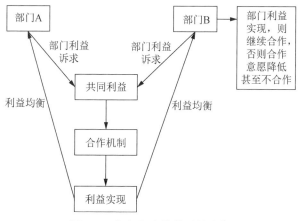

图 4-3 部门间合作的利益均衡

基于利益均衡的部门间合作的特点如图 4-3 所示，在首次合作中，尽管各部门是分立的，但又会因为各部门对部门利益的诉求，最终通过协商找到各部门的平衡点，即公共利益框架下的共同利益，通过构建合作机制，最终使得共同利益得到实现。但是作为整体利益，各部门对共同利益的分享过程也是一个博弈过程，同时，利益分享的结果也决定了各组织是否参与下一次部门间的合作。如果部门利益得到满足，那么下一轮的合作就会实现，从重复博弈的视角看，组织间关系将开始良性循环；如果各部门对利益分配不满意，那么该组织将有可能退出合作，而开启下一次合作时，为弥补上一次的损失或规避本次合作的风险，组织将寻求"政治优待"或者特殊协议关系来保证利益损失的最小化。总之，组织之间合作的开展是在不断协商或交换中实现的"妥协性均衡"。

第五章　部门间合作的策略选择

行动主体设想部门间的互动过程在固定集合的参与人中进行，而每个参与人都面临着一个在技术上（和认知上）可行的行动集合。在一定时期内，所有参与人选择的行动加在一起——我们将其称为行动组合（action profile）——决定了每个参与人的报酬分配。① 制度是内生的博弈规则，而"外生的博弈规则"由参与人集合、行动决策集合和参与人决策。组合与后果的对应规则不可能完全由技术、资源禀赋和参与人的偏好来描述。② 参与人集合和每个参与人在随后各个时期所面临的技术上可行的行动集合组成了博弈的域。③ 本章首先分析部门间合作的行动主体，即个体、单个部门和协调机构，并探讨了这些行动主体的特征及其与部门间合作的关系；其次讨论在既定的环境或条件下，各行动主体的行动策略便是组织间合作的主要体现；最后以跨部门食品安全监管和跨区域空气污染防止作为案例，分析了不同情境下部门间合作机制的形成。

---

① ［日］青木昌彦：《比较政治制度》，周黎安译，上海远东出版社 2006 年版，第 12 页。
② 同上书，第 17 页。
③ 同上书，第 23 页。

第一节 部门间合作的行动主体

一、行动主体

行动主体是指部门间互动关系的参与者,也即行动者,是部门间合作的关键要素。盎格鲁-撒克逊学者将行动者看作是受利益驱使的行动单元、制度环境塑造的对象、规则的顺应者,而对行动者的能动性、创造性和行动者的自由缺乏足够的认识。① 这一点在法国学派对组织与行动者的研究中得到了修正,他们认为行动者并非只是受利益驱使的行动单元,也不仅仅是制度环境塑造的对象与规则的顺应者,行动者更是组织的建构者,是能动且自由的人,每一个行动者都有其潜在的组织能力、选择能力、决策能力和创新实践能力。

正因为这些"行动主体"是能动、自由的,所以行动者才会在既有组织及规则的基础上或逾越既有的组织边界,或打破组织的规则去实现创新性活动。同时,新的组织形态在他们的互动过程中也逐渐酝酿发展,所以行动主体自觉或不自觉的集体行动不仅不断塑造着组织的生态,也促进正式组织或非正式组织的形成。

由于政府的"政策空间"和组织空间几近"人满为患",因此亟须对这个空间内的人、事、物进行协调。② 组织网络的

---

① [法]埃哈尔·费埃德伯格:《权力与规则——组织行动的动力》,张月等译,上海人民出版社 2008 年版,第 5 页。
② [美]盖伊·彼得斯:《政府未来的治理模式》,吴爱明、夏宏图译,中国人民大学出版社 2001 年版,第 91—92 页。

构成是一组纽带（ties）所连接起来的行动者群，这些行动者可泛指个人、团队、组织等。纽带可以是有方向的（如单方向的给某人建议），或无方向的（如只是物理上接近）；可以是二分的（有或无，如两者之间是否是朋友关系），也可以是估量的（以尺度衡量，如友谊关系的强度）。[1]

二、个体：部门间合作的催化剂

(一) 个体及分类

部门间合作既包括组织之间的合作，也包括人的工作。个体的特征及其在部门间合作中的活动会影响部门间合作活动的展开。在部门间合作中，行动主体主要有三类，即合作关系的倡导者（collaboration sponsor）、共同服务的支撑者（shared service supporter）和协作关系的协调者。合作关系的倡导者是指在合作关系中，对合作行为、活动提出建议的人；共同服务的支撑者是指在合作关系中的主要构成部门，即各政府职能部门；协作关系的协调者则为行动者的成功塑造并改进条件。[2]

任何组织和个人都可能是合作关系的倡导者，但对合作关系中的协调者的要求较高，且当前的行政协调多数呈现出权威协调的性质，因而合作关系的协调者主要是权威较高一级的领导。以议事协调机构为例，国务院层面的议事协调机构主要由

---

[1] Stephen P. Borgatti, "The Network Paradigm in Organizational Research: A Review of Typology", *Journal of Management*, 2003, 29 (6), pp.991-1013.
[2] Erik-Has Klijn, "Analyzing and Managing Policy Processes in Complex Networks: A Theoretical Examination of the Concept Policy Network and Its Problems", *Administration and Society*, 1996, 28 (1), pp.90-119.

国务院总理、副总理、国务委员、秘书长，各部部长、副部长等人员组成。其中，一般情况下，国务院总理、副总理、国务委员、秘书长任协调者，协调各部门的工作，而各部门是共同服务的支撑者。

不可否认，尽管协调可以使集体受益，但也可能造成组织间因协调而双输的局面，而"只有那些其所在机构已深受协调问题之苦的管理者，以及那些认识到集体努力可使其事业获得进展的管理者，才可能扮演好协调者的角色"。①

亚当·斯密提到："在人类社会的大棋盘上，每个个体都有其自身的行动规律，和立法者试图施加的规则不是一回事。如果它们能够相互一致，按同一方向作用，人类社会的博弈就会如行云流水，结局圆满。但如果两者相互抵牾，那博弈的结果将苦不堪言，社会在任何时候都会陷入高度的混乱之中"，② 这段论述很好地诠释了个体的行动规律对组织的影响。

（二）个体特征及其对部门间合作的影响

由于组织内各部门成员的背景、价值观、文化的差异性会造成一定的冲突，因此，部门间合作中还需考虑个体的特征及其差异性。安东尼·唐斯根据官员的目的和动机将官员分为两个大类、五种类型，一类是"完全自私的官员"，包括"权力攀登者"（考虑权力、收入和声望）、"保守者"（考虑便利和安全）；另一类是"混合动机的官员"，包括"狂热者"（效忠于狭窄的政策或观念）、"倡导者"（效忠于较宽泛的职责或组

---

① ［美］盖伊·彼得斯：《政府未来的治理模式》，吴爱明、夏宏图译，中国人民大学出版社2001年版，第141页。
② ［英］亚当·斯密：《道德情操论》，蒋自强等译，商务印书馆1997年版，第302页。

织)、"政治家"(效忠于整体社会)。这五种类型的官员其在组织间合作的过程中所表现出的特征也存在差异。①

1. 组织中的关键行动者

在部门间合作关系中,领导的价值不在于其是部门间合作的实际行动者,也不单单是一种身份的象征,而更在于凝聚大家共同工作以达成所期望的目标的过程。1982年宪法规定各级行政机关实行首长负责制,因此,在跨部门的合作中领导是核心的行动主体。同时,领导作为一个动词,是指在组织中的行动过程,即通过领导来催化组织间合作行动的开展,继而促进共同目标的实现。换言之,领导不仅仅促进行动,还引导各部门意识的转变,如在前述案例M市行政服务中心建设的调研中,该行政服务中心的前任领导就提到:"在市领导的带动下,各个部门的领导也开始转变观念,对(行政服务)中心的工作越来越重视。"因此,领导过程是部门间合作过程的重要组成部分。

2. 领导者之间的人际关系

由于部门间的合作涉及多个部门的领导者,领导者之间的人际关系的好坏就自然成为影响部门间合作的重要变量之一。在调研过程中,也有部门负责人提到:"私下里我们的关系也是很好的,所以彼此间我们也相互支持工作。"因此,作为一种非正式的协调要素,领导间良好的个人关系会增强组织间的信任度,降低部门间合作的难度。

3. 合作部门的员工间互动

合作部门的员工之间的良好信任关系也会促进部门间工作

---

① [美]安东尼·唐斯:《官僚制内幕》,郭小聪等译,中国人民大学出版社2006年版,第93页。

的开展。调研中发现，在行政服务中心的建设中，将各委、办、局的工作人员整合到一个大厅办公，在客观上也促进了各窗口人员的跨部门互动，在正式的工作关系之外培养了非正式的人际关系。各窗口人员之间保持良好的人际关系，有助于推动更好的部门间合作。但另一方面，非正式的人际关系也带来了潜在风险，即部门之间的相互制约可能会因为各窗口员工间的日益熟悉而弱化。有工作人员就提到"大厅服务人员之间的关系非常融洽……关系好了，可能会出现制约性减弱的情况，但是我们有底线，就是不能违反制度，在制度范围内，能帮的就会帮"。

4. 参与者的数量

除上述因素之外，参与者的数量也会影响部门间合作的难度，当参与者人数众多时，容易造成交易成本、协调成本的上升，不便于组织间跨部门工作的开展。实际上参与者数量的多少和问题的复杂程度也有一定的正相关性，当问题越复杂、需要协调的个体也较多时，意见就很难达成一致。

三、行政机构：部门间合作的细胞

几乎所有的政策都会涉及多个机构，所以政府会设立综合性机构，以便对既有的组织和政策进行控制与协调。[①] 以中央政府为例，无论是 1970 年以前实施的国务院三级管理体制还是 1970 年后的两级管理体制，部、委等机构均是具体的职能部门，直接承担行政管理的职责。国务院成立之后，将各机构分为三类，即部委、国务院直属机构和办公机构；1982 年的

---

① [美] 盖伊·彼得斯：《政府未来的治理模式》，吴爱明、夏宏图译，中国人民大学出版社 2001 年版，第 91 页。

《国务院组织法》中虽仍有三类之分，但类别有所差异，取消了办公机构，取而代之的是办事机构；1988年，在七届全国人大一次会议上，国务院机构进行了调整，共分为五个类别，即国务院办公厅和部委、国务院直属机构、国务院办事机构、部委归口管理的国家局和国务院事业单位。

《国务院行政机构设置和编制管理条例》第六条规定，"国务院行政机构根据职能分为国务院办公厅、国务院组成部门、国务院直属机构、国务院办事机构、国务院组成部门管理的国家行政机构和国务院议事协调机构"，"国务院组成部门管理的国家行政机构由国务院组成部门管理，主管特定业务，行使行政管理职能"。[①]

国务院组成部门：部、委是国务院的主体机构，是正部级单位，宪法规定部、委的设立、撤销或变动由国务院总理报全国人大常委会通过。部、委实行部长、主任负责制。2018年机构改革后，除国务院办公厅外，国务院现存的部委有26个，分别是外交部、国防部、国家发展和改革委员会、教育部、科学技术部、工业和信息化部、国家民族事务委员会、公安部、国家安全部、民政部、司法部、财政部、人力资源和社会保障部、自然资源部、生态环境部、住房和城乡建设部、交通运输部、水利部、农业农村部、商务部、文化和旅游部、国家卫生健康委员会、退役军人事务部、应急管理部、中国人民银行、审计署。

国务院直属特设机构：当前的国务院直属特设机构即国务院国有资产监督管理委员会，是根据第十届全国人民代表大会

[①]《国务院行政机构设置和编制管理条例》（中华人民共和国国务院令第227号）（1997年8月3日），http://www.people.com.cn/item/faguiku/xzhf/F1020.html，最后浏览日期：2021年1月3日。

第一次会议批准的国务院机构改革方案和《国务院关于机构设置的通知》设置的,为国务院直属正部级特设机构,设立于 2003 年,其核心职责在于根据国务院授权,依照《中华人民共和国公司法》等法律和行政法规履行出资人职责,指导推进国有企业改革和重组;对所监管企业国有资产的保值增值进行监督,加强国有资产的管理工作;推进国有企业的现代企业制度建设,完善公司治理结构;推动国有经济结构和布局的战略性调整;起草国有资产管理的法律、行政法规,制定有关规章制度;依法对地方国有资产管理进行指导和监督。①

国务院直属机构:从职责上说,部、委与之没有根本差别,其负责人也可以参与国务院全体会议。但是,与国务院部、委相比,其在行政规格上低半级,属于副部级。国务院直属机构的首长一般由副部长级党员担任;就职能上说,其行政工作比较单纯,而不像部、委管辖范围较宽。直属机构的地位也会发生变化,如 1993 年末,作为国务院直属机构的民航总局和税务总局升为正部级单位。关于直属机构的设立、撤销或变动,1954 年规定由国务院总理报全国人大常委会通过,1982 年则规定由国务院自行决定。1988 年 5 月以后,国务院直属机构的负责人(含正副职)开始由人事部参与考察,国务院任免。当前的直属机构包括:中华人民共和国海关总署、国家税务总局、国家市场监督管理总局、国家广播电视总局、国家体育总局、国家统计局、国家国际发展合作署、

---

① 国务院办公厅:《国务院办公厅关于印发国务院国有资产监督管理委员会主要职责内设机构和人员编制规定的通知》(2003 年 4 月 25 日),中国政府网,http://www.gov.cn/zhengce/content/2005-08/12/content_8164.htm,最后浏览日期:2021 年 1 月 3 日。

国家医疗保障局、国务院参事室、国务院机关事务管理局。国家市场监督管理总局对外保留国家认证认可监督管理委员会、国家标准化管理委员会牌子。国家新闻出版署（国家版权局）在中央宣传部加挂牌子，由中央宣传部承担相关职责。国家宗教事务局在中央统战部加挂牌子，由中央统战部承担相关职责。

办事机构：1982年《国务院组织法》指出"国务院可以根据工作需要和精简的原则……设立若干办事机构协助总理办理专门事项"，办事机构属于政府内部的组织机构，一般具有独立的行政管理职权，名称上一般也都冠以所属政府的名称，并通常称为办公室，当前的办事机构共有两个，包括国务院港澳事务办公室和国务院研究室。国务院侨务办公室在中央统战部加挂牌子，由中央统战部承担相关职责。国务院台湾事务办公室与中共中央台湾工作办公室、国家互联网信息办公室与中央网络安全和信息化委员会办公室，一个机构两块牌子，列入中共中央直属机构序列。国务院新闻办公室在中央宣传部加挂牌子。

直属事业单位：根据国务院第411号令《事业单位登记管理暂行条例》，事业单位是指"国家从社会公益角度出发，由行政机关举办或者其他组织利用国有资产举办的，从事教育、科技、文化、卫生等活动的社会服务组织"。[1] 国务院直属事业单位的设立也较早，1954年，在国务院成立之后，中国科学院不再作为国务院序列内的政府行政部门，但其职责未发生

---

[1] 《事业单位登记管理暂行条例》（中华人民共和国国务院令第411号）（2004年6月27日），http://jgbz.sx.gov.cn/art/2013/2/1/art_1478853_17318328.html，最后浏览日期：2020年12月29日。

很大改变，成为国务院第一个事业单位。直属事业单位直接隶属于核心政府部门，不具有独立的法人地位与财务权、人事管理权，其所有职员的待遇参照公务员标准。目前，国务院直属事业单位包括新华通讯社、中国科学院、中国社会科学院、中国工程院、国务院发展研究中心、中央广播电视总台、中国气象局、中国银行保险监督管理委员会、中国证券监督管理委员会。其中，国家行政学院与中央党校，一个机构两块牌子，作为党中央直属事业单位。

"国家局"：是由国务院各部、委管理的国家局的简称，最早设立于1988年，1993年《国务院办公厅关于部委管理的国家局与主管部委关系问题的补充通知》（国办发〔1993〕39号）中，明确了部、委管理的国家局的设置，对国家局的地位、职权及其与部、委的运作关系作了调整，指出国家局是"由其主管部委管理的、负责国家某方面工作的行政管理机关，不是主管部委的内设司局，具有相对的独立性"；"主管部委主要通过部长（主任）或部长（主任）召开会议的形式，对国家局工作中的重大方针政策、工作部署等事项实施管理，并由主管部委部长（主任）对国务院负责"；"除紧急情况外，国家局原则上不直接向国务院报文请示工作，但可以提供信息，反映情况。国家局在工作中有需要请示国务院的事项，应经主管部委审批同意后，由主管部委向国务院报文"。[①] 在1998年4月29日《国务院关于部门管理的国家局与主管部委关系问题的通知》（国发〔1998〕12号）中，国家局原则上不直接向国务院

---

① 国务院办公厅：《国务院办公厅关于部委管理的国家局与主管部委关系问题的补充通知》（1993年7月5日），中国政府网，http://www.gov.cn/zhengce/content/2010-12/07/content_7977.htm，最后浏览日期：2021年1月3日。

请示工作，但在遇到紧急情况需要直接向国务院请示时，需要同时报告主管部委。① 根据党的十九届三中全会审议通过的《深化党和国家机构改革方案》、国务院第一次常务会议审议通过的国务院部、委管理的国家局设置方案，部、委管理的国家局设置包括：（1）国家信访局，由国务院办公厅管理；（2）国家粮食和物资储备局，由国家发展和改革委员会管理；（3）国家能源局，由国家发展和改革委员会管理；（4）国家国防科技工业局，由工业和信息化部管理；（5）国家烟草专卖局，由工业和信息化部管理；（6）国家移民管理局，由公安部管理；（7）国家林业和草原局，由自然资源部管理；（8）国家铁路局，由交通运输部管理；（9）中国民用航空局，由交通运输部管理；（10）国家邮政局，由交通运输部管理；（11）国家文物局，由文化和旅游部管理；（12）国家中医药管理局，由国家卫生健康委员会管理；（13）国家煤矿安全监察局，由应急管理部管理；（14）国家外汇管理局，由中国人民银行管理；（15）国家药品监督管理局，由国家市场监督管理总局管理；（16）国家知识产权局，由国家市场监督管理总局管理；（17）国家移民管理局加挂中华人民共和国出入境管理局牌子。国家林业和草原局加挂国家公园管理局牌子；（18）国家公务员局在中央组织部加挂牌子，由中央组织部承担相关职责；（19）国家档案局与中央档案馆、国家保密局与中央保密委员会办公室、国家密码管理局与中央密码工作领导小组办公室，一个机构两块牌子，列入中共中央直属机关的下属机构序列；（20）按照党中央决策部署，国家煤矿安全监察局更名为国家

---

① 李宜春：《机构改革与部委管理的国家局》，《中国行政管理》2008年第11期，第62—64页。

矿山安全监察局，仍由应急管理部管理。

四、协调机制：部门间合作的桥梁

面对部门间职能分立的现象，早有学者对此提出可通过设立专门的权威机构来协调组织机构间的关系。① 美国早期的行政学家伦纳德·怀特提出，行政管理的重要内容之一是协调行政组织、部门和人员之间的关系，以达到共同的目标。② 组织间协调的方法也是多样的，如减少工作数量和难度、设置协调委员会、精密的协调机制或领导的裁定等。③

协调机构是将各单一机构连接在一起的组织，是实现部门间合作的桥梁。办公厅在日常工作中担任了部门间的协调工作。但是面对日益凸显的部门间冲突和争议，除了基于办公厅的协调之外，当前国务院和地方各级人民政府在现行体制框架内尝试了多种方法，如成立由各级人民政府领导挂帅的领导小组或协调机构，相对集中行政处罚权，实行综合执法，组织各部门联合执法，行政机关各职能部门之间进行各种形式的行政协作等。④

对于中央部门而言，针对中央政府内部行政协调，施雪华

---

① 操小娟：《我国行政机构之间关系的发展前瞻》，见"构建和谐社会与深化行政管理体制改革"研讨会暨中国行政管理学会 2007 年年会文集（未出版），中国湖北武汉，2007 年，第 1799—1804 页。
② ［美］伦纳德·怀特：《行政学概论》，刘世佐译，商务印书馆 1947 年版，第 76—81 页。
③ Tim Conlan, "From Cooperative to Opportunistic Federalism: Reflections on the Half-Century Anniversary of the Commission on Intergovernmental Relations", *Public Administration Review*, 2006, 66 (5), p.663.
④ 李海峰：《政府部门间协调机制的逻辑结构和具体制度刍议》，见中国行政管理学会 2010 年会暨"政府管理创新"研讨会文集（未出版），中国北京，2010 年，第 801—806 页。

指出，各国的中央政府内部行政协调的方法可以归结为等级制协调方法和商议制协调方法两类，其中等级化的协调方法把某些协调机构置于总统、总理或部长的直接领导下，诸如领导小组之类；而"商议制协调"方法，是指通过召开各类会议的形式，协商制定和实施政府的政策，从而保证政府成员和各部门的行政行为协调一致，比如各类部际协调会议等。①

五、小结

从一定意义上说，部门间合作实际上就是各行动主体相互作用的结果。行动主体的各种属性会影响组织间部门合作的性质和程度。由于组织中"个体"的流动性较高，而常设机构的稳定性较高，因此通过设置虚拟组织和短期工作小组等协调机制，将相关职能组织连接起来，对于解决协调问题来说，或许是个较好的选择。正如彼得斯所认为的，弹性化模式是网络协调的完美类型，而设置一个永久性的协调机制可能是反生产力的，束缚了其他组织解决政策问题的能力。② 在众多的行动主体中，单个组织是部门间合作的"细胞"，是部门间合作的行动主体；个体是部门间合作的"催化剂"，没有个体的努力，组织间很难甚至无法实现良好的合作。因此，个体不仅会润滑各部门之间的冲突，促进合作的形成，同时还会捍卫其所在组织的利益，促进单个目标的实现。

---

① 施雪华：《中央政府内部行政协调的理论和方法》，《政治学研究》1997年第2期，第67—73页。
② [美]盖伊·彼得斯：《政府未来的治理模式》，吴爱明、夏宏图译，中国人民大学出版社2001年版，第141页。

第二节　部门间合作的策略组合

在部门间的互动中,各行动主体会根据所在的情境及自身的地位选择最有利于自我利益最大化的策略,而行动主体的策略组合塑造着部门间关系的发展。

一、合作策略

总的来说,部门间的互动情境可以分为两种,或者冲突,或者合作。实际上,每一项政府方案中都是部门间冲突与合作的互动结果。冲突是指在有限的资源之下的配置所带来的利益分配的问题,属于集体行动的范畴。如果在这一过程中,每一个部门都选择只按照本部门的利益最大化行动,则会造成整体利益受损;若每个部门都想占小便宜,都有偷懒的想法,那么整体的表现也会一塌糊涂。然而道理虽然如此明朗,但在现实中各部门间的冲突现象却时时发生。因此在部门间的互动情境中,就需要协调发挥效用。而协调是指部门间通过协商、沟通而互相配合,强调部门与部门行动一致、兼顾对方的利益。

在部门间合作关系的建立过程中,通常会出现"制度化协商"的政治斗争。此外,能够产生持久性改变作用的较佳策略也通常都不是强制性的,而是通过反复的讨价还价和协商产生的。[①] 然而,建立一种协商的气氛并不容易,但协商一旦实

---

① [美] 盖伊·彼得斯:《政府未来的治理模式》,吴爱明、夏宏图译,中国人民大学出版社2001年版,第154页。

现，其能产生的结果可能比通过强制性手段所产生的策略更加持久。

总之，部门间合作机制的构建从本质上说是各部门在特定环境下采取策略的组合，是一种相机行动方案的集合。由于各部门所处的环境会随其他行动者策略的改变而变化，因此处于部门间合作中的各部门也会不断调整其策略，以实现部门利益的最大化或损失最小化。

二、部门间合作的博弈支付矩阵

各部门共同目标的实现需要跨部门参与者（组织成员及组织机构）之间的良好合作。组织整体目标的实现过程实际上就是组织参与者之间协调与博弈的过程。在博弈论的分析框架中，参与者的策略选择也取决于其他参与者的策略。由于参与者之间存在着认知差异及参与者自利动机产生的影响，使得参与者的行动协调不能达到合作的最佳状态，于是就出现了部门间协调失灵的状况。[1]

在部门间合作的实践中，各部门会根据合作带来的是预期收益还是损失来决定本部门是否参与合作过程。假定部门甲、乙参与部门间合作的收益有三种情况：正收益（P）、负收益（M）和卸责收益（N）。其中，正收益主要包括因部门间合作所带来的公共问题的解决、服务效率的提升、人员晋升等；负收益主要是指由于参与合作是为了服务于其他部门，所得收益不及付出的成本，或因其他部门的背叛所带来的损失，以及部门所受到的惩罚，同时也包括该部门参与部门间合作的可能风

---

[1] 施雪华、陈勇：《大部制部门内部协调的意义、困境与途径》，《深圳大学学报（人文社会科学版）》2012年第3期，第90—95页。

险；卸责收益主要是指该部门不参与合作、不履行相关职能而不必付出的成本，是一种隐性的收益。由此，部门甲参与部门间合作的净收益为P—N，而不合作的收益为N+M，对于部门乙也是如此。那么就形成了部门间合作的博弈支付的矩阵，见表5-1。

表5-1 部门间合作行为的博弈支付矩阵

	部门甲合作	部门甲不合作
部门乙合作	（P—N），（P—N）	（N+M），（P—N）
部门乙不合作	（P—N），（N+M）	（N+M），（N+M）

无论对于部门甲还是部门乙而言，选择合作策略的条件都是P—N>N+M，也就是说其卸责的收益N<（P+M）/2。因此，部门间选择合作的前提是两部门的卸责收益均如此。

进一步说，由于M是负值，当M的绝对值>P时，N<0，此时理性的部门就会选择合作的战略。从这个角度说，当加大对部门间不合作的惩罚或者降低部门间合作的负收益（如参与合作的风险），就会增加部门间合作的可能。可以通过一些制度化的手段来促进合作正收益的增加，并通过强制措施加大对部门间不合作的惩罚。同时，通过对合作机制的有效管理来降低部门间合作的负收益，即降低组织参与合作的成本以及合作结果的不确定性，不仅可以强化各部门在合作中的责任，也有利于部门间合作动机的提高。

三、策略组合模型

（一）"囚徒困境"（Prisoners' Dilemma）

"囚徒困境"模型产生于1950年，由当时就职于兰德公司的梅里尔·弗勒德（Merrill Flood）和梅尔文·德雷希尔（Melvin Dresher）拟出相关困境的理论，并由其顾问艾伯特·塔克（Albert Tucker）以囚徒方式阐述，并命名为"囚徒困境"。"囚徒困境"是博弈论中非零和博弈最具代表性的例子，反映出个人的最佳选择并非团体最佳选择。

经典的"囚徒困境"的表述如下，警方逮捕了甲、乙两名嫌疑犯，但是没有足够证据指控两人入罪。于是警察将他们分别关在两个房间内审讯。对于两个囚犯来说，如果一人认罪并作证告发对方（即选择背叛），而对方保持沉默（即选择合作），那么此人获释，而对方判刑10年；如果他们都坦白罪行并互相告发（都选择背叛），那么两人一起服刑8年；但是如果两人都保持沉默（都选择合作），那么两人一起判刑1年。收益情况如表5-2所示。

表5-2 囚徒困境中的策略组合及收益

	甲沉默	甲背叛
乙沉默	二人同服刑1年	乙服刑10年，甲即时获释
乙背叛	甲服刑10年，乙即时获释	二人同服刑8年

产生这一问题的原因在于，对博弈中的每个行动主体而言，其行动均基于自我利益最大化，每个人都会在寻求自身利益时忽视对方利益。在缺乏沟通和信任关系的情况下，囚徒会选择尽可能将个人的刑期最小化的策略。因此，对于甲或者乙而言，如果对方沉默，那么背叛将会使自己立即获释；如果对方背叛，那么同样的背叛会使自己的刑期减少。因此，无论何种情况，背叛都是双方最佳的选择。于是，在甲乙双方的博弈中，双方参与者均背叛对方将是这场博弈最终实现的纳什均衡。

"囚徒困境"验证了对每一个行动者而言，只关注自我利益的选择不一定会带来集体收益的最大化，甚至还会造成集体收益的损失。这在一定程度上也阐明了当前部门间面临共同事务的处理时，互动过程中的个体对自身利益的追求将会损害整体的利益，即部门间各自为政、互相推诿而两败俱伤。同时，在囚徒困境中，各部门不合作的原因在于博弈双方信息不可传播，双方之间缺乏有效的沟通，如果改变这种情况，设立囚徒间的沟通机制，那么囚徒很有可能选择合作的战略，因为这是双方的最佳选择（当然，并不能排除有囚徒"耍小聪明"的情况）。因此，这也进一步说明了在遇到涉及多部门的问题时，各部门需要建立良好的沟通、协调机制，积极应对，共同努力，这样在实现集体利益的同时，也能提高部门利益。

（二）"智猪博弈"（Pigs' Payoffs）

在"囚徒困境"的讨论中，我们假设部门甲和部门乙之间合作的前提是两个部门是平等且相当的，但是在众多的行动组织中，机构地位也不是完全对等的，其地位和作用因法定权责的不同而存在差异，一些机构总是在整个政府管理中比其他机构的职能看似更为重要。这样机构间的主次性就决定了其在部门间关系中的地位差异。同时，各机构可支配的资源和权力也存在差异，如甲乙部门之间存在资源的不对等，就会产生部门间合作策略组合上的差异，这一点在前一章中已经阐释。

为解决这一问题，约翰·纳什（John F. Nash）于1950年提出的"智猪博弈"可以对此予以说明。假设猪圈里有一头大猪、一头小猪。猪圈的一头有猪食槽，另一头安装着控制猪食供应的按钮，按一下按钮会有10个单位的猪食进槽，但是谁按按钮就会首先付出 2 个单位的成本,若大猪先到槽边,大小猪吃到食物的收益比是 9∶1;同时到槽边,收益比是 7∶3;小猪先到槽边,收益比是 6∶4。用博弈论中的报酬矩阵可以更清晰地刻画出小猪的选择,如表 5-3 所示。

表 5-3　智猪博弈中的策略组合及收益

	小猪行动	小猪等待
大猪行动	5,1	4,4
大猪等待	9,−1	0,0

在这个案例中,对于小猪来说,在大猪选择行动的前提下,如果小猪选择等待,那么小猪将可得到 4 个单位的净收益,而小猪如果选择行动,则仅仅可以获得大猪吃剩的 1 个单位的纯收益,所以对小猪而言,等待优于行动。但在大猪选择等待的前提下,小猪如果行动,则小猪的收入将不抵成本,净收益为−1,而如果小猪也选择等待,那么小猪的净收益为零,所以对小猪来说,等待还是要优于行动。于是,等待或"搭便车"的策略对小猪而言将是其最佳选择。

但是大猪所遇到的境况则与小猪不同。在小猪选择等待的前提下,采取行动是大猪的唯一策略。当然,大猪也可以通过说服的方式来诱使小猪代替他行动,但无论如何,对于理性的双方来讲,利益最大化是各自策略选择的出发点。

"智猪博弈"模型解释了在博弈双方不对等的情况下行动主体的最佳策略选择。在这个博弈模型中,两猪必有一个要放弃部分利益而不可能两全其美,对于大猪来说,如果它是自私的,那么结果是两猪都无法生存。在政府部门间的合作中,也存在类似情况。对强势部门而言,主动出击是最佳选择;而对于弱势部门而言,选择等待是其最优策略。智猪博弈可适用于解释不同发展水平的地区间事务的处理中各业务部门的合作过程。

(三) 兄弟争雁中的利益博弈

在上述两个策略模型的分析中,我们假定部门间利益分享的规则是既定的,并且利益是均衡的。但是实际中,部门间在讨论是否开始合作之前还会考虑预期收益的分配问题,这也是影响部门间合作能否开展的因素之一。

中国古代一则寓言《兄弟争雁》可以用来说明行动主体因为利益分享所带来的合作困境。从前,有兄弟两人上山打雁,哥哥看见一只大雁在天上飞翔,就张弓搭箭,准备把它射下来,一边瞄准一边说:"射下来了就煮着吃。"他的弟弟听了不同意,争辩说:"家鹅煮着吃好,鸿雁还是烤着吃好!"两个人争论不休,互不相让,一直吵到社伯面前,请他分辨是非。社伯说:"这事很好办,你们把雁剖开,煮一半,烤一半,问题不就解决了吗?"兄弟俩一听,觉得这个主意好,于是都同意了。但他们再去找雁时,那只雁早已飞得不见踪影了。

在这个案例中,我们进行进一步的简化,要想吃,当时必须同意其中一种烹调的办法,或者煮,或者烤。如果煮,哥哥可以吃得非常开心,假设其收益为10,弟弟则不喜欢吃煮的食物,收益为8;如果烤,则弟弟收益为10,哥哥为8。但是如果各自固守己见,则打不到大雁,收益均为0,如表5-4所示。这个案例告诉我们行动主体都要从共同利益出发,而不要只考虑本部门利益的最大化。同时,不能过分纠结于最终的利益而耽误了当前的行动,互相扯皮、坐失良机是得不偿失的,在没有成功前,任何关于利益分享的争论都是徒劳的。

表 5-4 "兄弟争雁"中的策略组合及收益

	弟弟煮着吃	弟弟烤着吃
哥哥煮着吃	10，8	0，0
哥哥烤着吃	0，0	8，10

在部门间合作中也会出现类似情境，各部门因为对利益分配的不同意见而"因噎废食"，最终不能达成合作协议。部门间的合作通常都需要很长时间的酝酿，其原因往往就在于部门谈判过程中，会因未来收益不确定性及分配问题导致不欢而散，最终部门间合作不得不推迟的局面。从"兄弟争雁"的模型中，我们得出的结论是，与其犹豫不定、纸上谈兵，不如脚踏实地、共同努力，首先实现共同目标，继而最大化地满足各部门的利益诉求。

四、策略组合与部门间关系

部门间进行合作时的策略选择与部门间合作的类型有关。查尔斯·马尔福德（Charles L. Mulford）和戴维·罗杰斯（David L. Rogers）将组织间协调的策略分为三种类型：（1）相互调适（mutual adjustment）；（2）联盟（alliance）；（3）统合（corporate）。这三种主要的协调策略，在关注焦点、参与行动者、正式化程度、资源、权力焦点、控制焦点以及目标上都有所不同。"相互调适策略"倾向聚焦在特定个案、机关之间，但是仍以服务各自目标为主，资源投入不多，权力分散并不集中，并依赖非正式规范与规则及按参与程度来分配利益，并进行社会控制。"统合策略"则不同，其聚焦在行政机关间系统，所以更加重视集体目标的达成，资源投入可观、权力高度集中、正式化程度高，而控制基础是建立在集体决策上的合法性。"联盟策略"则介于两者之间,既关注组织的目标也关注整体的目标,通过相互协商的规则行事,资源投入适中,权力不一定集中。①

在部门间的博弈中,各部门最终会选择什么策略,在博弈的理论框架中,均衡(equilibrium)给出了答案。博弈的均衡也就是通常所说的博弈的解的问题。均衡意味着在博弈之中的每个参与人所采取的策略都是对其他参与人策略的最佳反应。以上三个模型只是一种简化的模型,在实际的部门间合作实践中,会出现不同策略组合的交叉或交替。均衡并不意味着静止的状态,而是会随着事态的发展和局势的变化作出相应的变化,部门策略的选择也会随之而变,所以部门间合作要求部门在特定环境与局势中依情势变化相机采取行动方案,从而实现博弈均衡状态。

不仅如此,策略的选择也会影响部门间合作的绩效及未来合作机制的构建。梅特卡夫(Metcafe)运用囚徒困境的矩阵图来阐释生产可能性的示意图,并发现策略选择的互动会带来三种不同的生产可能性边界(production possibility boundaries):如果双方选择的都是合作策略,结果将落在高度信任区域;如果一方选择合作策略,另一方选择竞争策略,则结果会在系统绩效较差的低度信任区域;但是如果双方都选择竞争策略,结果则会落在缺乏信任的区域,于是就产生了不同的生产可能性边界。②

---

① David L. Rogers, David A. Whetten, and Associates, *Interorganizational Coordination: Theory, Research, and Implementation*, Ames, IA: Iowa State University Press, 1982, pp.16-27.
② L. Metcafe, "Policy Making in Turbulent Environmentt", In Kenneth Hanf and Fritz Wilhelm Scharpf, eds., *Interorganizational Policy Making: Limits to Coordination and Central Control*, London: Sage Publications, 1978, pp.37-56.

从以上的分析可以看出,为避免囚徒困境,组织间合作的前提是各组织能够推测其他行动者的可能行为,而要做到这一点,埃里克·福特(Eric W. Ford)等人提出,应该注意三点,一是每个行动者的动机是大家都知晓的;二是在成员间存在具有法律约束力的协议;三是合作的收益公平地分配给所有合作成员。① 组织间合作是个复杂的过程,行动者的策略与其他行动者的策略密切相关,推进合作需要建立良好的信息沟通机制及合作机制。

第三节 同一政府内部的部门间合作:以跨部门食品安全监管问题为例

随着触目惊心的三鹿奶粉事件、苏丹红、染色馒头等食品安全问题的频发,食品安全监管工作的部门间合作成为学界研究热点。鉴于食品生产流程复杂,各环节中涉及的监管主体存在差异,因此,食品安全监管工作也是部门间合作的典型案例,本节将对食品安全监管中部门策略的选择进行分析,探讨在当前环境下,食品安全监管问题的产生与问责缺失的原因,并进一步探讨部门间合作的完善路径。

一、对食品安全监管体系的历史分析

根据前述对行动主体的分析,在食品安全监管中,行动主

---

① Eric W. Ford, Rebecca Wells, and Barbara Bailey, "Sustainable Network Advantages: A Game Theoretic Approach to Community-based Health Care Coalitions", *Health Care Management Review*, 2004, 29 (2), pp.159-169.

体主要包括食品安全监管部门及这些部门的领导者、员工，以及协调食品安全监管机构的协调委员会。食品安全的监管工作属于汤普森定义的三种相互依赖关系的"序列式相互依赖"，食品"从田园到餐桌"的过程中，每个环节需涉及的监管主体存在差异，多部门的协调需要通过由职能部门组成的具有统帅作用的管理层来实现或某个核心部门负责协调的方式来实现。

（一）统一监管（1964—1992年）

20世纪50年代开始，中国就开始关注食品卫生的法制化管理，当时卫生部就已经颁布了一些单项规章和标准对食品卫生进行管理。[①] 1964年，国务院颁布了《食品卫生管理试行条例》，实现了食品安全监管的规范化，从单项管理转向综合的法制管理。

1982年11月，五届全国人大常委会第二十五次会议通过了《中华人民共和国食品卫生法（试行）》，经过13年的食品安全卫生工作的法律法规的不断完善，1995年10月，八届人大常委会第十六次会议通过了《食品卫生法》，这成为我国食品卫生法制建设的重要里程碑。《食品卫生法》明确规定，将原由县级以上卫生防疫站或食品卫生监督检验所承担的食品卫生监督职责调整至县级以上卫生行政部门来负责。

（二）权力分割与分段监管体制的形成（1992—2007年）

1992年政府机构改革后，由计量部门、标准部门及经委质量机构合并成立的质量技术监督部门开始介入食品安全工作

[①] 于洁：《我国食品安全监管机构的设置和权限研究》，中国政法大学法律专业硕士学位论文，2010年。

中。1998年,国务院决定将原国家商检局、原国家动植物检疫局和国家卫生检疫局合并组成国家出入境检验检疫局,统一管理全国进出口食品工作。2001年4月,中央决定国家质量技术监督局与国家出入境检验检疫局合并,组建国家质量监督检验检疫总局,下辖质量技术监督和出入境检验检疫两个执法系统。

2003年的国务院机构改革方案中,国家食品药品监督管理局成立,同时确立了"全国统一领导、地方政府负责、部门指导协调、各方联合行动"的食品安全监管格局。2004年7月,国务院颁发了《关于进一步加强食品安全工作的决定》(国发〔2004〕23号),确定了对食品安全工作按照一个监管环节由一个部门监管的原则,形成了分段监管为主、品种监管为辅的监管模式,从原来的由卫生部门独家监管的体制,变为多部门多环节的监管体制,如图5-1所示,[①]农业部负责监管初级农产品的生产环节,质监部门负责食品生产加工环节,工商部门负责食品流通环节,卫生部门负责监管餐饮业和食堂等消费环节,食品药品监督管理部门负责对食品安全的综合监督、组织协调和依法查处重大事故。这种分段监管的体制,出发点在于将食品安全监管职能细化,充分发挥各个监管部门的专业化优势,但却造成了食品安全监管中的"碎片化"现象。

在食品安全监管的分段监管体制中,食品生产企业在不同的阶段要面对多个政府部门,符合多种标准,进行多次检查,这提高了食品安全监管的成本,形成了"多头分散,齐抓共管""多头有责、无人负责"的局面。为此,2007年,国务院产品质量和食品安全领导小组成立,负责统筹协调产品质量和

---

① 颜海娜:《我国食品安全监管体制改革——基于整体政府理论的分析》,《学术研究》2010年第5期,第43—52页。

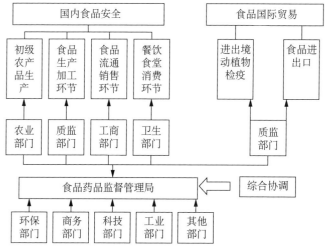

图 5-1　2004 年确立的食品安全监管体制

资料来源　颜海娜：《我国食品安全监管体制改革——基于整体政府理论的分析》，《学术研究》2010 年第 5 期，第 43—52 页。

食品安全重大问题，统一部署重大行动以及督促检查产品质量和食品安全有关政策的贯彻落实和工作进展情况。

（三）食品安全分段协调监管机制（2008—2012 年）

2008 年的大部制改革中，为了加强食品药品监督管理，明确规定由卫生部承担食品安全综合协调工作，组织查处重大事故责任，将国家食品药品监督管理局改由卫生部管理，承担消费环节的食品安全监管职责，但这仍没有解决食品安全监督部门过于分散的状况（见图 5-2）。

国务院法制办于 2004 年 7 月成立食品卫生法修改领导小组，历经五年，终于在 2009 年 6 月正式颁布实施《食品安全法》，对我国食品安全监管体制进行了大幅度的调整。根据《食

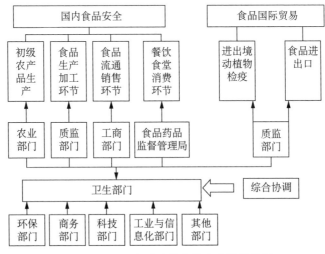

图 5-2 2008 年确立的食品安全监管体制

资料来源 颜海娜:《我国食品安全监管体制改革——基于整体政府理论的分析》,《学术研究》2010 年第 5 期,第 43—52 页。

品安全法》第四条,"国务院设立食品安全委员会,其工作职责由国务院规定"。虽然《食品安全法》仍维持了原来的部门分段监管的体制,但是国务院食品安全委员会的设置消除了原有监管体系下各部门平起平坐、谁都不服谁的监管困境,并且对原有的监管漏洞或模糊地带进行了明确的规定,如对食品安全风险评估、食品安全标准制定、信息发布、食品安全事故的调查和处理、食品检验机构的资质认定条件等进行了规定,统一由卫生部门来负责监管。

2010 年 2 月,根据《国务院关于设立国务院食品安全委员会的通知》(国发〔2010〕6 号),为加强食品安全工作,食品安全委员会下设正部级的国务院食品安全委员会办公室,作为食品安全工作综合协调、督促检查和重大事故查处的综合职能机构。之前部门间推诿扯皮的情况由食品安全办公室来负责处理,但是承担责任并不能将监管效率最大化。食品安全办公室不取代相关部门在食品安全管理方面的职责,相关部门根据各自职责分工开展工作。

在这个时期,各监管部门各自有监管手段,如在食品安全问题的举报上,各部门都设立了投诉举报电话,农业是12316、工商是12315、质监是12365、食药是12331、商务是12312,但是具体在遇到食品安全问题时该拨打哪一个电话是消费者面临的困难。而这一时期的食品安全监管的部门间合作主要是通过强制方式来实现的,部门间合作的动力来源于上级部门、领导或者法律约束的强制作用。

2012年6月,国务院办公厅关于印发《国家食品安全监管体系"十二五"规划的通知》(国办发〔2012〕36号)确定了"十二五"期间,食品安全监管的体系建设目标是要在县级以上地方政府均建立健全食品安全综合协调机制。

(四)食品安全监管的整合监管机制(2013年至今)

2013年3月10日,为加强食品药品监督管理,提高食品药品安全质量水平,根据第十二届全国人民代表大会第一次会议审议的《国务院机构改革和职能转变方案》,将国家食品药品监督管理局、国务院食品安全委员会办公室、国家质量监督检验检疫总局的生产环节食品安全监督管理职责、国家工商行政管理总局的流通环节食品安全监督管理职责整合,组建国家食品药品监督管理总局,不再保留国家食品药品监督管理局和单设的国务院食品安全委员会办公室,但是保留国务院食品安全委员会,具体工作由国家食品药品监督管理总局承担。国家食品药品监督管理总局加挂国务院食品安全委员会办公室牌子。①

在新的管理模式下,新组建的国家卫生和计划生育委员会负责食品安全风险评估和食品安全标准制定。农业部负责农产品质量安全监督管理。将商务部的生猪定点屠宰监督管理职责划入农业部。② 所以将原来的"九龙治水"减少为"五龙治水"。在权威性的上级协调下,部门间基于自己的利益建立协作关系,共同发文解决问题。

此阶段的主要特征是将食品安全监管的机构进行整合,实现了从"分段部门监管"到协调监管机制到整合监管机制的转变,减少了监管部门的数量,降低了部门间合作的成本,即"在通过组合部门来解决互惠性和序列性相互依赖后,服从理性准则的组织试图将团组集结到同质的部门中,以促进基于标准化的协作"。③ 因此,通过对分立的监管机构进行整合,通过正式化的整合监管机制来促进部门间的合作,或许是解决食品安全问题的一条出路。

(五) 小结

以上分析表明,我国的食品安全监管体制从最初的由卫生部独家负责,发展到分段监管为主、食品药品监督管理局加以协调的方式,后来又把权力汇总给卫生部,明确由卫生部承担食品安全综合协调;到 2013 年开始的食品安全监管体制的大部制改革。这一过程即体现了各部门为争夺监管权力,通过部门立法实现部门利益最大化的过程,也体现了对部门间协调机

---

① 《国务院机构改革和职能转变方案》,《人民日报》,2013 年 3 月 15 日。
② 同上。
③ [美] 詹姆斯·汤普森:《行动中的组织——行政理论的社会科学基础》,敬乂嘉译,上海人民出版社 2007 年版,第 71 页。

制的探索过程。在各部门间存在冲突竞争的张力下,"九龙治水"的监管体制并不能实现对食品安全监管的高效率,而整合可能是一种可行的路径。

二、食品安全问题的产生:企业道德与政府监管的缺失

(一)食品生产企业间的"囚徒困境"

在食品生产行业中,会出现类似囚徒困境的例子,如三聚氰胺事件中,企业甲为了追求利润最大化,在牛奶中掺假,但是在检验中,其牛奶的"质量"却显得特别"好",在降低成本的同时提高了产品的成分指标。如果企业乙不掺假,在检测中产品的成分指标反而比不过企业甲,在公民了解信息不完全的情况下,企业乙的产品销路就会出现问题。因此,在不知道掺假带来的恶性后果前,奶制品行业内的各部门都会效仿企业甲的"策略",出现了该产品质量的整体下降,情况如表5-5所示。

表5-5 食品生产企业间的"囚徒困境"

	企业乙掺假	部门乙不掺假
部门甲掺假	(10, 10)	(12, 7)
部门甲不掺假	(7, 12)	(8, 8)

行业内一些企业掺假尽管可以带来这些企业的短期利益,但是毕竟食品质量存在问题,长远来看,这些企业会从"共赢"局面陷入"俱损"的局面,当前国内奶制品行业发展受影响,一些消费者将眼光转向港澳地区或进口奶制品便是实证。

(二) 食品安全监管部门间的博弈

对于食品安全监管部门而言,按照博弈论的观点,其可选择的策略只有两个:或者监管,或者不参与监管。而该部门选择哪一种策略与其对该策略成本收益的预期评估有关。如果食品安全监管部门(为方便讨论,记为部门甲)能够认真履行其检测、公布、责令整改等监管职责,保障本环节食品的安全,同时最终带来社会对食品安全的认可和对本部门的信任。那么在这个环节中,部门甲认真的工作所耗费的人力物力财力就是其监管的成本,用 C 来表示,而社会对食品安全的认可和对本部门的信任度是本部门的收益,记为 R,其净收益为 R-C。但是,如果食品安全监管部门(部门乙)选择不履行监管的职权,那么,情况就与部门甲相反,其收益为不履行职责的机会成本,即 C,而成本在于因为玩忽职守所需承受的上级政府或部门的惩罚,继而造成公众对本部门的不信任,该成本记为 P。对于部门来讲,当且仅当 R>C,且 C<P 时,部门才会选择参与监管,否则食品安全监管体系就很难建立。在 C 基本确定的情况下,部门间合作的推进就需要最大化部门因合作带来的收益,或者加大对不履职部门的惩罚(见表 5-6)。

表 5-6 食品安全监管的各部门收益矩阵

	部门乙监管	部门乙不监管
部门甲监管	($R_甲-C_甲$,$R_乙-C_乙$)	($-C_甲$ *,$C_乙$)
部门甲不监管	($C_甲$,$-C_乙$)	($C_甲$,$C_乙$)

注:为方便讨论,对 * 处的 $-C_甲$ 做了极端化处理,由于单个部门的监管并不能带来整体食品安全治理的提升,因此,理性的部门并不会单独做出"合作"行动。而即使他做出了"合作"行为,也不会带来食品治理状况的根本性改变,故这里将收益进行了极端化处理,定为 $-C_甲$,$-C_乙$ 同理。

从收益矩阵来看，部门间关系会出现三种情况：

(1) 两部门均选择监管策略的收益为（$R_甲 - C_甲$），（$R_乙 - C_乙$），只有各部门互相合作才有可能产生正的收益。

(2) 一方选择监管而另一方选择不监管的收益为（$-C_甲$，$C_乙$），或者（$C_甲$，$-C_乙$）；在这种情况下，对一些部门来讲，"合作"策略并不是最佳策略；所以其不会选择主动对食品安全质量进行监管；然而，当食品安全问题产生时，有些部门为部门利益损失最小化，会将监管的责任推卸到其他部门头上。

(3) 两部门都选择不监管策略的收益为（$C_甲$，$C_乙$）。实际上，在部门间合作无法达成时，有些部门会采用这种背叛策略，并将之作为最优策略。

综上所述，对于部门间的关系讲，会出现这样一种情况：或者一起合作，或者相互背叛。在合作无法达成时，有些部门将背叛作为其最优策略。此外，一些部门是否选择监管，其不仅仅考虑本部门的战略是否会带来部门收益的最大化，同时还会考虑集体策略中本部门收益大小的问题，即 $R_甲$ 和 $R_乙$ 的问题；如果 $R_甲$ 远远大于 $R_乙$，则对于乙部门来说，其参与合作的主动性往往会降低，这个问题也就是上一章所讨论的利益均衡的问题。所以从一定意义上说，在现实中部门策略的选择既取决于本部门的成本收益情况，其次还和部门之间的收益比较有关系。

三、食品安全问题问责中的"囚徒困境"

(一) 有限合作中的博弈困境

在食品安全问题发生后，相关的各监管部门都有责任。从博弈论的视角看，摆在一些部门面前的就是一个"囚徒困境"。

在食品安全政府问责中,如果合作(承担责任)带来的收益是R,背叛得到的惩罚是P,一方合作一方不合作,合作方得到的报酬是S,而背叛方得到的报酬是T。那么就会出现如表5-7所示情况。

表5-7 问责中的"囚徒困境"

	部门甲合作(承担责任)	部门甲背叛(卸责)
部门乙合作(承担责任)	R,R	S,T
部门乙背叛(卸责)	T,S	P,P

那么,在食品安全政府问责中,各种收益的顺序是T>R>P>S,无论对于部门甲还是部门乙,如果双方都承担责任,那么将是最好的选择,既有助于食品安全监管,也有利于政府形象的提高;但是,在不知道其他部门会做出何种选择的情况下,推卸责任将会使本部门的损失降到最低,因此,一些部门往往会倾向于撇清本部门责任。这是推卸责任的缘由。同时在现实中,一些部门在知道对方采取这一策略后,为维护本部门的部门利益,最后也采取背叛及推卸责任的做法,于是各部门收益均为P,最终食品安全问题的责任归属就成了一大问题。

实际上,根据博弈理论的分析结果,理性的行动主体选择背叛并非所愿,他们也是担心需要承担对方背叛的风险,所以才会作出背叛的决定。如果各部门以往的交往比较顺利,各部门各司其职,过程良好,那么,在食品安全问题出现后,各部门都相信其他部门会选择合作的策略,这样部门间才会形成一种良性的平衡。否则,在有限合作的博弈中,卸责将是各部门的最佳选择。

(二) 重复囚徒困境博弈

根据阿克塞尔罗德的"重复囚徒困境的博弈比赛"所示，可得出结论：善良的策略总不首先背叛，只会贪图小便宜的小人策略最终还是会失败。在重复博弈中，每个人都会重复对方的上一轮策略，即使是针锋相对的策略。但是如果对方合作，那么这一方就会采取合作战略；如果对方背叛，那么这一方也会马上报复。同时，"合作的基础不是真正的信任，而是关系的持续性。当条件具备了，博弈者能通过对双方有利的可能性的试错学习、通过对其他成功者的模仿或通过选择成功的策略和剔除不成功的策略的盲目过程，来达成相互的合作。从长远来说，双方建立稳定的合作模式的条件是否成熟比双方是否相互信任来得重要。"[①]

从这个角度讲，对食品安全监管部门而言，在不断重复的博弈中，各参与者往往会在短期利益和长期利益之间权衡，而倾向于探索问题的解决方案，最终会取得一种平衡。长远来看，由于卸责会带来政府部门绩效的降低、职权的损耗与公信力的缺失，最终该部门丧失该项管理职能。所以，理性的政府组织会主动改革监管体制，各司其职，从源头上杜绝问题的发生。

四、食品安全监管体系的无缝隙改革

从以上讨论中可以看出，分段管理体制下部门间采用合作策略是比较困难的，分段监管体制实际上是按照食品的产业链

---

① [美] 罗伯特·阿克塞尔罗德：《合作的进化》(修订版)，吴坚忠译，上海人民出版社 2007 年版，第 126 页。

将食品安全监管的任务人为地割裂给不同的部门或机构实施，虽然能突出不同阶段食品安全监管工作的特点，但是也造成了监管工作的缝隙或重叠的情况，提高了食品安全监管的难度。

在同一政府内部，部门间的合作可以通过权力整合、流程优化等方式实现。大部制管理是主要将分散的监管主体加以整合，实现外部监管成本内部化、减少部门间的"背叛"。在必要的分段管理中，管理者要着眼于调整部门间职权配置的结构，确保合作中的信任与公平，降低治理成效的外部性等，这样才能促进部门间合作。[①] 其中，治理成效的外部性是指组织为某一事项的处理付出了较高的努力，但是成效并不被这一个部门全部占有，这样各相关部门就会出现"搭便车"的机会主义策略行为。

"职务的划分应和问题的划分一致，不应该有若干个彼此独立的部门来掌管构成同一自然整体的各个部分"，[②] 但是鉴于专业分工的必要性，只赋予其中一个部门来统一处理是非常困难的，并且也是低效的，部门之间存在职能交叉或人事重合并不少见。职能交叉并不可怕，可怕的是各部门各自为政。同时，食品安全监管部门的策略选择与部门对自主权的追求、收益的不确定性以及治理成效的外部性有关。因此，要实现对食品安全的有效监管，可以在必要分段监管体制中引入无缝隙监管的模式。"无缝隙监管"的模式一方面体现为必要分工体制下监管过程的无缝隙，即每个环节都涉及其中；另一方面，尽可能地实行食品安全监管的大部门体制。同时，完善监管主体

[①] 聂勇浩、颜海娜：《关系合约视角的部门间合作：以食品安全监管为例》，《社会科学》2009年第11期，第13—20页。
[②] ［英］J. S. 密尔：《代议制政府》，汪瑄译，商务印书馆1982年版，第190页。

违法行政的责任追究体系，在规定监管主体执法主体地位和执法职责权限的同时必须明确监管主体的行政责任。

第四节　跨行政边界的部门间合作：以长三角大气污染防治中的合作为例

与同一政府内部的部门间合作不同，跨行政边界的部门间合作多是建立在利益互惠和资源共享基础上的，其策略组合也彰显出部门间博弈的特征。本节将选取长三角大气污染防治中的合作为例，探讨跨行政边界的部门间合作的策略组合。

一、跨行政边界的部门间合作的出发点

同一政府内部的合作机制一般都是通过权威、领导、会议等形式实现，多数协调机制都会涉及权威的主导作用。而对跨行政边界的部门间合作而言，由于这些部门隶属于不同政府，其合作更多是为了实现各自地区或各部门的利益，因此部门间的合作更倾向于基于平等自愿的原则。这些地方政府部门间合作的出发点在于能否获得本部门所需要的资源或者能否实现本部门、本地区的特定利益。

一般而言，推进不同地方政府部门间合作的因素主要有两个方面，一方面是"关系"，包括领导人事关系的变动和领导之间人际关系的推动。关于领导人事关系的变动所带来的部门间合作，前面已经作了分析，如某些领导从一个省市调到另一个省市任职，可以使两个原本地理上无连接、业务上无联系的政府或政府部门间产生合作。而领导人际关系的推动则是强调当两政府或部门的领导之间个人关系良好时，也会推动部门间

的合作，以寻求共赢。另一方面则是指业务上的关联，尤其是当业绩实现需要其他地区部门的配合时，也会产生部门间合作的需求。这一点尤其在环境治理中体现得更为明显。由于污染的流动性特征，同一区域的环境部门为实现良好的环境治理，需要与其他地区的环境部门产生良好的合作，于是地区间的部门合作成为理所当然的选择。为进一步分析不同政府的部门之间的合作，本书选取长三角大气污染防治中的部门间合作作为案例，进一步分析部门间合作的过程及策略选择。

二、案例介绍：长三角大气污染防治的部门间合作

除上述在同一行政区域内的部门间合作外，针对具体业务需要，政府部门间还可能实施跨越行政边界等方式的部门间合作，如多省环保部门之间的合作。以长三角大气污染防治政府间合作为案例，各行政区域从最初的自发式、非正式性合作，逐渐发展为整体化、规范化的合作模式，经历了缓慢探索阶段、快速推进阶段、巩固提升阶段和制度化建设四个阶段。

（一）缓慢探索阶段（2007年以前）

1982年，国务院提出建立"以上海为中心、涵盖江苏和浙江的长三角经济区"的发展构想。1992年，长三角14个城市联合建立了长三角经协（委）办主任联席会议制度。2002年国务院提出构建"绿色长三角"的发展理念，长三角三省市（江苏、浙江、上海）在生态建设、环境保护、区域生态环境治理等方面展开合作。2002年初，浙江嘉兴与江苏苏州建立了边界污染防治制度和水环境信息通报机制。2003年3月，江浙沪三地分别签订了《经济合作和发展协议》《经济技术交流与合作协议》，把污染防控、固废转移等环境措施列入

协议内容。同年 8 月，上海市在《关于"世博会与长江三角洲经济共同发展"的若干建议》中首次明确提出，借"世博会"的良好契机，打造绿色长三角。此后不久，江浙沪三地签署《关于"世博会与长江三角洲经济共同发展"的若干建议》和《关于以承办世博会为契机，加快长江三角洲城市联动发展的意见》等文件，这些文件均对区域环境合作的内容进行相关阐述。

2004 年举行的"区域环境合作高层国际论坛"上，江浙沪两省一市政府均指出将区域环境合作融入区域经济一体化整体性发展战略中。此外，江浙沪两省一市政府已经开始意识到协同治理区域环境污染的重要性和必要性。2004 年 6 月 18 日，在杭州举行的"区域环境合作高层国际论坛"上，江浙沪三地政府主管部门共同宣读了《长江三角洲区域环境合作倡议书》。这是国内第一份关于区域环境合作的宣言，认为环境问题本质上是跨越行政界限和地理空间的，解决跨行政区的环境问题，需要江浙沪及长三角各城市间协调发展，将环境合作融入区域经济一体化的整体战略中。提出长三角要充分运用市场手段改进和发展环境管理新模式，将诸如排污权交易等有效模式作为区域环境合作的范例进行探索和推广。2004 年 11 月，在杭州召开第四次江浙沪经济合作与发展座谈会，会议确定长三角区域下一步统筹协调的五大方面和区域合作的七项专题中，包括了创造良好的区域生态环境和区域生态环境治理等内容。

继 2004 年签订《苏浙沪长三角海洋生态环境保护与建设合作协议》后，长三角区域政府间在水污染防治和海洋生态环境保护方面进行了积极探索，为长三角区域大气污染防治政府间协作奠定了良好的基础。

在这一阶段，2003年长江三角洲经济协调会第四次市长会议专门提到区域环保领域合作的内容。会议指出，长三角区域政府间应加强环保合作，联合制定区域环保规划和相关政策法规，联手实施环保政策，共同进行环境综合治理和生态保护，共筑信息平台，加强信息资源共享，联合构筑功能完善的区域环境保护网络体系，但是并没有针对大气污染防治政府间协作成立专门的机构。然而，长三角区域政府间协作治理环境污染已经拉开序幕，区域环境数据共享、污染防治与区域经济协调发展成为共识，区域政府间协作治理意识基本形成。

在合作机制的探索方面，本阶段主要采取的是会商机制，通过多次召开座谈会，并逐步开始关注和加强区域环境合作。这些会议主要围绕长三角区域经济合作，区域环境合作只是会议内容的一部分，并不是会议的核心主题。

（二）快速推进阶段（2008—2010年）

为了上海世博会的顺利举办，区域大气污染防治的跨边界部门间合作机制从2008年开始进入快速推进阶段，围绕上海世博会，从具体实践出发，参与机制的各部门更加注重协同效果。2010年5月至10月，上海世博会期间，江浙沪三地密切合作，圆满完成了世博会期间的空气质量保障工作，其中，长三角区域大气污染防治政府间协作机制起到关键作用。5月至10月，上海市空气质量优良天数为181天，优良率为98.4%，比2009年同期增长2.7%。世博会期间，SO_2、NO_2和PM10平均浓度分别为21 $\mu g/m^3$、41 $\mu g/m^3$、59 $\mu g/m^3$，与2009年同期相比分别下降25.0%、10.9%和18.1%，均达到2001年以来同期最低值。

世博会空气质量保障工作的顺利完成，与长三角两省一市不断深化政府间协作,联合启动区域联防联控措施密不可分。江浙沪两省一市在环保部的统一领导下,紧密配合,展开联合行动,严格执行《2010年上海世博会环境空气质量保障措施》。江浙沪两省一市对重点控制区内的所有钢铁、化工、建材、冶金、电力等重污染行业进行整治,联合控制重点污染源,推进联合执法,对不达标企业设备停产限产。同时,加强区域联动监测和联合预报预警,实现环境空气质量信息共享,严控高架源污染和扬尘污染,对机动车统一标识管理,全面禁止秸秆焚烧,共同减少污染物排放,协力保障世博会期间空气质量。

1. 法规政策协同

2008年9月,国务院首次把"长三角区域一体化"概念写入中央文件,国务院出台的《关于进一步推进长江三角洲地区改革开放和经济社会发展的指导意见》中指出,应加强区域生态环保合作。长三角区域发展已逐步上升到国家战略层面,要加快推进长三角区域经济一体化发展,加快经济产业结构调整步伐,加强联合与协作,改善区域的整体环境质量,促进区域绿色发展。

2008年12月15日,由江苏、浙江、上海两省一市的环境保护部门在苏州市签署了《长江三角洲地区环境保护工作合作协议(2009—2010年)》,该合作协议从六个方面确定了为期两年的区域合作重点工作,提出了"完善区域环境信息共享、健全区域环境监管、加强区域应急联动、创新区域环境经济政策、编制实施《长三角区域环境监测网络规划》的构想",并提到了加强区域大气污染控制,这也是长三角范围内大气污染防治首次以书面形式体现在区域性合作协议上。

2009年6月,由上海市环保局牵头,联合苏浙两省环保部门共同制定了第一份专门针对长三角区域大气污染防治的法规文件《长三角区域大气污染联合防治工作方案》，在机动车污染、高架源污染诸多方面展开区域大气污染政府间协作。同时，为加强对企业环境行为的管理，提高区域环境管理水平，江浙沪三地政府联合制定相关实施办法和评价标准，对区域企业环境行为进行联合监控。

针对世博会特点，以及充分考虑了上海市空气质量状况，江浙沪三地联合编制《2010年上海世博会长三角区域环境空气质量保障联防联控措施》，由上海牵头开展"加强区域大气污染控制"工作，以为2010年上海世博会提供环境保障作为核心，研究制定并落实世博会区域联动空气质量保障措施；由浙江省环保厅牵头开展的"健全区域环境监管联动机制"，通过建立危险废物环境管理信息系统网络交流平台，加强长三角地区环保联合执法，共同打击危险废物非法转移处置等污染环境违法行为，提高应急处置区域危险废物能力；由江苏省环保厅牵头开展的"完善区域'绿色信贷'政策"，在制定"长三角地区企业环境行为信息评级标准"的基础上，组织开展企业环境行为信息评级，两省一市环保部门联合或分别向社会公布"绿色"和"黑色"企业名单，并加强与金融主管部门的沟通合作，将有关信息及时提供给银行机构，纳入银行征信管理系统，作为审批信贷业务的重要依据。

2009年8月，江浙沪环保部门经过协商，联合制定了《长江三角洲地区企业环境行为信息公开工作实施办法》和《长江三角洲地区企业环境行为信息评价标准》，为推进区域企业监管一体化，提升区域环境管理水平作出探索。

2010年2月，由上海市环保局组织编制，并多次征求相关部门和浙江、江苏两省环保厅的意见，最终形成了覆盖面广、操作性强的《2010年上海世博会环境空气质量保障措施》。

根据世博会特点和上海环境空气质量实际，保障措施以常态长效措施为主，以期在保障世博会环境质量的同时，确保世博后的巩固和长期发挥作用。

2. 组织协同：建立领导小组和会商机制

本阶段的组织协同机制主要包括领导小组、联席会议制度和会商机制。世博会期间，为加强组织管理，长三角区域专门成立领导小组。上海成立世博保障领导小组，负责包括空气质量保障在内的各项工作，并由市领导担任组长，联合市有关部门和各区县政府，充分发挥不同层级和不同职能部门的力量。浙江成立"世博安保环沪护城河工程"领导小组，由省环保厅厅长任组长。江苏省也成立了参与 2010 年上海世博会领导小组办公室，加强组织领导，主动承担区域空气质量保障工作任务，层层把关，严格落实各级政府责任，全力保障世博会空气质量。

长三角区域联合制定发布了"世博会期间长三角区域空气质量联动监测方案"，9 个城市的 53 个空气质量自动监测站组成长三角区域环境空气自动监测网络，并以此为依托，建立了区域环境空气质量预报会商小组，对未来 48 小时的空气质量变化趋势开展技术会商。

此外，在 2009 年至 2010 年还先后召开了三次联席会议，明确江浙沪两省一市的合作方式，明确在区域政策标准和环境纠纷处理等方面的合作，以及世博会后区域长期协同治理战略。

3. 建立合作平台和促进信息共享

世博会期间江浙沪两省一市首次建立并使用联动监测平台，构建区域环境空气自动监测网络，共同发布空气质量信息。长三角联防联控主要依托苏、浙、沪环保部门的合作平台，建立环境空气质量联合监测和 48 小时趋势预报，重点控制以世博会场馆为中心 300 千米范围内的燃煤电厂、重点行业、燃煤锅炉、炉窑及餐饮企业油烟气、机动车、秸秆焚烧，并在应急措施启动时配合做好应急联动。

同时，江浙沪三地还加强区域内企业环境行为信息共享，联合向社会公布"黑名单"，并将其纳入银行征信管理系统，作为企业申请贷款的重要考核指标之一。会议期间，长三角区域大气污染防治协作机制依托苏、浙、沪环保部门共同建立的合作平台，不断加强区域环境信息共享，促进区域环境联动监管和联合执法，共同打击环境违法行为，提高区域应急处置能力和协同作战能力。

（三）巩固提升阶段（2011—2013 年）

世博会之后，长三角区域大气污染防治政府间协作机制的经验得到了各方认可，长三角各地开始在政府间合作方面做出更多的尝试，以巩固世博会期间的合作成果。2012 年 5 月 8 日，上海、江苏、浙江、安徽三省一市签订了《2012 年长三角大气污染联防联控合作框架》协议并达成了共识，该协议指出将在大气污染防治技术与管理、空气质量联合预报预警和应急管理、区域联合执法等方面加强合作。由浙江省环保厅牵头，抓紧编制长三角区域大气污染联防联控规划，加强大气复合管理和防治技术的交流与合作，在长三角重点控制区域率先启动 PM2.5 监测和数据发布，共同推进改善区域空气质量，这在全国起到了示范带头作用。

2013 年 4 月，长江三角洲城市经济协调会第十三次市长联席会全体会议上，沪苏浙皖联合发布了《长三角城市环境保护合作（合肥）宣言》，提出共建区域环保体系，共同推进区域大气污染防治，加强环境保护协调机制建设，加强区域环评会商交流、联合监测、联合执法等工作，共同抵御区域风险，减少区域纠纷。

2013年10月，在环境保护部的统一领导下，上海、江苏、浙江、安徽三省一市紧密合作，整合各类资源，建设长三角区域空气质量预测预报系统，以区域集合预报和信息共享系统为载体，将长三角区域中心建设成为长三角地区的数据中心、研判中心和会商中心。长三角预测预报中心按照"一个区域中心＋四个分中心"构架，整合三省一市资源和需求，把区域中心设在上海，主要是服务于长三角区域空气质量的联防联控，对各省市的空气质量预报进行业务指导。

此外，长三角还搭建了联合攻关平台，启动了环保部、科技部"区域大气污染源解析"和"大气质量改善关键措施"两项区域大气重点科研项目，开展了车、船等区域大气重点问题调研和重点行业排放标准对接的前期沟通。当遇到青奥会等重大活动时，三省一市可以通过这一平台进行联合会商，对区域空气污染趋势进行深入具体的分析与预判。这一平台的建设，将实现大气污染、环境监测、空气质量预报结果、预警等数据、信息的共享。

(四) 制度化建设阶段 (2014年至今)

经国务院批准，2014年1月，由长三角三省一市和国家八部委组成的"长三角区域大气污染防治协作机制"正式启动，这标志着长三角区域大气污染防治政府间协作机制进入制度化建设阶段，并且在2014年南京青奥会和2016年G20峰会两次重大活动中起到了较好的区域联合减排效果。

1. 法规政策协同

2014年4月,沪苏浙皖四地政府联合审议并原则通过《长三角区域落实大气污染防治行动计划实施细则》,明确了沪苏浙皖三省一市的目标,并制定具体实施计划。针对南京青奥会和杭州G20峰会,沪苏浙皖四地先后出台了《长三角区域协作保障南京青奥会空气质量工作方案》《长三角区域协作保障青奥会空气质量应急预案》《G20峰会长三角及周边地区协作环境空气质量保障方案》和《长三角区域空气重污染应急联动工作方案》。针对重点行业大气污染,环保部牵头组织长三角沪苏浙皖三省一市和相关部门共同制定了《长三角地区重点行业大气污染限期治理方案》,确定重点整治行业。

2. 组织协同

长三角区域大气污染防治协作小组办公室是长三角区域大气污染防治协作机制的常设办事机构,办公地点设在上海市环保局,主要负责区域大气污染防治的决策制定和落实、区域政府间联络沟通、提供保障服务等日常工作。

领导设置方面,小组组长由时任上海市市委书记韩正担任,副组长由时任环保部部长周圣贤、时任上海市市长杨雄和时任浙江省省长李强等担任;同时该协作小组还组织成立了相应的专家小组,由相关领域专家学者组成,负责长三角区域大气环境问题研判、政策标准制定、效果评估等。

3. 机制协同

首先,建立了会商制度。2014年1月,长三角区域大气污染防治协作机制召开第一次会议,这个机制明确了"协商统筹、责任共担、信息共享、联防联控"的协作原则,建立起"会议协商、分工协作、共享联动、科技协作、跟踪评估"五个工作机制,共同推动长三角区域在节能减排、污染排放、产业准入和淘汰等方面环境标准的逐步对接统一，推进落实长三角区域大气环境信息共享、预报预警、应急联动、联合执法和科研合作。会议讨论了《长三角区域落实大气污染防治行动计划实施细则》，其送审稿于同年4月在南京获得原则通过，这个实施细则在设立共同目标的同时，明确了信息共享、预警预报、应急联动、联合执法和科研合作等一系列内容。

其次，定期会议制度。长三角区域大气污染防治协作小组相关成员定期组织召开成员单位工作会议和协作小组办公室会议，对落实长三角区域大气污染防治协作重点工作建议进行讨论。

再次，建立科研合作机制。2014年初启动建设的国家环境保护城市大气复合污染成因与防治重点实验室，立足长三角区域的大气污染物开展科研工作，开展大规模的长三角大气复合污染联合观测实验，摸清长三角区域大气复合污染特征和污染规律。同时，形成长三角高时空分辨率大气污染物排放清单，摸清长三角区域大气污染源、大气污染物排放水平和时空分布特征；研究长三角区域大气污染物的来源和传输规律，支撑重污染应急联动。重点实验室不断加强人才培养，引进高层次人才，为区域大气污染防治科研合作提供人员和技术支持。

最后，联合执法机制。2014年5月召开的长三角重点区域大气污染防治法执法检查汇报会提出要不断加强政府间协作，共同解决重点和难点问题，促进多部门协同监管。区域联合执法逐步增强。机动车污染防治方面，出台《2015年区域黄标车异地协同监管方案》，沪苏浙皖三省一市进行联合执法监管，沪苏浙三地全面淘汰黄标车，安徽基本淘汰2005年以前的黄标车。秸秆治理方面，长三角区域三省一市携手，共同加强执法监管，严格执行秸秆禁烧规定，发现问题立即整改。扬尘污染防治方面，沪苏浙皖三省一市同时加大对建筑工地、渣土运输、堆场作业的执法监管，对降尘措施不当的企业进行处罚。

4. 数据共享与协同

长三角通过区域环境监测中心平台实现环境与气象数据共享，2015年6月，江西的环境监测数据被纳入长三角环境监测中心平台，与江浙沪皖共享空气质量监测数据、预报区域性空气质量变化趋势，实施对长三角及周边地区大气污染联防联控。在2014年南京青奥会、2016年杭州G20峰会等重大活动期间，长三角区域三省一市共享监测数据，对可能出现的重污染天气提前预警，并采取相应的应急措施。

三、长三角大气污染防治的合作策略

(一) 协调机制

长三角地区实际上已经存在促进城市合作的协调机制，即长三角城市经济协调会，但是这个协调机制实际作用有限。就协调机制本身讲，协调机制是部门间合作的赋能者，但不一定能真正促成部门间合作，特别是跨越行政边界的部门间合作更加艰难。

在空气质量监测方面，上海、江苏和浙江在世博会之前，为保障世博期间的空气质量，签署了《长江三角洲地区环境保护工作合作协议（2008—2010年）》，并于2010年初由环保部监测司牵头依托两省一市的资源，构建了长三角区域性的环境空气质量联动监测协作网。2010年4月26日，长三角区域空气质量监测数据共享平台正式运行，这一协作机制实现了参加联动的包括上海、南京、苏州、连云港、南通、杭州、宁波、

嘉兴和舟山在内的九个重点城市间数据的共享。①

但是，世博会结束后，长三角区域性的空气质量监测的合作步伐放缓。为促进长三角空气质量数据的共享，有学者倡议要构建长三角区域环境合作平台，促进长三角各政府在区域环境治理中的合作。② 访谈中，上海方面空气质量监测部门的领导一致倡议："要依托现有的监测网络资源，建立区域联动的监测网，并对监测数据进行共享。"同时，还应当促进长三角应急联动子系统的建设，建立应急联动数据库，促进信息的整合。③

（二）合作促成要素

对长三角而言，以上海为核心的长三角经济发展区域是当前中国经济发展潜力最大、速度最快的地区之一。上海、江苏、安徽和浙江在空气质量监测方面的合作是建立在共同的合作需求、既往的合作经验及技术的进步、牵头方的贡献等基础之上的。

首先，合作的需求。长三角区域空气质量监测合作的需求可以从客观和主观两个角度来分析。客观上说，长三角区域由于地理位置、气象条件、污染成因等的相近性，大气污染的相互作用明显。同时，由于大气污染是相互输送、相互影响的，

---

① 安静、王海燕：《世博会环境应急保障程序启动长三角区域联动监测》（2010年4月28日），新闻网，http://www.chinanews.com/expo/news/2010/04-29/2253673.shtml，最后浏览日期：2020年12月29日。
② 邹瑞玥：《长三角跨界污染严重 专家吁建区域环境合作机制》（2009年10月31日）中国新闻网，http://www.chinanews.com/cj/cj-hbht/news/2009/11-01/1940947.shtml，最后浏览日期：2020年11月1日。
③ 陆涛：《长三角区域空气质量预警联动系统及其在上海世博会的应用》，《环境监测管理与技术》2011年第23期，第68—73页。

因此实现长三角区域空气质量信息的整合，有助于提升各自城市空气质量监测与预测的准确度。同时，从主观上说，上海、江苏和浙江环境部门在世博会期间的合作经验激发了环保部门进一步合作的需求。世博会期间长三角区域空气质量自动监测网络和数据共享平台的成功运行，为世博会后长三角区域空气质量预测预警的合作提供了宝贵的经验。① 实施空气质量预测需要充分了解长三角其他城市空气质量监测的数据，因此，各城市之间存在信息资源的相互依赖，根据资源依赖理论，部门间会产生合作的动机，促进部门间信息资源的共享与整合。

其次，合作的技术保障。技术的同步推动了长三角空气数据平台的信息共享与整合。美国环保署与上海、浙江、江苏在推动长三角地区空气质量实时发布系统（AIRNow）项目的开展上达成共识，浙江、江苏也相继与美国环保署签订了AIRNow-I的合作协议，开展进一步的合作与交流。AIRNow-I项目在上海、浙江、江苏等地的推进促进了三地数据的统一，也促进三地之间空气质量数据的共享与整合。2012年11月16日起，江苏、浙江、上海同步试发布环境空气质量指数（AQI），这也促进了未来长三角空气质量信息的进一步整合。

最后，外力的缓慢推动。长三角地区大气污染防治工作的合作过程是缓慢并持续推进的。合作的推进还依赖于相关活动的促进，2014年长三角区域政府间合作机制建立以来，在南京青奥会、世界互联网大会、国家公祭日、杭州G20峰会等多次重大活动期间的空气质量保障工作中发挥重要作用。

---

① 刘娟：《长三角区域环境空气质量预测预警体系建设的思考》，《中国环境监测》2012年第28期，第135—140页。

(三）策略选择

在区域政府部门的合作中，由于各部门的资源禀赋和技术优势等存在差别，部门间的合作呈现出"智猪博弈"的特征。根据以上分析，当前长三角地区的部门间合作是强弱部门之间的策略博弈，可以用"智猪博弈"的模型来解释各部门的策略选择。在空气质量的监测方面，上海在资源（如技术、知识）上的优势，使上海在与江浙皖三个省份的博弈中成为强者。在如何促进长三角地区空气质量检测数据的共享和合作方面，就呈现出显著的"智猪博弈"的特征。作为强势方的上海，它是国际化大都市，受经济发展水平与人文素质情况的影响，上海市对空气质量检测和预报的要求非常高，而空气是流动的，上海市空气质量的好坏和预报的准确性需要江苏、浙江和安徽相关数据的支持，因此，对上海而言，等待并不是其最优策略，甚至会带来市民和企业的不满，最终影响城市的国际影响力；而行动起来，带动长三角一带空气治理的检测和预报工作，尽管可能会损失其技术优势，但是长远来看，却有利于带来多方共赢。

对苏浙皖三省来讲，由于各地的技术相对上海来说并不完善，技术的劣势也成为部门间合作的障碍。调研中，上海环境监测中心的有关技术人员也提到："尽管说是合作，但是有时候开会中他们（苏浙皖）也会表示，你们（上海）的步子太快了，我们追都追不上。"

四、跨行政边界的部门间合作机制的问题与优化

不同地方政府部门间的合作从本质上来说，是府际治理的子集。经济合作与发展组织（OECD）在对地方治理实践方式的总结中指出，地方政府间关系的第三个阶段就是建立伙伴关

系，以政策议题为导向，整合资源，促进协同，来解决区域内的问题，实际上这就是部门间合作的范畴。① 跨省的部门间合作与一般政府部门间合作不同，由于各个部门隶属于不同的政府，而不同政府在治理中的标准、程序、制度等存在差异，因此部门间的合作也更加艰难。

(一) 长三角区域环保部门间合作的问题

虽然长三角区域大气污染防治政府间合作机制建立以来，区域大气污染问题有所缓解，区域联动协作，共同改善大气污染也取得了显著效果，但是，长三角区域协作机制在确保区域协同治理整体性方面仍存在一些问题。

1. 缺乏统一的顶层设计

尽管长三角区域大气污染防治协作机制已经建立，也开展了多种形式的沟通、协商与协调，但由于三省一市各自为政，各地区尚未实现有效协同。根据周冯琦、程进对长三角环境保护协同发展评价与推进策略中的区域环境保护协同发展评价研究发现，长三角三省一市总体上处于协同严谨状态，但各个地区的环境保护的协同度数据均较小，最大的仅为0.266，各地区环境保护协同发展的水平还较低。②

受属地主义管理的影响以及"行政区行政"的掣肘，长三角区域缺乏系统的顶层设计，不能进行有效的管理衔接，地方政府各自为政、各行其是，发展功能紊乱，在区域环保政策法规、排放和准入标准、执法水平和管理措施等方面尚存在较大

---

① OECD, "Local Partnrtdhips for Better Governance", OECD, 2001, pp.14-15.
② 周冯琦、程进:《长三角环境保护协同发展评价与推进策略》，载于《长三角环境保护协同发展与协作治理》（上海资源环境发展报告2016），社会科学文献出版社2016年版。

差异。在发展中,长三角三省一市未能根据环境可持续发展要求,在充分考虑区域大气容量和承载力、合理配置区域环境大气资源、最大限度地节约资源的情况下制定长三角区域大气污染防治规划。要制定区域大气污染防治规划,除了要对区域内的能源战略、产业结构和布局、交通一体化、工业发展进行统一规划,制定区域目标外,还应明确各地方政府的目标和功能定位,并提出相应的治理措施。通过区域大气污染防治规划,进行体制机制创新,增强区域政策协同力,推动长三角区域产业结构升级和空气质量提升。

受限于经济水平的差距,长三角三省一市在环保投入上的能力不同,环境监管的技术手段参差不齐,环保系统与基础设施建设的能力存在较大差异,导致难以实现有效的互联共享,给区域环境决策带来难度。

2. 政策标准不一致

一方面,尚未形成有力的区域性大气污染防治政策法规。长三角区域尚无区域性大气污染防治政策法规,还存在区域三省一市对同一事项在申报、审核、处理、反馈等方面的规定不一致的现象,这给区域大气污染防治政府间协作带来巨大障碍,同时也不利于社会公平。当前区域内对环境标准、环境执法、产业准入等缺乏协调,区域政府的责任与义务缺乏合理明细的制度化保障,导致各区域政府以自我利益为准则,难以实现与其他政府的有效协同。

另一方面,区域内环境标准不一致。统一区域内环境标准是区域政府间合作的一个重要方面,而长三角三省一市由于环保政策法规、排放标准和环境管理措施不一致,导致区域内环境合作也缺乏明确的量化目标,制约了长三角地区环境保护的整体协调和有效衔接,给区域大气污染防治政府间协作带来障碍，同时也不利于执法监督。以空气质量监测为例，在空气质量的指标体系上，从 2012 年 11 月 17 日开始，上海开始使用 AQI 指数，即空气质量指数，将空气质量指数分为优、良、轻度污染、中度污染、重度污染、严重污染六级，相对于之前采取的 API（空气污染指数），采用的标准更严、污染物指标更多、发布频次更高，其评价结果也将更加接近公众的真实感受。① 浙江 2013 年 1 月 1 日起开始正式发布 AQI 指数，江苏是 2012 年 10 月 12 日开始使用 AQI 指数。两省一市之间在空气质量指数上的使用差别也加大了部门之间合作的难度。

长三角区域尚需制定统一的区域环境质量标准，逐步统一各项大气污染物排放标准，建立区域车用油品供应、异地黄标车监管、船舶污染控制等区域性标准。同时，应统一区域产业准入制度，防止污染企业在区域内"自由流动"。访谈中，有被访谈者指出："造船行业要体现企业主体责任，加快治理工程建设，在源头管控、工艺改进、过程管理等方面主动提升环保水平，要求企业对照本省船舶制造行业排放标准要求，严格把握治理时间节点，推进治理工程建设。"

3. 区域协同机制不健全

由于环境管理实行属地管理的原则，体制壁垒导致当前区域政府间的协作面临诸多困难。即使在同一政府内部，大气污染防治管理部门较多，除环保部门外，还涉及能源、交通、工业、农业、建筑、生活等领域的管理部门，这些部门间存在职能交叉、错位、缺位等现象，使政府治理大气污染的力量较为分散，难以有效协作。区域政府间协作要从区域层面协调多个部门，其难度也相应更大。

---

① 李蕾：《卡通宝宝形象讲述空气质量》，《解放日报》2012 年 11 月 16 日。

区域大气污染防治政府间协作的目标设定和责任划分不明确，目标考核机制不健全，都制约了区域联防联控和统筹协调的力度。虽然长三角区域政府间在大气污染防治领域开展了诸多协作，但是尚未形成强有力的顶层组织机构设置和持续稳定的协作机制，随着长三角区域政府间协作需求和协作力度的逐渐增强，更需要加强区域统筹和制定区域发展规划，优化区域资源配置。

同时，经济社会发展差距也制约了协同的发展。长三角三省一市的经济发展差距影响了发展要素在区域内的合理布局，江浙沪三地作为发达地区集聚了优质的经济和环保资源，而安徽相对发展水平较低，影响了各环保要素在区域内的流动以及区域环境质量标准的制定，进一步影响了区域内协同。

最后，区域内合作研究的机制不健全，针对区域复合型污染的研究相对较少，对各类污染的成因、危害及控制方面的研究滞后，导致无法对大气污染治理提出科学化、精细化的治理对策。

4. 管理机构乏力，政策执行滞后

虽然长三角区域大气污染防治协作小组已经建立，但是其更多的是发挥区域协调沟通的作用，缺乏强制力保障。而强有力的区域监督管理机构的缺失会对区域政府间协作机制带来诸多不利影响。区域协作小组不具备执法权，没有处罚权，因此对于不履行责任的行为缺乏威慑力。

区域监管机构的缺失使得各地政府在执行区域大气污染防治政策时并不积极。区域监管机构的重要职责之一就是监督三省一市的政策执行情况，监管不到位，无法追究政府官员的责任，也就无法进行有效的问责。同时，还会造成联合执法困难。区域监管机构是站在区域整体的角度进行监管的，涉及对区域内各个地方政府的监管,联合执法将成为其主要工作方式之一。

5. 责任划分尚不清晰,问责困难

要使区域政府间协作达到预期效果,必须清楚地划分各自的责任。有被访谈者指出:"要加强协调督办,进一步明确责任,加快编制保障方案,狠抓保障措施落实,做好重点区域和城市污染管控,加强应急演练和执法监管,推进各项保障工作顺利开展。"

责任划分不明给政府考核和问责带来困难。三省一市责任划分不明确,也就无法对区域大气污染防治政府间协作的效果进行科学合理的评估,也就不能实现有效的目标管理,当出现问题时,易造成政府间相互扯皮,互相推诿。责任划分不明确会使部分成员产生"搭便车"心理,不劳而获,坐享其成。尤其是大气污染防治具有典型的公共性,加之四地经济发展差距较大,政府作为"理性经济人",往往追求自身利益的最大化,而不考虑区域整体性发展,使政府间协作治理区域大气污染变得更加困难。

6. 重大活动之后的协同缺乏持续性

长三角区域已经成功举办了上海世博会(2010)、南京青奥会(2014)、杭州G20峰会(2016),这些重大活动期间,长三角区域政府间进行紧密合作,加强联防联控,共同保障了活动期间的空气质量。重大活动期间建立了长三角区域大气污染政府间协作机制,效果明显,具有良好的示范和标本作用。但是,重大活动期间的行为受时间和空间的限制,有很强的政治因素,在活动结束后,各种强制措施也纷纷取消,反而导致短期内区域大气污染加剧。仅仅依靠重大活动期间的临时性措施会使短期效果明显,从而长期发展得不到重视,这主要是因为重大活动期间区域政府间紧密合作，联合采取多项保障措施，而这些措施多是临时性的，一旦活动结束，这些管制措施就会被政府解除，活动期间取得的良好效果也就无法持续。访谈中，也有被访谈者提到："治理大气污染单靠一个城市是不行的，至少要在一个区域甚至全国范围内共同采取措施。不仅在奥运会、世博会期间（等重大活动期间）需要区域大气防治，更要让其成为长期的措施。"

(二) 长三角区域环保部门间合作的优化

区域大气污染治理是一项长期而艰巨的任务，建立和完善区域政府间合作机制已经成为各方共识，这需要中央、区域和地方政府从整体出发，逐渐完善相关政策保障体系和配套机制，明确各自责任并严格落实，使各部门各司其职，形成治污合力，共同推进区域大气污染治理。

1. 健全法规政策与标准体系，优化顶层设计

首先，应当以法规政策的形式明确中央和地方在数据资源共享中的职责，对大气环境数据的共享搭建基本框架，明确相关主体在大气环境数据共享与协同中的工作方式和责任。另一方面，制定促进区域间政府协同的政策。区域政府间必须通过政策协调，在法律规范方面达成一致，制定符合区域整体利益的政策，实现共赢。国家层面制定的法律法规通常较为宏观，而地方根据实际情况制定的政策措施则更为具体，更具有针对性。宏观与微观相结合，让法律真正落到实处，不会成为"一纸空文"。实际中可以由环保部牵头，并与其他国家相关部门共同协商，从整体利益的角度，结合区域发展特征，制定区域大气污染防治政策法规体系。

其次，通过制定标准对大气环境数据共享与政府间协同进

行统一协调和部署。大气环境数据的共享，应该遵循"坚持统筹规划和重点实施相结合、技术和标准的先进性与实际应用的可实施性相结合"的原则，本着"统一数据来源、统一数据标准、统一数据流程、统一数据服务"的原则进行建设，统一编码、统一格式、统一标准。规定可以共享的数据的类型、范围、提供形式等，区域内每个站点收集回来的数据，应该遵循统一的数据标准和技术规范，避免工作的重复和时间的浪费。

最后，要从战略规划的角度进行区域发展的通盘考虑，统筹安排，明确区域间协同的目的，制定长三角区域环境协同保护的整体规划，建立与经济发展任务与重点相配套的环境保护战略。要按照长三角资源环境的承载能力限制，划定区域生态红线，强化区域经济社会发展的资源环境约束，并以此作为区域内产业结构调整和空间布局规划的重要依据。

2. 建立部门间合作的组织管理机制

区域政府间合作机制的建设应注意从组织管理、领导机制、多元合作关系等多方面开展。

第一，要进行充分的协商与沟通。不同区域内的部门间合作不能通过流程的优化得以实现，而需要部门间的不断协商与沟通。相对于同一政府内部的合作而言，跨区域的部门间合作进展比较缓慢，同时由于部门间发展的不平衡，发展速度也不均衡，部门间合作呈现出断断续续的特征。此外，长三角各城市间观念上也有差别，各自的立场不同，因此需要建立沟通与协商制度，促进各地的相互理解与配合。

第二，在领导机制方面，长三角三省一市尤其是苏浙沪的经济实力相当，因此在协作制度建设中既离不开来自中央政府的统一领导与协调，又离不开各区域政府内部的制度安排，区域内各政府的环保部门要建立促进区域间协作的科室，促进区域政府间协同。

第三，在协作机制的建设方面，尽管长三角环境治理方面的需求一直存在，但是鉴于合作实现的难度，部门间合作总是断续进行。除了各部门领导正式或非正式场合的交流与沟通外，当前没有形成专门的合作机制进行协调，这也进一步增加了部门间合作的难度。对跨政府的部门间合作，合作机制应该是具有一定的协调能力的，既可以由各方共同服从的上级来组织，也可以是基于协议由各部门形成工作委员会的形式来协调，通过协作机制的建设来推动地方政府的部门间合作。

第四，上级政府的政治保障。由于长三角地区的合作是跨省级政府层面的，两省一市都是省级政府单位，在地位上是平等的，很难通过某一个省份的单方努力实现区域内部门间的合作。在对上海市环境监测部门的采访中就有领导提到，"对于区域合作的推动，我还没有这种影响力"，"……所以我去游说我们的领导（上海环保局，作者注）去推进，因为跨省市的事情还是需要和环保部来沟通"，"世博会后他们（江苏浙江，作者注）说不做了，我们也没有办法。"对跨政府的部门间合作来说，既需要国家层面的支持，又需要相关业务部门的配合。

部门间都有合作的共识，但是合作行动的开展还需要上级政府的推动，如采访中就有人提出："共识是共识，行动是行动。"环保部的参与将推动跨区域的政府部门间的合作。同时，即使各地都有合作的想法，但是"节奏和步骤不太一致，拖得时间也比较长"，所以需要上级政府的行动推动。

3. 建立区域政府间的监测数据共享机制

通过环境监测数据的共享，可以使各个地区获得整个区域的大气环境数据，并根据区域环境质量的状况和变化趋势，提高对大气环境污染的准确判断，并及时启动应急预案，提高区域协同的效率。

各地实践表明，解决当前大气污染问题的关键在于打破大气环境数据壁垒，基于数据共享与开放推动大气污染治理工作的进程，促进政府大气污染治理工作中跨地域、跨部门、跨界的多元治理格局的形成。大气环境数据共享应以大气污染防治、空气质量提升甚至整个社会经济的全面发展作为终极目标，基于大气环境数据共享，将大气环境数据充分应用于战略决策制定中，实现环境保护、社会治理与经济发展相互融合的高质量发展。

建立大气环境数据共享机制可以将原本分散于各不同机构的数据资源集中起来共享使用，改变大气环境行业的"信息孤岛"状态，避免数据资源的重复建设，避免重复立项、信息重复采集、仪器设备重复购买等情况的发生。通过大气环境数据共享机制的建立，充分调动行业各机构、各单位共建资源、共享服务的积极性，促进区域政府间各部门的有效协同，保障数据的高效利用，促进大众创业、万众创新，提高政府的公信力。大气环境数据共享机制建设目标在于推进大气环境数据的常态化共享，实现数据有效互联互通，避免不同政府部门间数据重复采集，降低行政效率与成本；充分发挥已采集数据的潜在价值，为大气污染防治政策与大气环境质量提升提供有效支撑。

大气环境数据共享可以促进大气环境数据在内部各平台间、不同区域政府的环境部门间实现有效互联互通，可以更好地预测大气污染演变趋势，对制定基于数据驱动、科学、精细化的大气污染治理措施具有重要意义，利于形成各地方政府内部与区域政府间大气污染治理的有效协同。

第六章 结 论

从总体上看,部门间的关系是冲突与合作之间的渐进调适过程,这种调适不仅是资源交换与利益均衡的产物,也是各行动主体策略组合的结果。部门间的合作机制因层级、业务性质的不同而存在差异,因而其适用性也存在差别。

第一节 部门间合作的逻辑

通过对部门间合作的行动主体、行动过程及策略选择的分析可知,部门间关系因目标而妥协,因利益而竞争,因责任而冲突。部门间合作机制的建立需要明确部门间的界限,在规则透明的博弈空间中,实现资源共享与利益互惠。

一、部门间合作与冲突的渐进调适

部门间权责的重叠与交叉,在激发部门间合作动力的同时也隐藏着冲突的可能。部门间界限不清晰导致部门间合作困难重重。因此,优化部门间关系,首先需要对各部门职能进行清晰定位,涉及公共服务的领域,可以考虑从受众的角度进行重新设计。

权责不明是部门间产生冲突、推诿的主要原因,因而部门间界限的确定是"跨界"的前提。一方面，界限影响的不仅是各部门所应承担的权力与责任，也会进一步影响各部门在组织间合作中所处的地位；另一方面，模糊的界限还会增加部门之间为控制资源和领域而产生冲突的概率。

同时，界限又是动态调整的，各部门会通过部门立法等途径将既得利益法律化，同时也会通过控制资源数量的多少而渐进地改变合作组织的结构。因此，从总体上说，跨部门的合作过程是在变动的边界中的部门间战略的调适过程，也是部门间为了实现利益而不得不采取的"妥协"。

二、合作秩序是合作机制的协调结果

机制是高效的自适应系统，而部门间合作机制的构建旨在形成部门间共同应对外部公共问题的平台。合作机制既强调组织内部各要素之间的关系，又强调如何实现部门间的协调运转。当前，部门间合作在中国语境下已经形成了多种合作机制，并且这些机制在部门间的协作关系中起到了一定的积极作用。

部门间合作秩序的实质是各种协作机制的协调结果，因而合作机制的构建既需要机制内部的良性互动，也需要相关辅助机制的配套建设，如部门间合作的激励与问责机制、信息共享与整合机制、领导协调机制及信任机制。只有在合作机制的规范运作中，才能实现部门间的良好协调。

三、核心资源的占有、共享与交换过程

组织间合作的意愿源于各组织不具备单独解决问题的全部资源或能力，必须与其他组织合作，共享资源。由于对资源有需求的部门需要与愿意贡献资源的部门建立良好的协作关系，

这种资源依附关系也就强化了部门之间的相互依赖的程度。因此，整个部门间合作的过程也是资源共享的过程，同时部门之间的相互依赖关系促使每个参与者都可以从合作中获益。

根据部门间资源依赖的程度和组织间合作的意愿程度，部门间的合作类型可分为以下四种，如表 6-1 所示。

表 6-1　部门间合作的类型：资源依赖与合作意愿的视角

	合作意愿强烈	不期望合作
资源依赖性高	积极主动的合作探索	相互推诿或被迫合作
资源依赖程度低	较少的创造性合作	不合作

（1）资源依赖程度高，合作意愿强烈。这种情况下，各部门离开其他组织就不能实现部门的利益。因此，合作是各部门的共识，不仅如此，各部门还会积极主动地探索合作策略。同时，这种合作类型往往发生在对各部门都有利可图的事务的处理上，比如土地审批权的行使。

（2）资源依赖性高，但是合作意愿并不强烈。这种主要针对棘手的管理问题，由于部门间没有进行合作的共识，因此当出现问题后，部门间倾向于相互推卸责任，如关于食品安全监管问题的处理。因此，为解决这类弊端，需要部门间在权威作用下开展被迫合作。

（3）资源依赖程度低，但是合作意愿强烈。这种情况会发生在跨地区同级部门相同业务部间之间的合作。合作的主要推动力量可能有两种，一种是组织人事的作用，比如因为领导人事的变迁所带来的部门间的合作，如前所叙述的省级领导干部的调任会带来省际合作；另一种是由于业务内容具有相似性，比如长三角地区在空气质量检测方面，尽管不具备较强的资源依赖关系，但组织间为了探讨共同事务的处理办法，会努力开展一些创造性的合作活动,据上海环境监测方面的领导介绍,各方商议决定成立专门的工作机制等方式来促进长三角空气质量检测部门的合作。

(4)资源依赖程度低,也不希望合作。即完全不相干的部门间一般不会产生合作,如果部门间存在基于权威作用下的被迫合作关系,那么这种合作关系也不具有长久性和稳定性。

四、部门间的利益均衡过程

利益是组织间合作的前提之一,组织间合作都预先假定有一个其成员共同享有的利益,这些利益既可能是单一的,也可能是多元化的;既可能是长期利益,也可能是短期利益;既可能是本次合作利益的获取,也可能是为未来的合作。此外,利益互惠是组织间合作的另一前提。互惠是合作的基础,在部门间合作过程中,各行动者多数基于对利益的追求而共同行动。

"利益催生动机,动机引发行为",共同的利益诉求促使各行为主体为共同利益的达成而不断进行合作,但部门利益甚至个人利益的存在,也使部门之间会因为利益最大化而竞争。利益有冲突的、一致的、不相关的三种类型,这三种利益关系带来了组织间合作关系的差异。利益冲突的情况下组织间会为资源或利益而相互争夺与冲突;而利益一致的情况下,组织间会更倾向于合作;在利益不相关的情况下,组织间关系较弱,但也不排除部门间为了未来的发展或可能的某些个人利益(如人情)而合作。

五、部门间合作是行动主体策略组合的结果

部门间合作的行动者包括个体和行政组织,这些行动者的属性就会影响他们的策略选择。换言之,部门间的合作是行动

主体策略组合的结果。基于博弈理论，部门间的合作秩序是博弈规则下的制度均衡状态。① 按西方学者的博弈论观点，在部门间的合作中，各行动主体基于自我利益最大化，既可能在合作中选择背叛，也可能选择合作。因此，行动者之间的博弈均衡形成了最后的部门间合作的策略。

第二节　部门间合作机制的差异性与适用性

本书主要从总体上来分析部门间合作的逻辑，但由于不同层级的政府部门所承担的职责存在差异，因此不同层级的部门间合作也存在不同特征。

一、中央与地方部门间合作的差异比较

本书中论述的部门间合作涉及三个层次，一是中央政府部门间的合作，主要以议事协调机构和食品安全监管机构的大部制改革为例；二是地方政府间的部门间合作，以长三角大气污染防治为例；三是地方政府内的部门间合作，以 M 市行政服务中心的建设为例。基于本书的分析框架可知，由于各种合作机制所处的制度空间存在差别，因此中央、地方的部门间合作也存在差异。

首先，从法定职能看，中央政府部门间合作的主要目标在于政策的制定和重大事务的解决。部际联席会议、领导小组的设立等多数都是为了协调部门间意见，防止部门间推诿

---

① 陈毅：《博弈规则与合作秩序——理解集体行动中合作的难题》，吉林大学政治学理论博士学位论文，2007 年，第 35 页。

扯皮；而重大问题的解决上，比如食品安全监管体制的改革，由于食品安全问题的频发，部门间职能的交叉成为社会关注的焦点，因此，需要从中央层面理顺部门间关系。而地方政府的主要目标在于政策执行中的协调、城市治理或公共服务的优化。

其次，从协调机制看，中央政府部门间的协调是有关政策的制定，更具普遍影响力，因此协调机制的建立更加严格，这一点在国务院关于议事协调机构和部际联席会议建立方面的说明中就得到充分体现。而地方政府则多数采取地方的执行方式，因此呈现出百花齐放的状态。中央鼓励地方政府因地制宜，进行机制创新。

最后，从部门间合作的动机与过程看，中央政府部门间的协调是基于资源的共享或领导的协调而实现的利益或权力的分配过程，实现过程多数由某一部委牵头、其他部委配合的方式。而地方政府的部门间合作则呈现更多的平等自愿的特征，尤其是跨地域的部门间合作，由于各部门之间的资源依赖程度低，合作也并不是制度规定的必选项，因此，合作往往是迟缓的，即使形成合作机制，合作机制也往往并不稳定。

二、不同协调机制的适用范围存在差异

从总体上看，当前中国的部门间合作主要呈现出"协调"的特征，前文论述主要分析了议事协调机构、行政服务中心、大部制等中国政府主要采用的三种合作模式，这三种模式对资源的整合程度依次递增。议事协调机构主要是权力与人力（领导者及下属）的共享，行政服务中心侧重于地理位置上的整合，而大部制是职能整合。从具体实践的难度上讲，议事协调机构等相对简单，但是成效高低没有评判的标准，也不承担法

定的责任;行政服务中心相对比较容易,其设置并不改变原来部门的结构、权责与职能;而大部制则是对权责、职能、资源结构等的全方位的改革,源于合作但又高于合作,是解决棘手问题的有效途径。

通过分析可以看出,不同协调机制下的协调出发点的逻辑也存在差异。议事协调机构的协调出发点是基于权威的协调,多数议事协调机构的负责人都是国务院总理、副总理、国务委员或副秘书长等高层领导;同时,参与议事协调机构的各部门的参与人员也主要是各部门的部长(主任)、副部长(副主任)或部长助理(主任助理)。因此,这种协调呈现出权威性,而其适用范围也主要是重大决策的制定及宏观性、战略性问题的处理等。

行政服务中心的协调是基于信息技术与沟通协商的协调,行政服务中心是地方政府为公共服务的提供及行政审批权的有效实施而设置的协调单位。其协调的主要内容在于信息如何共享、权力如何配置。这种协调模式的出现得益于信息技术的发展,信息技术的发展一方面促进了协调的积极性与主动性,另一方面也带来了协调机制构建的可能性。行政服务中心的协调方式与议事协调机构的协调存在差异,这种协调不仅仅需要权威,还需要各成员个体的自愿协商。

协调是当前政府部门间关系的重点,但针对不同的业务类型,其协调的形式也存在差异,如表6-2所示。协调形式多种多样,并不是所有的协调都需要建立协调小组或者实体性的协调平台,也不是说协调机制存在就能实现良好的合作。对于决策性事务,比较有用的协调机制是会议式协调,给予各部门足够的表达空间发表意见和建议;对于执行类事务,比较实用的协调机制是领导式协调,由责任领导牵头各部门对具体问题或专业性事项开展协调；对于监管类事务，比较实用的协调机制则是调研式协调，各部门通过调研对重大决策的制定及宏观性、战略性问题的解决进行协商，寻求共识。

表 6-2　不同协调机制的适用范围

适用范围	协调形式	协调层级	协调内容
适用于决策的协调机制	高层决策会议	最高决策层	国家重大事项
	现场调研办公	高层或部门决策层	特定问题、突发事件
	部门决策者参与的部际联席会议	部门决策层	涉及多部门的复杂问题
适用于执行的协调机制	领导牵头机制	主要或分管领导	跨部门的专业事项
	议事协调机构下的职能部门	承担职能的部门	专项具体问题
	主要部门牵头	相关责任部门	重要的专业性事项
	部门职能司局参与的部际联席会议	职能司局	专业性事项
	具体操作层参与的部际联席会议	操作层	执行中的具体问题
适用于监管的协调机制	综合性协调机制	宏观调控部门	国家发展战略等重大问题
	现场调研办公	最高决策层	政策落实、苗头性问题
	上层议事协调机构	上层协调委员会	宏观性、战略性问题

资料来源　仇赞：《大部制前景下我国中央政府部门间行政协调机制展望》，吉林大学公共管理专业硕士学位论文，2008年，第40页。

第三节　政府部门间合作关系的优化与发展

合作，其作用在于实现组织间的良好沟通，并且实现部门间"无缝接轨"。对政府来说，合作是一个重要而又基本的问题。在某些情况下，结构方面的改革使合作问题变得更加突出，但到目前为止，还没有一个明确、能够解决这一不断出现的难题的方法。[①]

一、优化职能，划清界限

合作也是有边界的，部门间跨越边界进行合作的前提是部门间存在清晰的界限，否则在模糊的中间地带容易形成混乱治理状态与责任推诿现象。对各部门而言，当前政府职能的设计就存在"机构庞大、职能分散及职责不清"的现状，要想划清边界就需要先理顺职能。最近两轮的政府机构改革已经体现了这一路径。

但是组织边界也有其局限性，因为边界的存在，组织不能及时应对环境的变化而变革。对此，有学者建议可以通过组织间网络来促进部门间的协调，实现对组织边界的管理。组织间网络是组织间相对稳定的一种合作状态，可以迅速适应组织环境的变化，提供跨部门的行动能力。同时，也有学者指出，需要制定出台《政府部门间关系法》或《政府部门间关系条例》等法律法规，对同一层级政府相关职能部门的协作配合给予法律

---

① ［美］盖伊·彼得斯：《政府未来的治理模式》，吴爱明、夏宏图译，中国人民大学出版社 2001 年版，第 141—142 页。

上的规定。①

二、部门间协调制度的建设

协调制度的建设为协调行为的常态化提供了制度化的保障，因此需要加强部门间协调程序制度的建设，包括在协调机制的启动、协调的主体、协调层级、协调的程序、协调的方式手段、协调规则、权责情况等方面都应当作出一定的规范，甚至还要对不同的协调机制的适用范围进行更加严格的规范。对已经设立的协调机制要进行监督考核，确保协调机制的规制性、高效性与权威性，以更好地促进协调机制效能的发挥，建设协调、高效、法治的服务型政府。

其次，部门间合作的开展还需要配套制度的建设，如对信息资源的共享机制。信息是部门间合作的基础资源，部门间合作难以推进的一个原因就在于部门间数字鸿沟的现象。所以加强信息资源的共享，需要从共享机制的建设上加强部门间的沟通与协调。

此外，部门间合作还需要处理好部门间的冲突关系。虽然冲突是不可避免的，但要理性地对待冲突。当各部门存在意见分歧或职能交叉时，及时予以恰当处理、弱化冲突，从而增进合作的"正能量"。从实现路径的角度入手，对于棘手问题，通过跨部门政策的制度安排来解决复杂问题也是一种可行的选择。

---

① 陶希东：《跨界治理：中国社会公共治理的战略选择》，《学术月刊》2011年第8期，第22—29页。

三、职能整合带动机构整合

彼得斯的参与模式理论认为:"协调是由下而上而非由上而下进行的",因此应该将思考的重点放在计划的受惠者身上,而不是去关注提供服务的组织以及这些组织彼此间的官僚关系。① 从这个意义上讲,本书认为,需要从政府职能的梳理和业务流程再造出发,提供整合的或联合的公共服务(integrated or joined-up services),② 用服务的整合带动政府职能的整合,而不简单地仅仅关注行政组织间的协调。

从政府职能梳理入手,通过服务整合来促进政府部门间的协调可能是解决部门间关系困境的一剂良药。无论何种合作机制,目标都在于公共服务的提供,因此可以考虑通过服务的整合带动部门的整合,促进部门间的协调。

四、合作文化的构建

组织间合作关系的建立需要形成一种"合作的文化",合作文化是组织间所共同享有的价值观念,是引导组织间协作的非正式的工具,强调各政府部门要从组织整体的角度衡量得失,从"公益"的角度看"合作文化",也是对公共利益的实现展开的探讨。责备型文化与合作型文化对部门间合作产生关键影响,合作文化也是促进组织间有效合作的最重要的因素之一,③ 关

---

① [美]盖伊·彼得斯:《政府未来的治理模式》,吴爱明、夏宏图译,中国人民大学出版社2001年版,第140页。
② 在此方面,比如上海"一网通办"建设中高效办成一件事的做法,即为服务整合。
③ Cheryl Lynne Harris, "Collaboration for Organization Success Linking Organization", University of North Texas, 2005, p.27.

于责备型文化与合作型文化的区别可见表6-3。在合作的组织机构中，每个人期望与其他行动主体合作来共同处理问题，因此一旦问题出现后，这种合作式是自发、高效、习惯性的，各部门的时间和精力也主要用于寻找恰当的合作者，而不是用于寻找"替罪羊"。

表6-3 责备型文化与合作型文化的比较

责备型文化	合作型文化
时间和精力被用于寻找"替罪羊"	时间和精力被用于寻找合作者
时间不花在解决问题上	自发地解决问题
合作是被迫的，而不是自然而然的	合作是高效、习惯性的
问题出现后，会转嫁批评、逃避问题或指责他人	问题出现后，会由相关个体组成小组来解决问题
部门之间相互背叛	部门之间协调与合作
不懂也不期望通过组织来处理问题	知晓如何组建一个组织来共同处理问题

资料来源：Cheryl Lynne Harris, *Collaboration for Organization Success Linking Organization*, University of North Texas, 2005, p.27。

如何构建组织间的合作文化呢？良好的合作文化应该具备以下几个特征：（1）合作是一种心态，是一种自然的倾向，是高效率做事的习惯。合作文化中的决策是在恰当的时候以合作的形式作出的。（2）合作关系不是独裁关系，要把重点放在建立关系上，在合作关系中，没有"我"的概念，而是"我们"。（3）合作组织的不同个体之间要相互尊重，并建立开放式的信任。

五、部门间合作机制的创新

传统的部门间合作机制囿于中国的"条块"体制限制了合

作效能的发挥。如在跨部门信息资源共享中，部门间的信息整合由于垂直管理的存在而难以开展。因此，针对中国的特定情况，应创新部门间的合作机制。中央层面应当考虑如何优化部门职能设置、整合机构，在设计中央层面的政府部门间合作机制的同时着重设计顶层架构，促进信息的共享与整合。地方层面可以根据地方实际，尝试新型的政府部门体制，进行行政管理创新，比如富阳的专委会制度、顺德的大部制改革，其在实践中都取得了一定的成果。

参 考 文 献

一、中文参考文献

(一) 著作类

1. [英] J. S. 密尔:《代议制政府》,汪瑄译,商务印书馆1982年版。
2. [法] 埃哈尔·费埃德伯格:《权力与规则——组织行动的动力》,张月等译,上海人民出版社2008年版。
3. [美] 安东尼·唐斯:《官僚制内幕》,郭小聪等译,中国人民大学出版社2006年版。
4. [美] 彼得·布劳:《社会生活中的交换与权力》,张非、张黎勤译,华夏出版社1988年版。
5. 陈水生:《中国公共政策过程中的利益集团的行动逻辑》,复旦大学出版社2012年版。
6. 陈维政、余凯成、黄培伦:《组织行为学高级教程》,高等教育出版社2004年版。
7. 陈新民:《德国公法学基础理论》(上册),山东人民出版社1998年版。
8. 陈振明、孟华:《公共组织理论》,上海人民出版社2006年版。

9. 程万高：《政府信息资源开发利用》，科学出版社 2009 年版。

10. ［英］大卫·休谟：《人性论》，石碧球译，中国社会科学出版社 2009 年版。

11. ［美］戴维·琼森和弗兰克·琼森：《集合起来——群体理论与团队技巧》（第 9 版），谢晓非等译，中国轻工业出版社 2008 年版。

12. ［美］道格拉斯·C. 诺斯：《制度、制度变迁与经济绩效》，刘守英译，上海三联书店 1994 年版。

12. 《邓小平文选》（第二卷），人民出版社 1994 年版。

14. 杜力夫：《权力监督与制约研究》，吉林人民出版社 2004 年版。

15. 段晓峰：《非正式制度对中国经济制度变迁方式的影响》，经济科学出版社 1998 年版。

16. 恩格斯：《反杜林论》，人民出版社 1970 年版。

17. ［美］菲利普·J. 库珀：《二十一世纪的公共行政：挑战与改革》，王巧玲译，中国人民大学出版社 2006 年版。

18. 冯兴元：《地方政府竞争：理论范式、分析框架与实证研究》，译林出版社 2010 年版。

19. ［美］弗兰西斯·福山：《信任——社会道德与繁荣的创造》，李宛蓉译，远方出版社 1998 年版。

20. ［美］盖伊·彼得斯：《官僚政治》，聂露、李姿姿译，中国人民大学出版社 2006 年版。

21. ［美］盖伊·彼得斯：《政府未来的治理模式》，吴爱明、夏宏图译，中国人民大学出版社 2001 年版。

22. ［美］格林、沙皮罗：《理性选择理论的病变：政治学应用批判》，徐湘林、袁瑞军译，广西师范大学出版社 2004

23. ［法］亨利·法约尔：《工业管理与一般管理》，迟力耕译，机械工业出版社 2007 年版。

24. ［加］亨利·明茨伯格：《卓有成效的组织》，魏青江译，中国人民大学出版社 2012 年版。

25. 胡瑞仲：《和谐社会建设中管理显规则与潜规则的冲突与耦合》，知识产权出版社 2008 年版。

26. ［德］柯武刚、史漫飞：《制度经济学：社会秩序与公共政策》，韩朝华译，商务印书馆 2000 年版。

27. ［法］克罗戴特·拉法耶：《组织社会学》，安延译，社会科学文献出版社 2000 年版。

28. ［美］拉塞尔·M. 林登：《无缝隙政府》，汪大海、吴群芳等译，中国人民大学出版社 2002 年版。

29. ［美］李侃如：《治理中国：从革命到改革》，胡国成等译，中国社会科学出版社 2010 年版。

30. 卢现祥：《西方新制度经济学》，中国发展出版社 1996 版。

31. ［美］伦纳德·D. 怀特：《行政学概论》，刘世佐译，商务印书馆 1947 年版。

32. ［美］罗伯特·阿格拉诺夫等：《协作性公共管理：地方政府新战略》，李玲玲、鄞益奋译，北京大学出版社 2007 年版。

33. ［美］罗伯特·阿克塞尔罗德：《合作的进化》（修订版），吴坚忠译，上海人民出版社 2007 年版。

34. ［英］罗德里克·马丁：《权力社会学》，丰子义、张宁译，生活·读书·新知三联书店 1992 年版。

35. ［美］曼瑟尔·奥尔森：《集体行动的逻辑》，陈郁、郭宇峰、李崇新译，上海人民出版社 1995 年版。

36. 孟继民：《资源型政府——公共管理的新模式》，中国人民大学出版社 2008 年版。

37. ［法］莫里斯·迪韦尔热：《政治社会学——政治学要素》，杨祖功、王大东译，华夏出版社 1987 年版。

38. ［日］青木昌彦：《比较政治制度》，周黎安译，上海远东出版社 2006 年版。

39. 任晓：《中国行政改革》，浙江人民出版社 1998 年版。

40. ［美］斯蒂芬·P. 罗宾斯：《组织行为学》，孙健敏、李原译，中国人民大学出版社 1997 年版。

41. ［美］斯蒂芬·P. 罗宾斯：《组织行为学》，郑晓明译，机械工业出版社 2000 年版。

42. ［美］斯蒂芬·戈德史密斯、威廉·D. 埃格斯：《网络化治理：公共部门的新形态》，孙迎春译，北京大学出版社 2008 年版。

43. ［美］托马斯·谢林：《冲突的战略》，王水雄译，华夏出版社 2006 年版。

44. 王宏：《海洋法规和文件选编　国务院关于同意建立国家海上搜救部际联席会议制度的批复》，海洋出版社 2006 年版。

45. 王敬松：《中华人民共和国政府与政治（1949.10—1992）》，中共中央党校出版社 1995 年版。

46. 吴思：《潜规则：中国历史中的真实游戏》（修订版），复旦大学出版社 2011 年版。

47. 夏海：《政府的自我革命——中国政府机构改革研究》，中国法制出版社 2004 年版。

48. 夏书章：《行政管理学》，中山大学出版社 1998 年版。

49. 谢庆奎、燕继荣、赵成根：《中国政府体制分析》，中国广播电视出版社 1995 年版。

50. 谢庆奎:《中国地方政府体制概论》,中国广播电视出版社 1998 年版。

51. 薛刚凌:《行政体制改革研究》,北京大学出版社 2006 年版。

52. [英]亚当·斯密:《道德情操论》,蒋自强等译,商务印书馆 1997 年版。

53. [美]尤金·巴达赫:《跨部门合作:管理"巧匠"的理论与实践》,周志忍、张弦等译,北京大学出版社 2011 年版。

54. [美]詹姆斯·Q. 威尔逊:《官僚机构:政府机构的作为及其原因》,孙艳等译,生活·读书·新知三联书店 2006 年版。

55. [美]詹姆斯·汤普森:《行动中的组织——行政理论的社会科学基础》,敬乂嘉译,上海人民出版社 2007 年版。

56. [美]詹姆斯·吉布森、约翰·伊万塞维奇、詹姆斯·多奈里等:《组织行为学:行为、结构及过程》(第 12 版),杨忠译,南京大学出版社 2009 年版。

57. 张文显:《法哲学范畴研究》,人民出版社 1972 年版。

58. 郑磊:《跨边界信息共享中的领导力行为研究》,复旦大学出版社 2012 年版。

59. 《马克思恩格斯全集》(第一卷),人民出版社 1972 年版。

60. 《马克思恩格斯全集》(第二十三卷),人民出版社 1972 年版。

61. 周国雄:《博弈:公共政策执行力与利益主体》,华东师范大学出版社 2008 年版。

62. 周庆智:《中国县级行政结构及其运行——对 W 县的社会

学考察》，贵州人民出版社 2004 年版。

63. 周望：《中国"小组机制"研究》，天津人民出版社 2010 年版。
64. 周雪光：《组织社会学十讲》，社会科学文献出版社 2003 年版。
65. 周振超：《当代中国政府"条块关系"研究》，天津人民出版社 2009 年版。
65. 竺乾威：《公共行政理论》，复旦大学出版社 2008 年版。
67. 邹锡明：《中共中央机构沿革实录：1921.7—1997.9》，中国档案出版社 1998 年版。

（二）期刊报纸类

1. 贝少军：《部际联席会议：构建防救工作新格局》，《中国海事》2010 年第 6 期，第 21 页。
2. 蔡灿新、聂新军：《权力、规则与秩序：一个组织分析框架》，《宏观经济研究》2010 年第 1 期，第 37—41 页。
3. 蔡翔、赵君：《组织内跨部门合作的内涵及其理论阐释》，《科技管理研究》2008 年第 6 期，第 268—269 页。
4. 操小娟：《我国行政机构之间关系的发展前瞻》，见"构建和谐社会与深化行政管理体制改革"研讨会暨中国行政管理学会 2007 年年会文集（未出版），中国湖北武汉，2007 年，第 1799—1804 页。
5. 常桂祥：《论行政协调》，《理论学刊》1998 年第 3 期，第 89—93 页。
6. 陈玲：《官僚体系与协商网络：中国政策过程的理论建构和案例研究》，《公共管理评论》2006 年第 2 期，第 46—62 页。

7. 陈通、郑曙村：《部门利益冲突的解析与防治》，《中共浙江省委党校学报》2009 年第 2 期，第 67—71 页。

8. 陈毅、袁明旭：《集体行动中合作何以可能——从博弈论的视角看》，《北京化工大学学报（社会科学版）》2006 年第 4 期，第 10—13 页。

9. 陈毅：《博弈规则与合作秩序——理解集体行动中合作的难题》，吉林大学政治学理论博士学位论文，2007 年。

10. 仇赟：《大部制前景下我国中央政府部门间行政协调机制展望》，吉林大学公共管理专业硕士学位论文，2008 年。

11. 楚会霞：《大部制背景下的跨部门协调与合作机制研究》，河南大学行政管理专业硕士学位论文，2011 年。

12. 董蓉英、徐卫东：《大部制语境下的地方政府管理创新——富阳专委会制度的实践与探索》，《甘肃行政学院学报》，2008 年第 4 期，第 67—72 页。

13. 董煜：《电子政务环境下的公共服务流程再造——以闸北区信息化就业服务模式为例》，复旦大学公共管理学专业硕士学位论文，2013 年。

14. 冯胜强：《非常设机构的规范化管理》，《行政论坛》2004 年第 3 期，第 29—30 页。

15. 付耀华：《"无缝隙政府"理论视角下我国服务型政府的构建》，《云南行政学院学报》2011 年第 3 期，第 111—113 页。

16. 高歌：《大部制政府信息资源共享视角下我国电子政务推进研究》，《图书情报知识》2013 年第 5 期，第 37—45 页。

17. 何艳玲：《中国国务院（政务院）机构变迁逻辑——基于 1949—2007 年间的数据分析》，《公共行政评论》2008 年第 1 期，第 132—155 页。

18. 胡佳：《跨行政区环境治理中的地方政府协作研究》，复旦大学行政管理专业博士学位论文，2011年。

19. 胡锦涛：《高举中国特色社会主义伟大旗帜　为夺取全面建设小康社会新胜利而奋斗——在中国共产党第十七次全国代表大会上的报告》，《求是》2007年第21期，第3—22页。

20. 胡象明、陈晓正：《"大司局"视野下大部制改革内部运行机制探微》，《南京社会科学》2011年第5期，第68—72页。

21. 胡小红：《公共利益及其相关概念再探讨》，《学术界》2008年第1期，第155—159页。

22. 黄红华、宋思扬：《县级党政部门间的网络关系与协调机制——基于浙江省D县127个"领导小组"的社会网络分析》，《中共杭州市委党校学报》2016年第4期，第47—56页。

23. 江泽民：《全面贯彻"三个代表"要求　大力推进科学技术创新——在中国科学院第十一次院士大会和中国工程院第六次院士大会上的讲话》，《中国科技产业》2002年第6期，第5—8页。

24. 江泽民：《全面建设小康社会，开创中国特色社会主义事业新局面——在中国共产党第十六次全国代表大会上的报告》，《求是》2002年第22期，第3—19页。

25. 金太军、张劲松：《政府的自利性及其控制》，《江海学刊》2002年第2期，第106—112页。

26. 金正帅：《遏制部门利益膨胀以加快向公共行政转型》，《现代农业科技》2007年第24期，第231—233页。

27. 景凯、陈文进：《对临时机构的有效监管亟须加强》，《中国监察》2006年第19期,第50页。

28. 雷晓康、王剑:《社会信任:实现合作收益的社会契约》,《河北师范大学学报》(哲学社会科学版)2009年第7期,第45—51页。

29. 李海峰:《政府部门间协调机制的逻辑结构和具体制度刍议》,见中国行政管理学会2010年会暨"政府管理创新"研讨会文集(未出版),中国北京,2010年,第801—806页。

30. 李蕾:《卡通宝宝形象讲述空气质量》,《解放日报》2012年11月16日。

31. 李宜春:《机构改革与部委管理的国家局》,《中国行政管理》2008年第11期,第62—64页。

32. 刘红波:《一站式政府的演进轨迹与转型机理》,《电子政务》2012年第12期,第22—29页。

33. 刘娟:《长三角区域环境空气质量预测预警体系建设的思考》,《中国环境监测》2012年第28期,第135—140页。

34. 刘新萍、王海峰、王洋洋:《议事协调机构和临时机构的变迁概况及原因分析——基于1993—2008年间的数据》,《中国行政管理》2010年第9期,第42—46页。

35. 楼一孺、王洪伟、杨德华:《上级干预下政府部门间信息共享的博弈分析》,《计算机应用研究》2009年第10期,第3697—3699页。

36. 陆涛:《长三角区域空气质量预警联动系统及其在上海世博会的应用》,《环境监测管理与技术》2011年第23期,第68—73页。

37. 罗昌瀚:《论"潜规则"的演化及其在现代化进程中的影响——一个博弈论的分析》,见《2005中国制度经济学年会精选论文》(第二部分),2005年,第294—304页。

38. 吕志奎、孟庆国:《公共管理转型:协作性公共管理的兴起》,《学术研究》2010年第12期,第31—37页。

39. 麻宝斌、李辉:《政府社会管理精细化初探》,《北京行政学院学报》2009年第1期,第27—31页。

40. 马力宏:《论政府管理中的条块关系》,《政治学研究》1998年第4期,第71—77页。

41. 聂勇浩、颜海娜:《关系合约视角的部门间合作:以食品安全监管为例》,《社会科学》2009年第11期,第13—20页。

42. 普永贵:《临时机构的负面功能及消解》,《云南行政学院学报》第2004年第2期,第31—33页。

43. 秦长江:《协作性公共管理:国外公共行政理论的新发展》,《上海行政学院学报》2020年第1期,第103—109页。

44. 全国总工会办公厅关于转发《国务院关于加强预算外资金管理的决定》(总工办发〔1996〕57号),《中国工会财会》1997年第1期,第34页。

45. 施雪华、陈勇:《大部制部门内部协调的意义、困境与途径》,《深圳大学学报》(人文社会科学版)2012年第3期,第90—95页。

46. 施雪华、孙发锋:《政府"大部制"面面观》,《中国行政管理》2008年第3期,第29—32页。

47. 施雪华:《中央政府内部行政协调的理论和方法》,《政治学研究》1997年第2期,第67—73页。

48. 侍作兵:《谨防临时机构财务管理和监督成盲区》,《中国监察》2004年第8期,第45页。

49. 宋平：《关于国务院机构改革方案的说明（1988年3月28日在第七届全国人民代表大会第一次会议上）》，国家行政学院编著：《中华人民共和国政府机构五十年（1949—1999）》，党史党建出版社2000年版，第484—485页。

50. 孙立：《"政治正确"与部门利益——一种泛政治化现象的分析》，《中国改革》2006年第8期，第18—19页。

51. 孙迎春：《国外政府跨部门合作机制的探索与研究》，《中国行政管理》2010年第10期，第102—105页。

52. 陶希东：《跨界治理：中国社会公共治理的战略选择》，《学术月刊》2011年第8期，第22—29页。

53. 汪大海：《顾客社会与无缝隙政府》，《中国行政管理》2002年第3期，第36—38页。

54. 王宝明、詹丽靖：《我国区域经济合作中地方政府间关系协调方式评价》，《中共云南省委党校学报》2006年第4期，第98—101页。

55. 王雷：《合作的演化机制研究》，浙江大学企业管理专业博士学位论文，2004年。

56. 王书君、颜玉英：《浅议英国中央行政部门的行政协调机制》，《行政与法》1995年第2期，第38—39页。

57. 王四方：《"协同政府"：县级政府机构改革的方向——浙江富阳"专委会"制度的分析》，《党政干部学刊》2010年第2期，第49—52页。

58. 席恒、雷晓康：《公共管理的方法论基础：从成本收益分析到合作收益分析》，《江苏行政学院学报》2006年第4期，第87—92页。

59. 席恒、雷晓康：《合作收益与公共管理：一个分析框架及其应用》,《中国行政管理》2009 年第 1 期,第 109—113 页。

60. 谢炜:《中国公共政策执行过程中的政府部门间利益博弈》,见《上海市社会科学界第五届学术年会文集青年学者文集》(未出版),2007 年,第 235—239 页。

61. 谢新水:《公共理性发展:从一元、多元到合作理性》,《江苏大学学报》(社会科学版)2010 年第 12 期,第 18—24 页。

62. 徐超华:《政府部门间协调机制问题研究》,《四川教育学院学报》2009 年第 11 期,第 54—57 页。

63. 颜海娜:《我国食品安全监管体制改革——基于整体政府理论的分析》,《学术研究》2010 年第 5 期,第 43—52 页。

64. 彦岚:《国际国内禁毒资料》,《观察与思考》2006 年第 12 期,第 25—30 页。

65. 叶方磊:《网络游戏许可权力之争的法律分析——以魔兽世界审批事件为视角》,《广西政法管理干部学院学报》2010 年第 5 期,第 94—98 页。

66. 于洁:《我国食品安全监管机构的设置和权限研究》,中国政法大学法律专业硕士学位论文,2010 年。

67. 张成福、杨兴坤:《大部制建设中的十大误区与问题》,《探索》2009 年第 3 期,第 60—63 页。

68. 张康之:《论合作》,《南京大学学报》(哲学·人文科学·社会科学版)2007 年第 5 期,第 114—125 页。

69. 张康之:《走向合作治理的历史进程》,《湖南社会科学》2006 年第 4 期,第 31—36 页。

70. 张锐昕、陈曦:《加强电子政务研究与实践,推进服务型政府建设与发展——全国"电子政务与服务型政府建设"

学术研讨会综述》,《电子政务》2012 年第 10 期,第 2—9 页。

71. 张翔:《从体制改革到机制调整:"大部门体制"深度推进的应然逻辑》,《上海行政学院学报》2012 年第 2 期,第 61—68 页。

72. 张欣:《行政服务标准体系建设探讨》,《大众标准化》2011 年第 6 期,第 51—53 页。

73. 张亚明:《信息经济视域下政府协同政务发展策略》,《中国科技论坛》2012 年第 11 期,第 23—28 页。

74. 张忠军:《行政机关间的权限冲突及其解决途径》,《中国党政干部论坛》2007 年第 3 期,第 40—42 页。

75. 赵石强:《西方整体政府理论与无缝隙政府理论之比较》,《长春工程学院学报》(社会科学版)2011 年第 2 期,第 54—56 页。

76. 赵远:《从冲突到合作:森林资源管理中矛盾的整合协调》,《安徽农业科学》2008 年第 28 期,第 12503—12505 页。

77. 赵紫阳:《关于国务院机构改革问题的报告》,《人民日报》1982 年 2 月 24 日。

78. 周晨虹:《"联合惩戒":违法建设的跨部门协同治理——以 J 市为例》,《中国行政管理》2019 年第 11 期,第 48—53 页。

79. 周冯琦、程进:《长三角环境保护协同发展评价与推进策略》,见《长三角环境保护协同发展与协作治理》(上海资源环境发展报告 2016),社会科学文献出版社 2016 年版。

80. 周功满、陈国权:《"专委会制度":富阳创新部门间协调配合机制》,《中国行政管理》2009 年第 11 期,第 71—

74页。

81. 周黎安：《晋升博弈中政府官员的激励与合作——兼议我国地方保护主义和重复建设问题长期存在的原因》，《经济研究》2004年第6期，第33—40页。

82. 周望：《议事协调机构改革的思考》，《中共浙江省委党校学报》2011年第4期，第18—23页。

83. 周志忍：《大部制：难以承受之重》，《理论参考》2008年第5期，第40—41页。

84. 周志忍：《整体政府与跨部门协同——公共管理经典与前沿译丛首发系列序》，《中国行政管理》2008年第9期，第127—128页。

85. 朱玉知：《跨部门合作机制：大部门体制的必要补充》，《行政与法》2011年第10期，第13—16页。

86. 诸大建、李中政：《网络治理视角下的公共服务整合初探》，《中国行政管理》2007年第8期，第34—36页。

87. 竺乾威：《从新公共管理到整体性治理》，《中国行政管理》2008年第10期，第52—58页。

88. 竺乾威：《公共服务的流程再造：从"无缝隙政府"到"网格化管理"》，《公共行政评论》2012年第2期，第1—21页。

（三）文件类

1. 《国务院关于议事协调机构和临时机构设置的通知》（国发〔1998〕7号），《江西政报》1998年第10期。

2. 《国务院行政机构设置和编制管理条例》（中华人民共和国国务院令第227号）（1997年8月3日），http://www.people.com.cn/item/faguiku/xzhf/F1020.html，最后浏览

日期：2021年1月3日。

3. 《国务院机构改革和职能转变方案》，《人民日报》2013年3月15日。

4. 《事业单位登记管理暂行条例》（中华人民共和国国务院令第411号）（2004年6月27日），http://jgbz.sx.gov.cn/art/2013/2/1/art_1478853_17318328.html，最后浏览日期：2020年12月29日。

5. 国务院：《关于国务院议事协调机构和临时机构设置的通知》（国发〔1993〕27号）（1993年4月19日），中国政府网，http://www.gov.cn/zhengce/content/2016-04/12/content_5063306.htm，最后浏览日期：2020年12月24日。

6. 国务院：《国务院关于议事协调机构和临时机构设置的通知》（国发〔2003〕10号）（2003年3月21日），中国政府网，http://www.gov.cn/zhengce/content/2005-08/13/content_8151.htm，最后浏览日期：2020年12月24日。

7. 国务院：《国务院关于议事协调机构设置的通知》（国发〔2008〕13号）（2008年03月21日），中国政府网，http://www.gov.cn/zwgk/2008-04/24/content_953488.htm，最后浏览日期：2020年12月24日。

8. 国务院：《国务院关于机构设置的通知》（国发〔2018〕6号），中国政府网，http://www.gov.cn/zhengce/content/2018-03/24/content_5277121.htm，最后浏览日期：2020年12月31日。

9. 国务院办公厅：《国务院办公厅关于部分已撤销的国务院非常设机构其原工作移交有关部门承担问题的通知》，《贵州省人民政府公报》1993年第9期。

10. 国务院办公厅:《国务院办公厅关于部委管理的国家局与主管部委关系问题的补充通知》(1993年7月5日),中国政府网,http://www.gov.cn/zhengce/content/2010-12/07/content_7977.htm,最后浏览日期:2021年1月3日。

11. 国务院办公厅:《国务院办公厅关于印发国务院国有资产监督管理委员会主要职责内设机构和人员编制规定的通知》(2003年4月25日),中国政府网,http://www.gov.cn/zhengce/content/2005-08/12/content_8164.htm,最后浏览日期:2021年1月3日。

12. 华建敏:《关于国务院机构改革方案的说明——2008年3月11日在第十一届全国人民代表大会第一次会议上》,《中华人民共和国全国人民代表大会常务委员会公报》2008年3月31日。

13. 中共中央国务院印发《关于深化行政管理体制改革的意见》的通知,中国政府网,http://www.gov.cn/gongbao/content/2008/content_946042.htm,最后浏览日期:2020年8月20日。

(四) 网络文章类

1. 李永文、茆琛:《重庆:10个部门为何管不住一个网吧?》(2004年4月10日),新浪网,https://www.chinacourt.org/article/detail/2004/04/id/111727.shtml,最后浏览日期:2020年7月30日。

2. 项开来、涂洪长:《政府部门考试撞车,福建教师花钱叫屈》(2006年8月9日),中国青年报,http://zqb.cyol.com/content/2006-08/09/content_1473056.htm,最后浏览日期:2020年12月20日。

3. 袁亚平：《地方部门改革调查：13个专委会统起"全面协调"》（2008年2月25日），中国新闻网，http://www.chinanews.com/gn/news/2008/02-25/1172245.shtml，最后浏览日期：2020年8月12日。

4. 邹瑞玥：《长三角跨界污染严重专家吁建区域环境合作机制》（2009年10月31日）中国新闻网，http://www.chinanews.com/cj/cj-hbht/news/2009/11-01/1940947.shtml，最后浏览日期：2020年11月01日。

5. 安静、王海燕：《世博会环境应急保障程序启动长三角区域联动监测》（2010年4月28日），新闻网，http://www.chinanews.com/expo/news/2010/04-29/2253673.shtml，最后浏览日期：2020年12月29日。

6. 新华社：《全国深化政务公开推进政务服务经验交流会召开》（2010年6月30日），中国政府网，http://www.gov.cn/jrzg/2010-06/30/content_1641782.htm，最后浏览日期：2020年8月12日。

7. 刘腾：《政策博弈制约戒烟市场》，中国经营报（2012年3月17日），新浪网，http://finance.sina.com.cn/roll/20120317/042311612426.shtml，最后浏览日期：2020年12月20日。

二、英文参考文献

1. Ackermann, F., Franco, L., Gallupe, B., et al., "GSS for Multi-Organizational Collaboration: Reflections on Process and Content", *Group Decision and Negotiation*, 2005, 14 (4), pp.307-331.

2. Agranoff, R. and McGuire, M., "Big Questions in Public

Network Management Research", *Journal of Public Administration Research and Theory: J-PART*, 2001, 11 (3), p.295.
3. Agranoff, R., "Inside Collaborative Networks: Ten Lessons for Public Managers", *Public Administration Review*, 2006, 66, pp.56-65.
4. Alexander, E. R., *How Organizations Act Together: Interorganizational Coordination in Theory and Practice*, New York: Gordon and Breach, 1995.
5. Alter, C. and Hage, J., *Organizations Working Together*, Calif.: Sage Publications, 1993.
6. Andrea, L., "Network Dyads in Entrepreneurial Settings: A Study of the Governance of Exchange Relationships", *Administrative Science Quarterly*, 1992 (37), pp.76-104.
7. Axelrod, R. M., *The Evolution of Cooperation*, New York: Basic Books, Inc., 1984.
8. Axelsson, R. and Axelsson, S. B., "Integration and Collaboration in Public Health: A Conceptual Framework", *The International Journal of Health Planning and Management*, 2006, 21 (1), pp.75-88.
9. Bailey, M. T., "Do Physicists Use Case Studies? Thoughts on Public Administration Research", *Public Administration Review*, 1992, 52 (1), pp.47-54.
10. Bardach, E., *Getting Agencies to Work Together: The Practice and Theory of Managerial Craftsmanship*, Washington, D. C.: Brookings Institution Press, 1998.

11. Barki, H. and Pinsonneault, A., "A Model of Organizational Integration, Implementation Effort, and Performance", *Organization Science*, 2005, 16 (2), pp.165-179.
12. Benson, J. K., "The Interorganizational Network as a Political Economy", in L. Karpik, ed., *Organization and Environment: Theory, Issues, and Reality*, Calif.: Sage Publications, 1978, pp.229-249.
13. Borgatti, S. P., "The Network Paradigm in Organizational Research: A Review of Typology", *Journal of Management*, 2003, 29 (6), pp.991-1013.
14. Bryson, J. M. and Crosby, B. C., "Failing into Cross-Sector Collaboration Successfully", In Lisa Blomgren Bingham and Rosemary O'Leary, eds., *Big Ideas in Collaborative Public Management*, New York: M. E. Sharpe, 2008, pp.55-78.
15. Christensen T. and Laegreid P., "The Challenge of Coordination in Central Government Organizations: The Norwegian Case", *Public Organization Review*, 2008, 8 (2): pp. 97-116.
16. Cicin-Sain, B. and Knecht, R. W., *Integrated Coastal and Ocean Management: Concepts and Practices*, Washington, D.C.: Island Press, 1998.
17. Conlan, T., "From Cooperative to Opportunistic Federalism: Reflections on the Half-Century Anniversary of the Commission on Intergovernmental Relations", *Public Administration Review*, 2006, 66 (5), p.663.

18. Cook, K. S. and Whitmeyer, J. M., "Two Approaches to Social Structure: Exchange Theory and Network Analysis", *Annual Review Sociology*, 1992, 18, pp.109-127.
19. Dawes, S., "Interagency Information Sharing: Expected Benefits, Manageable Risks", *Journal of Policy Analysis and Management*, 1996, 15 (3), pp.377-394.
20. Drucker, P. F., Dyson, E., Handy, C., Saffo, P., and Senge, P. M., "Looking Ahead: Implications of the Present", *Harvard Business Review*, 1997, 75 (5), pp.18-32.
21. Edelenbos, J. and Klijn, E. H., "Trust in Complex Decision-Making Networks: A Theoretical and Empirical Exploration", *Administration & Society*, 2007, 39, pp.25-50.
22. Emerson, R. M., "Power Dependence Relations", *American Sociological Review*, 1962 (49), pp.31-40.
23. Faerman, S. R., McCaffrey, D. P., and Slyke, D. M. V., "Understanding Interorganizational Cooperation: Public-Private Collaboration in Regulating Financial Market Innovation", *Organization Science*, 2001, 12 (3), pp.372-388.
24. Flinders, M., "Governance in Whitehall", *Public Administration*, 2002, 80 (1), pp.51-75.
25. Ford, E. W., Wells, R., and Bailey, B., "Sustainable Network Advantages: A Game Theoretic Approach to Community-based Health Care Coalitions", *Health Care*

Management Review, 2004, 29 (2), pp.159-169.

26. Foster-Fishman, P. G., Salem, D. A., and Allen, N. A., "Facilitating Interorganizational Collaboration: The Contributions of Interorganizational Alliances", *American Journal of Community Psychology*, 2001, 29 (6), p.875.

27. Galaskiewicz, J. and Shatin, D., "Leadership and Networking among Neighborhood Human Service Organizations", *Administrative Science Quarterly*, 1981 (26), pp.434-438.

28. Gans, S. P. and Horton, G. T., *Integration of Human Services: The State and Municipal Levels*, New York: Praeger Publications, 1975.

29. Gerring, J., "What is a Case Study", *The American Political Science Review*, 2004, 98 (2), pp.341-354.

30. Gil-Garcia, J. R., Pardo, T. A., and Burke, G. B., "Government Leadership in Multi-Sector IT-Enabled Networks: Lessons from the Response to the West Nile Virus Outbreak", University of Delaware, Newark, Delaware, 2007. https://www.ctg.albany.edu/publications/journals/government_leadership/government_leadership.pdf, 最后浏览日期：2020年12月20日。

31. Gray, A., Jenkins, B., Leeuw, F., and Mayne, J., *Collaboration in Public Services: The Challenge for Evaluation*, New Brunswick, N. J.: Transaction Publishers, 2003, p.237.

32. Gray, B., "Conditions Facilitating Interorganizational

Collaboration", *Human Relations*, 1985, 38 (10), pp.911-936.

33. Gulati, R. and Gargiulo, M., "Where Do Interorganizational Networks Come From?", *American Journal of Sociology*, 1999, 104 (5), pp.1439-1493.

34. Hall, R. H., Clark, J. P., Giordano, P. C., et al., "Patterns of Interorganizational Relationships", *Administrative Science Quarterly*, 1977, 22 (3), pp.457-474.

35. Hardin, G., "The Tragedy of the Commons", *Science*, 1968, 162 (13), pp.1243-1248.

36. Harris, C. L., *Collaboration for Organization Success Linking Organization*, University of North Texas, 2005.

37. Heclo, H., *A Government of Strangers: Executive Politics in Washington*, Washington, D. C.: Brookings Institution Press, 1977.

38. Herranz, J., "Network Performance and Coordination: A Theoretical Review and Framework", *Public Performance & Management Review*, 2010, 33 (3), pp.311-341.

39. Hill, C. J. and Lynn, L. E., "Producing Human Services: Why Do Agencies Collaborate?", *Public Management Review*, 2003, 5 (1), pp.63-81.

40. Huxham, C. and Macdonald, D., "Introducing Collaborative Advantage: Achieving Inter-organizational Effectiveness through Meta-strategy", *Management Decision*, 1992, 30 (3), pp.50-56.

41. Jones, C., Hesterly, W. S., and Borgatti, S. P., "A General Theory of Network Governance: Exchange Conditions and Social Mechanisms", *The Academy of Management Review*, 1997, 22 (4), pp.911-945.
42. Jupp, B., *Working Together: Creating a Better Environment for Cross-sector Partnerships*, London: Demos, 2000.
43. Kamensky, J. M. (eds.), *Networks and Partnerships: Collaborating to Achieve Results No One Can Achieve Alone*, New York: Rowman & Littlefield, 2004.
44. Keast, R., Mandell, M. P., Brown, K., et al., "Network Structures: Working Differently and Changing Expectations", *Public Administration Review*, 2004, 64 (3), pp.363-371.
45. Kim, S. and Lee, H., "The Impact of Organizational Context and Information Technology on Employee Knowledge-Sharing Capabilities", *Public Administration Review*, 2006, 66 (3), pp.370-385.
46. Klijn, E. H., "Analyzing and Managing Policy Processes in Complex Networks: A Theoretical Examination of the Concept Policy Network and Its Problems", *Administration and Society*, 1996, 28 (1), pp.90-119.
47. Klijn, E. H., "Policy Network: An Overview", in Walter J M Kickert, Erik-Hans Klijn, Johannes Franciscus Maria Koppenjan, eds., *Managing Complex Networks: Strategies for the Public Sector*, Calif.: Sage Publications, 1997, pp.14-34.

48. Kuska, G., "Collaboration Toward a More Integrated National Ocean Policy: Assessment of Several U. S. Federal Interagency Coordination Groups", Thesis for Doctor of Philosophy in Marine Studies, University of Delaware, 2005.
49. Lake, D. A., "Global governance: A Relational Contracting Approach", in Aseem Prakash and Jeffrey A. Hart, eds., *Globalization and Governance*, London: Routledge, 1999, pp.31-53.
50. Lawrence, P. R. and Lorsch, J. W., *Organization and Environment: Managing Differentiation and Integration*, Boston, MA: Harvard University Press, 1967.
51. Linden, R. M., *Working across Boundaries: Making Collaboration Work in Government and Non-Government Organizations*, San Francisco: Jossey-Bass, 2002.
52. Lowndes, V. and Skelcher, C., "The Dynamics of Multi-Organizational Partnerships: An Analysis of Changing Modes of Governance", *Public Administration*, 1998, 76, pp.313-333.
53. Mahajan, J., Paul, P., and Chase, R. B., "An Exploratory Investigation of the Interdependence between Marketing and Operations Functions in Service Firms", *International Journal of Research in Marketing*, 1994, 11, pp.1-15.
54. Mayne, J. and Rieper, O., "Collaboration for Public Service Quality: the Implications for Evaluation", In Andrew Gray, Bill Jenkins, Frans Leeuw, and John

Mayne, eds., *Collaboration in Public Services: the Challenge for Evaluation*, New Brunswick, N. J.: Transaction Publishers, 2003, pp.105-130.
55. Metcafe, L., "Policy Making in Turbulent Environment", in Kenneth Hanf and Fritz Wilhelm Scharpf, eds., *Interorganizational Policy Making: Limits to Coordination and Central Control*, London: Sage Publications, 1978, pp.37-56.
56. OECD, "Local Partnerships for Better Governance", OECD, 2001, pp.14-15.
57. Pardo, T. A., Gil-Garcia, J. R., Burke, G. B., and Guler, A., "Factors Influencing Government Cross-Boundary Information Sharing: Preliminary Analysis of a National Survey", Center for Technology in Government, 2009, Available on www.ctg.albany.edu/media/pubs/pdfs/factors_inf_gov_cbi.pdf, 最后浏览: 2021-1-2.
58. Perri6, Leat, D., Seltzer, K., and Stoker, G., *Towards Holistic Governance: The New Reform Agenda*, London: Palgrave Macmillan, 2002.
59. Peters, B. G., "Managing Horizontal Government: The Politics of Co-Ordination", *Public Administration*, 1998, 76 (2), pp.295-311.
60. Pfeffer, J. and Salancik, G. R., *The External Control of Organizations: A Resource Dependence Perspective*, Calif.: Stanford University Press, 2003.
61. Rogers, D. L., Whetten, D. A., and Associates, *Interorganizational Coordination: Theory, Research,*

and Implementation, Ames, IA: Iowa State University Press, 1982.
62. Ruekert, R. W. and Walker, O. C., "Marketing's Interaction with Other Functional Units: A Conceptual Framework and Empirical Evidence", *Journal of Marketing*, 1987 (51), pp.1-19.
63. Selden, S. C., Sowa, J. E., and Sandfort, J., "The Impact of Nonprofit Collaboration in Early Child Care and Education on Management and Program Outcomes", *Public Administration Review*, 2006, 66 (3), pp.412-425.
64. Song, M. and Parry, M. E., "How the Japanese Manage the R&D-marketing Interface", *Research-Technology Management*, 1993, 36 (4), pp.32-39.
65. Sullivan, H. C. and Skelcher, C., *Working Across Boundaries: Collaboration in Public Services*, London: Palgrave Macmillan, 2002.
66. Veliyath, R. and Srinivasan, T. C., "Gestalt Approaches to Assessing Strategic Coalignment: A Conceptual Integration", *British Journal of Management*, 1995, 6 (3).
67. Weiss, J. A., "Pathways to Cooperation among Public Agencies", *Journal of Policy Analysis and Management*, 1987, 7 (1), pp.94-117.
68. Williams, P., "The Competent Boundary Spanner", *Public Administration*, 2002, 80 (1).
69. Yin, R. K., *Case Study Research: Design and Methods*, Newbury Park, CA: Sage, 1994.

图书在版编目(CIP)数据

政府部门间合作的行动逻辑:机制、动机与策略/刘新萍著. —上海:复旦大学出版社,2021.3
ISBN 978-7-309-15516-7

Ⅰ.①政…　Ⅱ.①刘…　Ⅲ.①国家行政机关-行政管理-研究-中国　Ⅳ.①D630.1

中国版本图书馆 CIP 数据核字(2021)第 037859 号

政府部门间合作的行动逻辑:机制、动机与策略
刘新萍　著
责任编辑/邬红伟

复旦大学出版社有限公司出版发行
上海市国权路 579 号　邮编:200433
网址: fupnet@fudanpress.com　http://www.fudanpress.com
门市零售: 86-21-65102580　　团体订购: 86-21-65104505
出版部电话: 86-21-65642845
上海崇明裕安印刷厂

开本 890×1240　1/32　印张 9.875　字数 230 千
2021 年 3 月第 1 版第 1 次印刷

ISBN 978-7-309-15516-7/D・1080
定价: 40.00 元

如有印装质量问题,请向复旦大学出版社有限公司出版部调换。
版权所有　　侵权必究